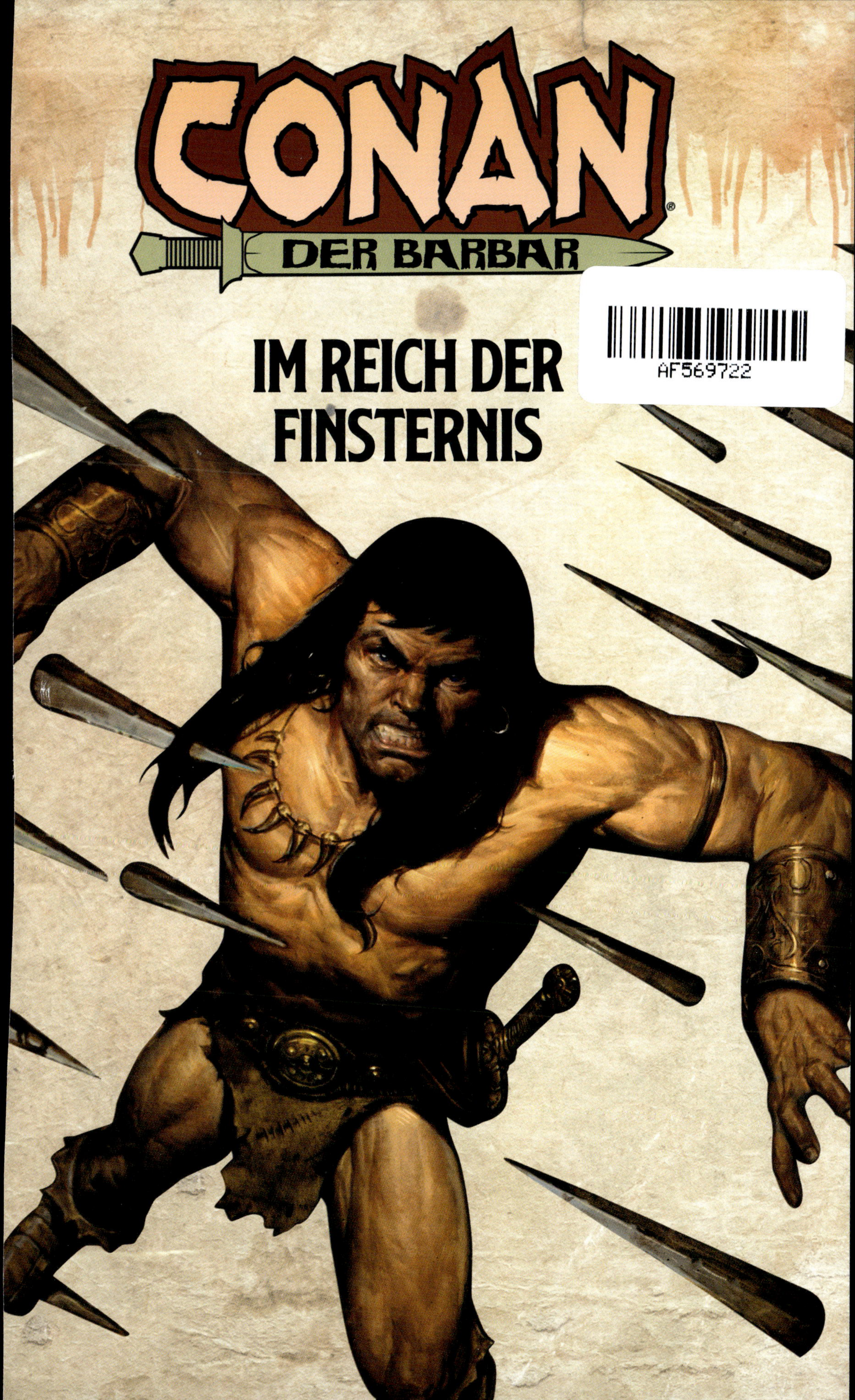
CONAN®
DER BARBAR
IM REICH DER
FINSTERNIS
AF569722

DIE FEUERPROBE, TEIL 1: DER STREITER DES VOLKES

Into the Crucible, Part 1: The People's Champion
Conan the Barbarian (2019) 13
April 2020

DIE FEUERPROBE, TEIL 2: DIE GROSSE FEUERPROBE

Into the Crucible, Part 2: The Great Crucible
Conan the Barbarian (2019) 14
Mai 2020

DIE FEUERPROBE, TEIL 3: FINTEN & FALLEN

Into the Crucible, Part 3: Traps & Tricks
Conan the Barbarian (2019) 15
Dezember 2020

DIE FEUERPROBE, TEIL 4: WAHRE LÜGEN

Into the Crucible, Part 4: Uncommon Myths
Conan the Barbarian (2019) 16
Januar 2021

DER FLUCH DES NACHTSTERNS, TEIL 1: EIN FESTMAHL FÜR DIE KLINGE

Curse of the Nightstar, Part 1: A Feast for the Blade
Conan the Barbarian (2019) 17
Februar 2021

DER FLUCH DES NACHTSTERNS, TEIL 2: NAHRUNG UND ÜBERLEBEN

Curse of the Nightstar, Part 2: Sustenance and Survival
Conan the Barbarian (2019) 18
März 2021

JIM ZUB
Autor

ROGÊ ANTÔNIO (13-16)
ROBERT GILL (17)
LUCA PIZZARI (18)
Zeichner & Tusche

ISRAEL SILVA
Farben

STUDIO RAM
Lettering

BERND KRONSBEIN
Übersetzung

LAUREN AMARO
SHANNON ANDREWS BALLESTEROS
MARK BASSO
MARTIN BIRO
RALPH MACCHIO
Redaktion USA

C. B. CEBULSKI
Chefredakteur USA

CONAN DER BARBAR erscheint bei **PANINI COMICS**, Schloßstraße 76, D-70176 Stuttgart. Druck: Lito Terrazzi Industria Grafica. Pressevertrieb: Stella Distribution GmbH, D-22297 Hamburg. Direkt-Abos auf **www.paninicomics.de.** Anzeigenverkauf: BLAUFEUER VERLAGSVERTRETUNGEN GmbH, info@blaufeuer.com. Es gilt die Anzeigenpreisliste Nr. 18 vom 01.10.2020. Geschäftsführer **Hermann Paul**, Publishing Director Europe **Marco M. Lupoi**, Finanzen **Felix Bauer**, Marketing Director **Holger Wiest**, Marketing **Fabio Cunetto**, Vertrieb **Alexander Bubenheimer**, Logistik **Ronald Schäffer**, PR/Presse **Steffen Volkmer**, Publishing Manager **Lisa Pancaldi**, Redaktion **Christian Endres**, **Harald Gantzberg**, **Aurelio Pasini**, **Anja Seiffert**, **Kristina Starschinski**, **Ilaria Tavoni**, **Daniela Uhlmann**, Übersetzung **Bernd Kronsbein**, Proofreading **Tomislav Subasic**, Lettering **Studio RAM**, grafische Gestaltung **Marco Paroli, Angelo Costellini**, Art Director **Mario Corticelli**, Redaktion Panini Comics **Annalisa Califano**, **Beatrice Doti**, Prepress **Cristina Bedini**, **Andrea Lusoli**, **Nicola Soressi**, Repro/Packager **Alessandro Nalli** (coordinator), **Mario Da Rin Zanco**, **Valentina Esposito**, **Luca Ficarelli**, **Linda Leporati**. Cover von **E. M. Gist**, *Conan the Barbarian* (2019) 13.

Die einführende Passage aus Robert E. Howards Conan – Band 1, Übersetzung von Lore Straßl, wurde mit freundlicher Genehmigung des Wilhelm Heyne Verlags, München, zitiert.

Digitale Ausgaben:
ISBN 978-3-7367-7052-2 (.pdf) / ISBN 978-3-7367-7050-8 (.epub) / ISBN 978-3-7367-7051-5 (.mobi)

Bibliografische Information der Deutschen Nationalbibliothek
Die Deutsche Nationalbibliothek verzeichnet diese Publikation in der Deutschen Nationalbibliografie; detaillierte bibliografische Daten sind im Internet über dnb.d-nb.de abrufbar.

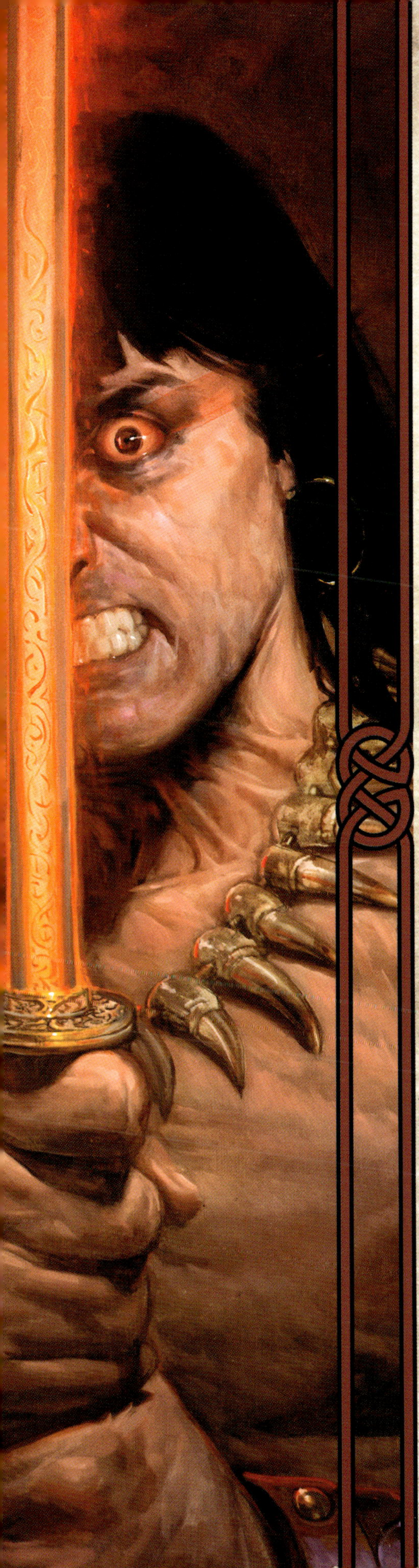

Fantasy-Legende **Conan** wurde vom texanischen Autor **Robert E. Howard** (1906-1936) für die amerikanischen Pulp-Magazine der damaligen Ära ersonnen und debütierte im Jahr 1932. Howard verfasste rund zwei Dutzend Prosa-Erzählungen mit dem Barbaren aus Cimmeria im Norden des fiktiven Hyborischen Zeitalters. Später schufen andere Autoren Conan-Geschichten, zudem entstanden Verfilmungen, TV-Serien, Videogames und natürlich Comics. In den 1970ern und 1980ern war Conan eine Comic-Ikone bei Marvel, wie ihr in unseren CLASSIC COLLECTION-Sammelbänden von CONAN DER BARBAR und SAVAGE SWORD OF CONAN sehen könnt. 2019 kehrte Conan ins Haus der Ideen zurück. In den ersten beiden Bänden dieser neuen Inkarnation von CONAN DER BARBAR folgten Autor **Jason Aaron** sowie die Zeichner **Mahmud Asrar** und **Gerardo Zaffino** Howards Vorbild und sprangen chronologisch wild durch das Leben des umtriebigen Barbaren, der als Abenteurer, Söldner, Pirat, Dieb und selbst als König die gesamte raue Welt sah. In diesem Band übernimmt nun erst einmal der Kanadier **Jim Zub** als neuer Stammautor, und er schickt einen recht jungen Conan in den fremdartigen Süden. Zub ist ein großer Fan von Fantasy-Literatur und -Rollenspielen, in denen unterirdische, labyrinthische „*Dungeons*" traditionell dazugehören. In den Anfängen seiner Comic-Karriere wirkte Zub als Kolorist sogar an einer Neuausgabe der klassischen Marvel-Comics über den Cimmerier mit. Vor diesem einsteigerfreundlichen Band verfasste Zub bereits SAVAGE SWORD OF CONAN 2: DER SPIELER und CONAN: DER SCHLANGENKRIEG, aber auch AVENGERS, CHAMPIONS und TONY STARK: IRON MAN. Dazu kommen seine eigenständige Fantasy-Parodie *Skullkickers,* neue Comics über die Welt von *Dungeons & Dragons*, Einsteigerhilfen zum Rollenspiel-Klassiker und das Crossover RICK AND MORTY VS. DUNGEONS & DRAGONS mit Fantasy-Bestsellerautor **Pat Rothfuss**. Außerdem unterrichtet Zub als Professor angehende Künstler, Animationszeichner und Comic-Macher. Viel Vergnügen mit seinem ersten Band, bei Crom!

Christian Endres

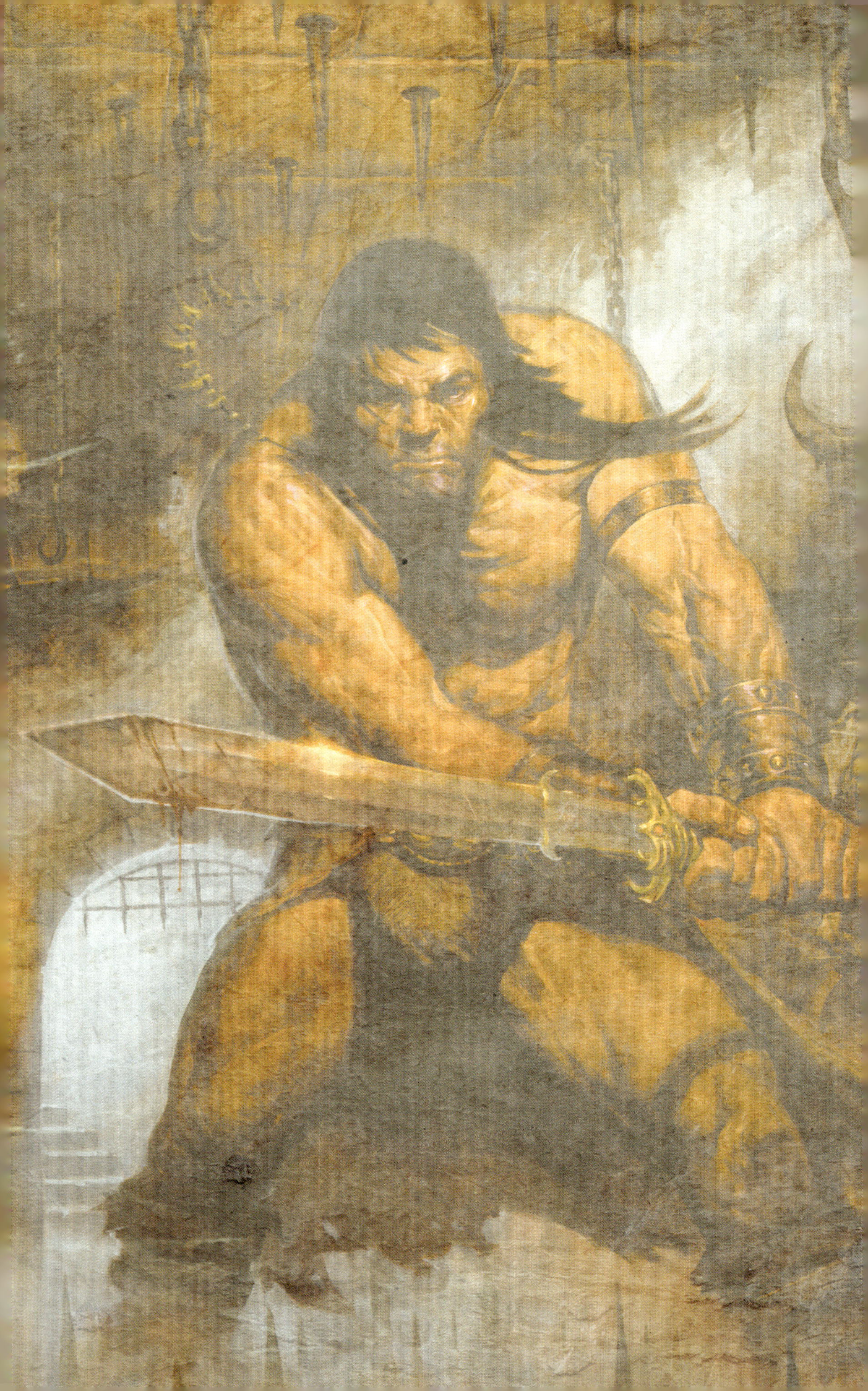

DIE FEUERPROBE, TEIL 1: DER STREITER DES VOLKES

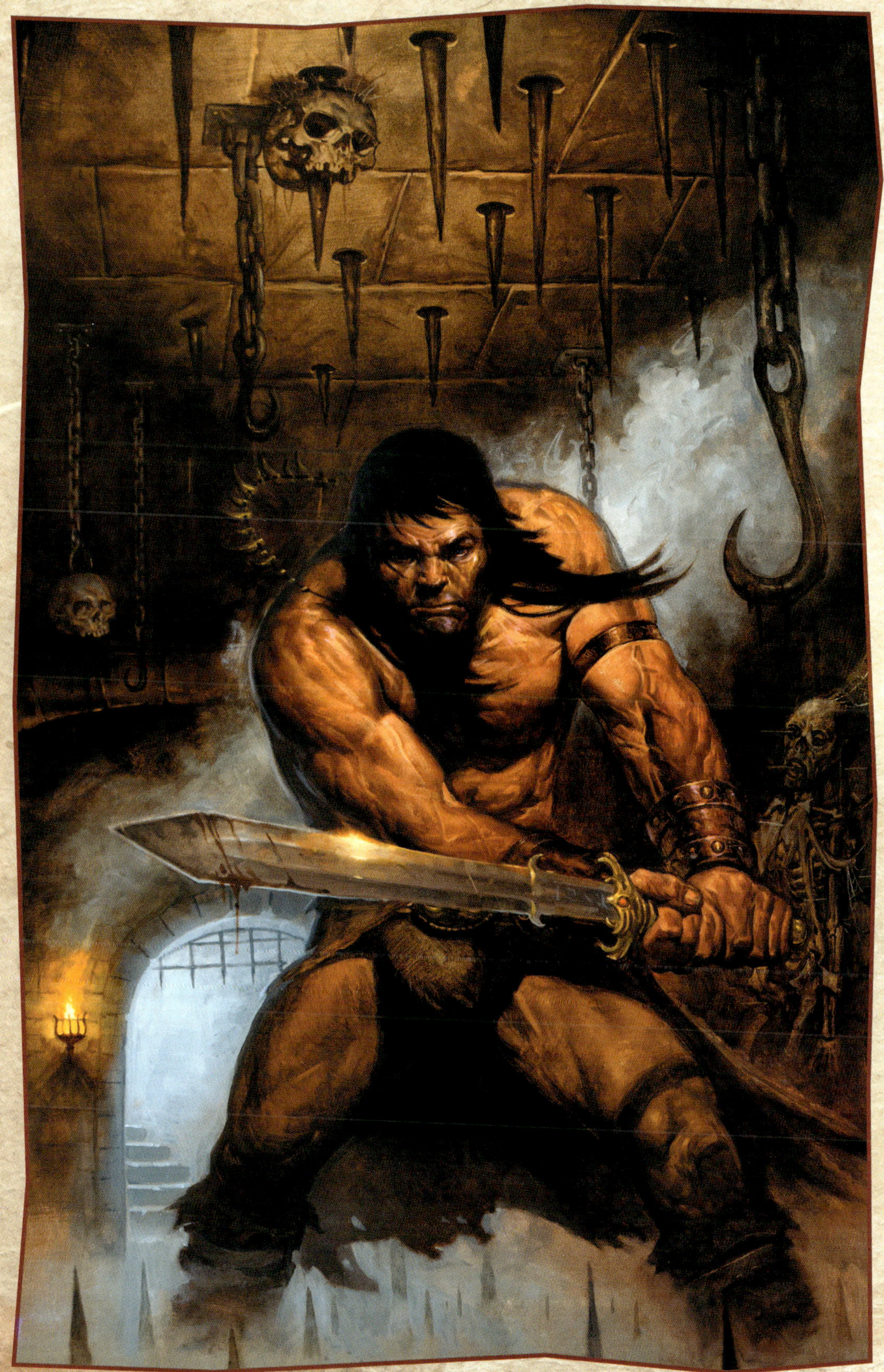

Conan the Barbarian (2019) 13
Cover von **E. M. GIST**

„Wisse, o Prinz, dass zwischen den Jahren, als die Ozeane Atlantis und die strahlenden Städte verschlangen, und jener Zeit, als die Söhne von Aryas aufstiegen, ein unbekanntes Zeitalter existierte, in dem auf der Welt prachtvolle Königreiche wie kostbare Tücher unter den Sternen ausgebreitet lagen ... Hierher kam Conan der Cimmerier, schwarzhaarig und düsteren Blickes, das Schwert in der Hand – ein Dieb, ein Plünderer, ein Mörder voll gewaltiger Melancholie und gewaltiger Heiterkeit, um mit Sandalen an den Füßen die edelsteingeschmückten Throne dieser Welt zu zertreten.“

-- Die Nemedischen Chroniken

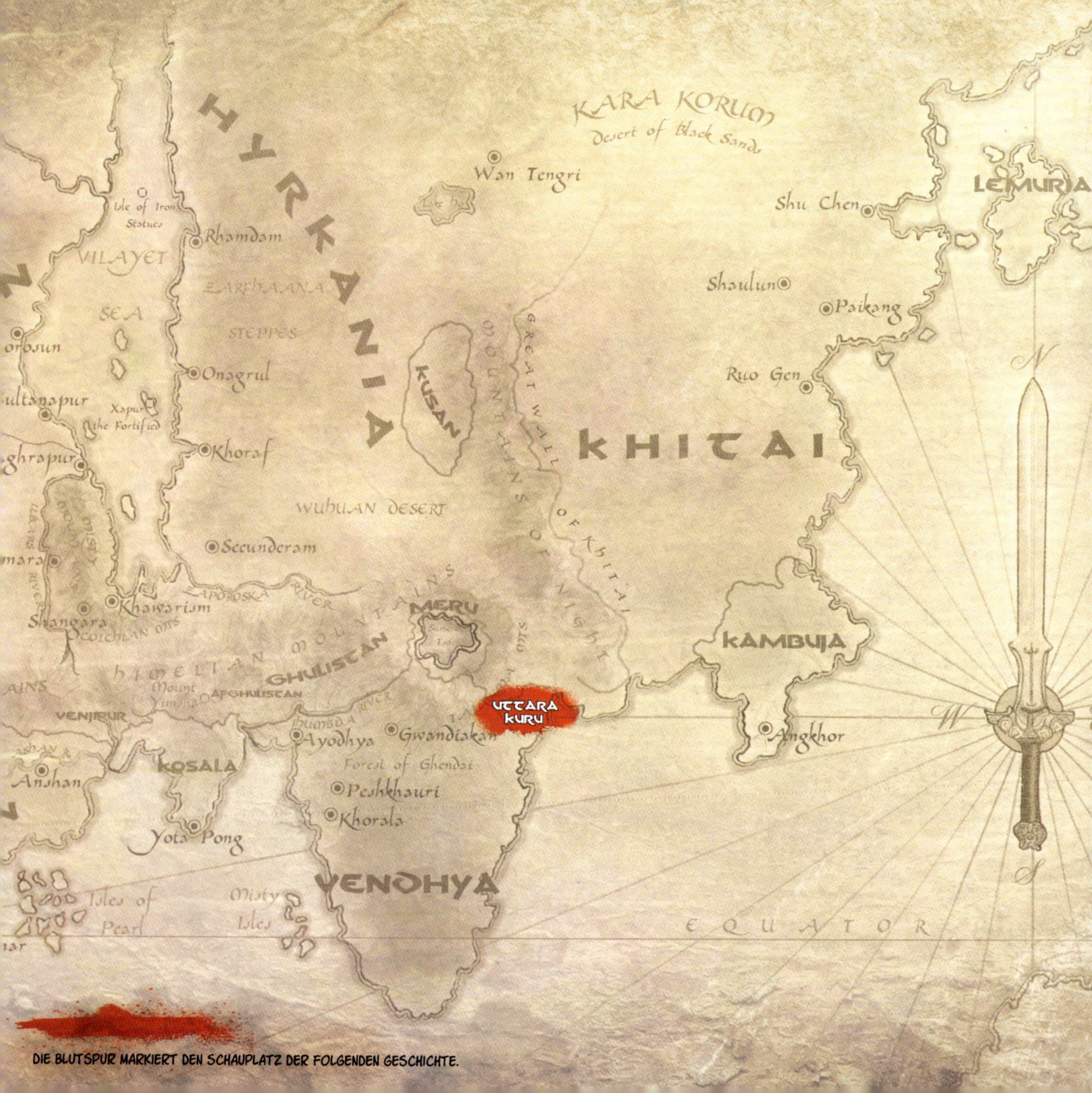

DIE BLUTSPUR MARKIERT DEN SCHAUPLATZ DER FOLGENDEN GESCHICHTE.

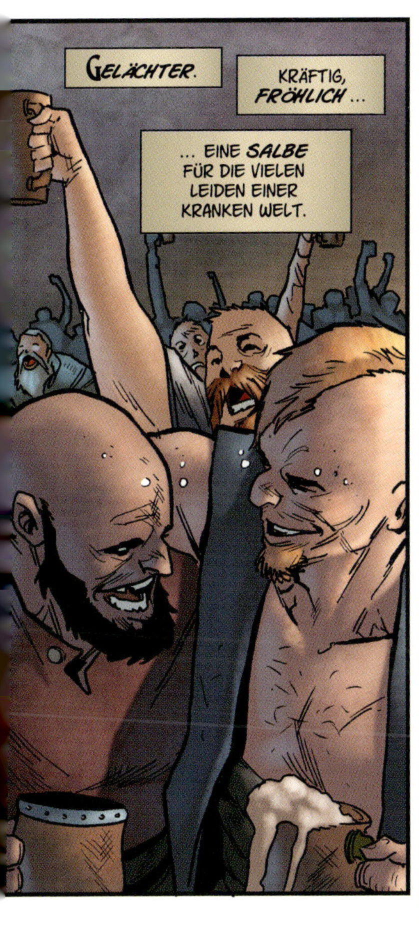
GELÄCHTER.
KRÄFTIG, FRÖHLICH ...
... EINE SALBE FÜR DIE VIELEN LEIDEN EINER KRANKEN WELT.

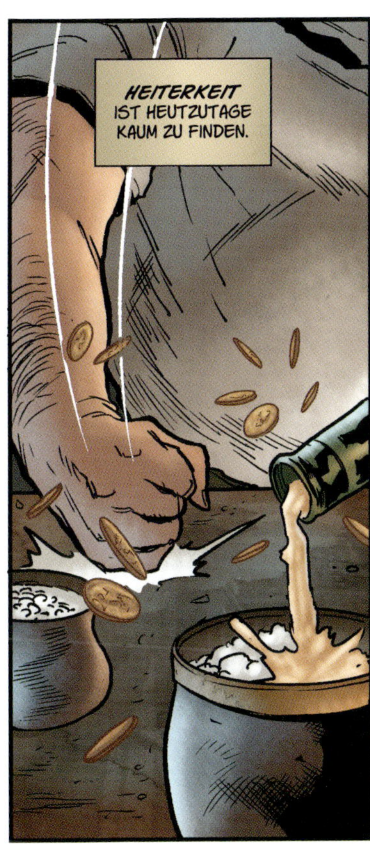
HEITERKEIT IST HEUTZUTAGE KAUM ZU FINDEN.

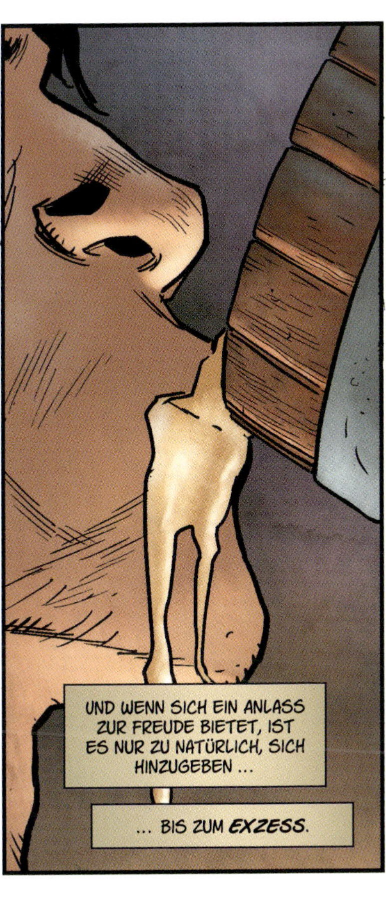
UND WENN SICH EIN ANLASS ZUR FREUDE BIETET, IST ES NUR ZU NATÜRLICH, SICH HINZUGEBEN ...
... BIS ZUM EXZESS.

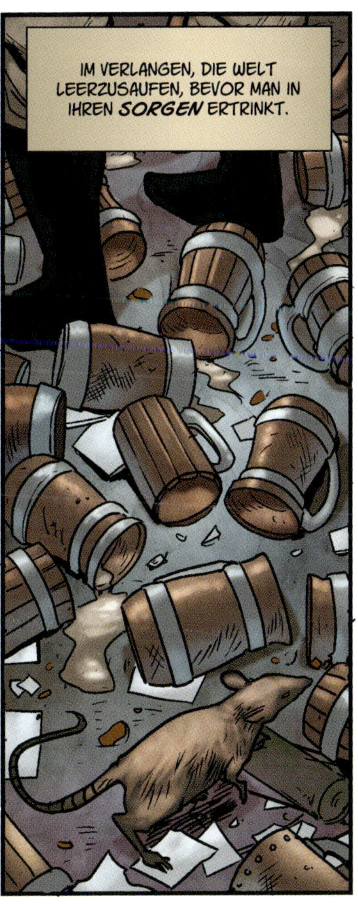
IM VERLANGEN, DIE WELT LEERZUSAUFEN, BEVOR MAN IN IHREN SORGEN ERTRINKT.

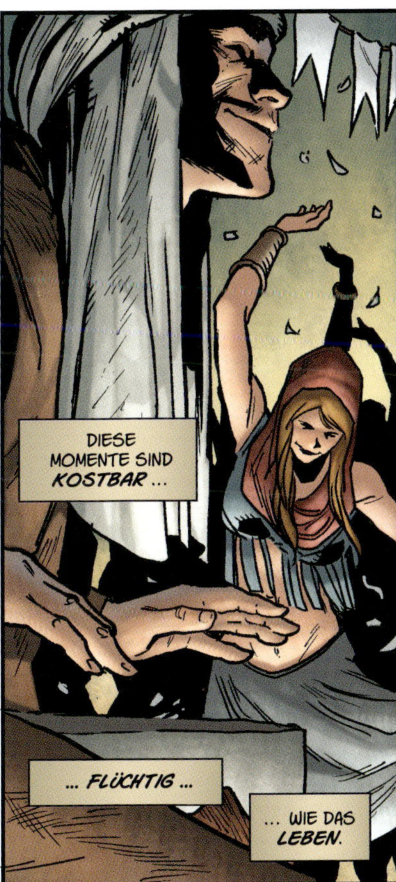
DIESE MOMENTE SIND KOSTBAR ...
... FLÜCHTIG ...
... WIE DAS LEBEN.

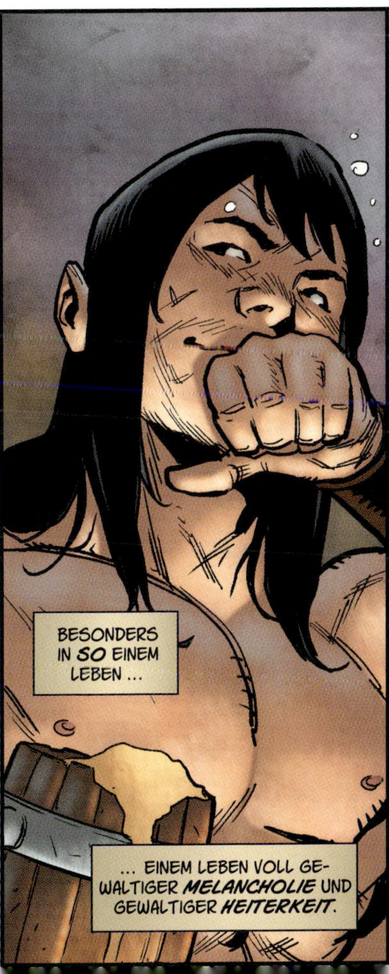
BESONDERS IN SO EINEM LEBEN ...
... EINEM LEBEN VOLL GE-WALTIGER MELANCHOLIE UND GEWALTIGER HEITERKEIT.

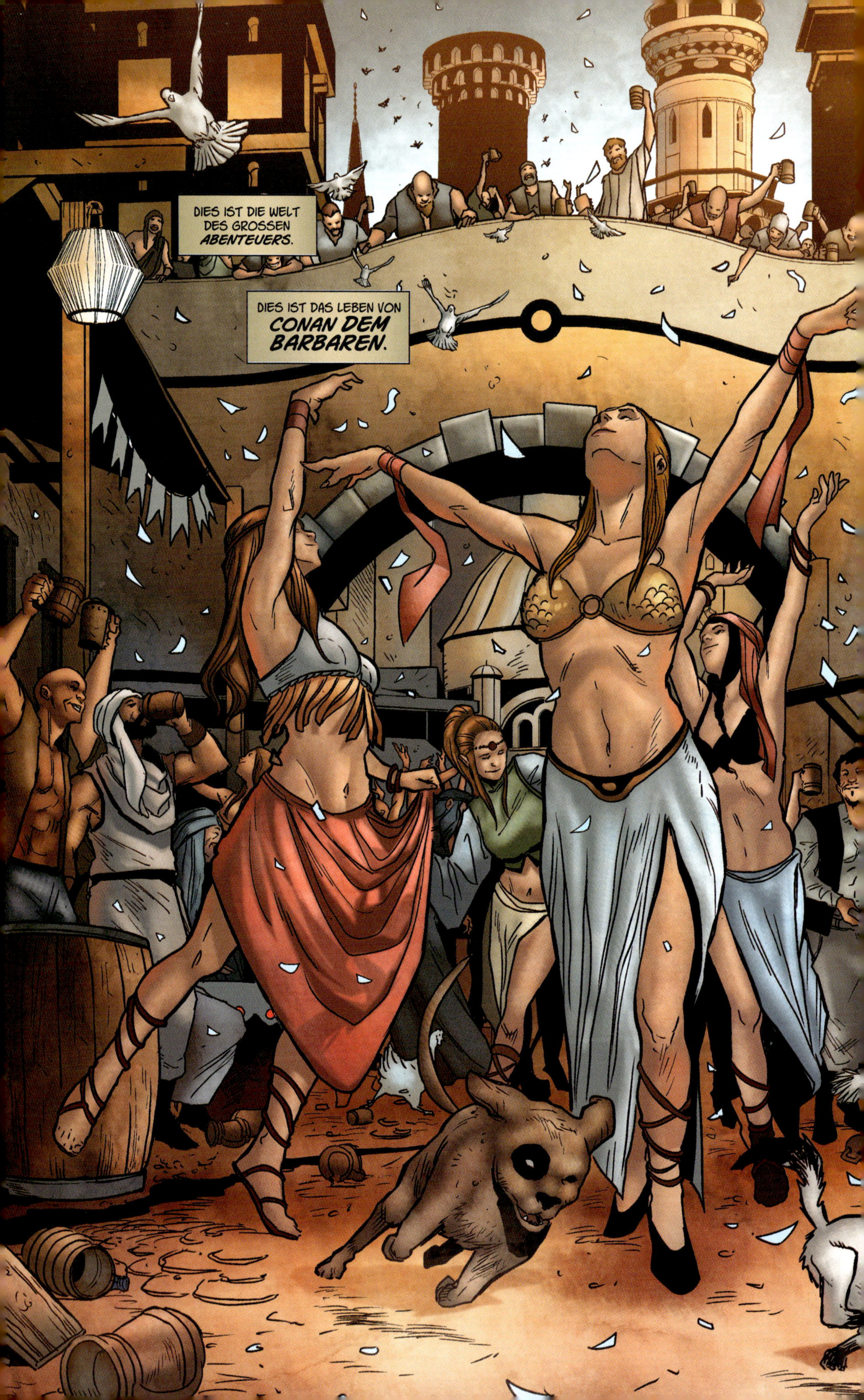

DIES IST DIE WELT DES GROSSEN ABENTEUERS.
DIES IST DAS LEBEN VON CONAN DEM BARBAREN.

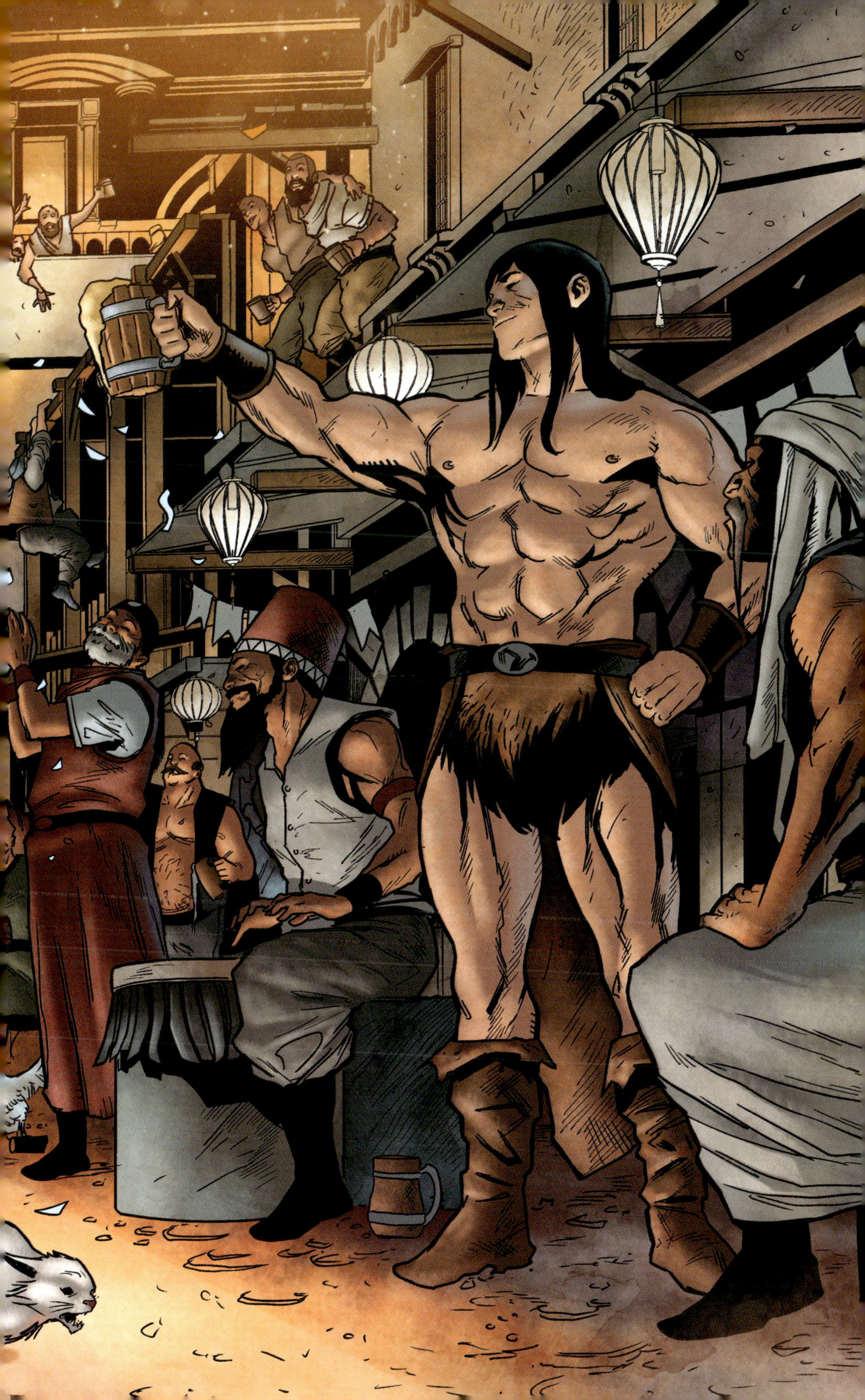

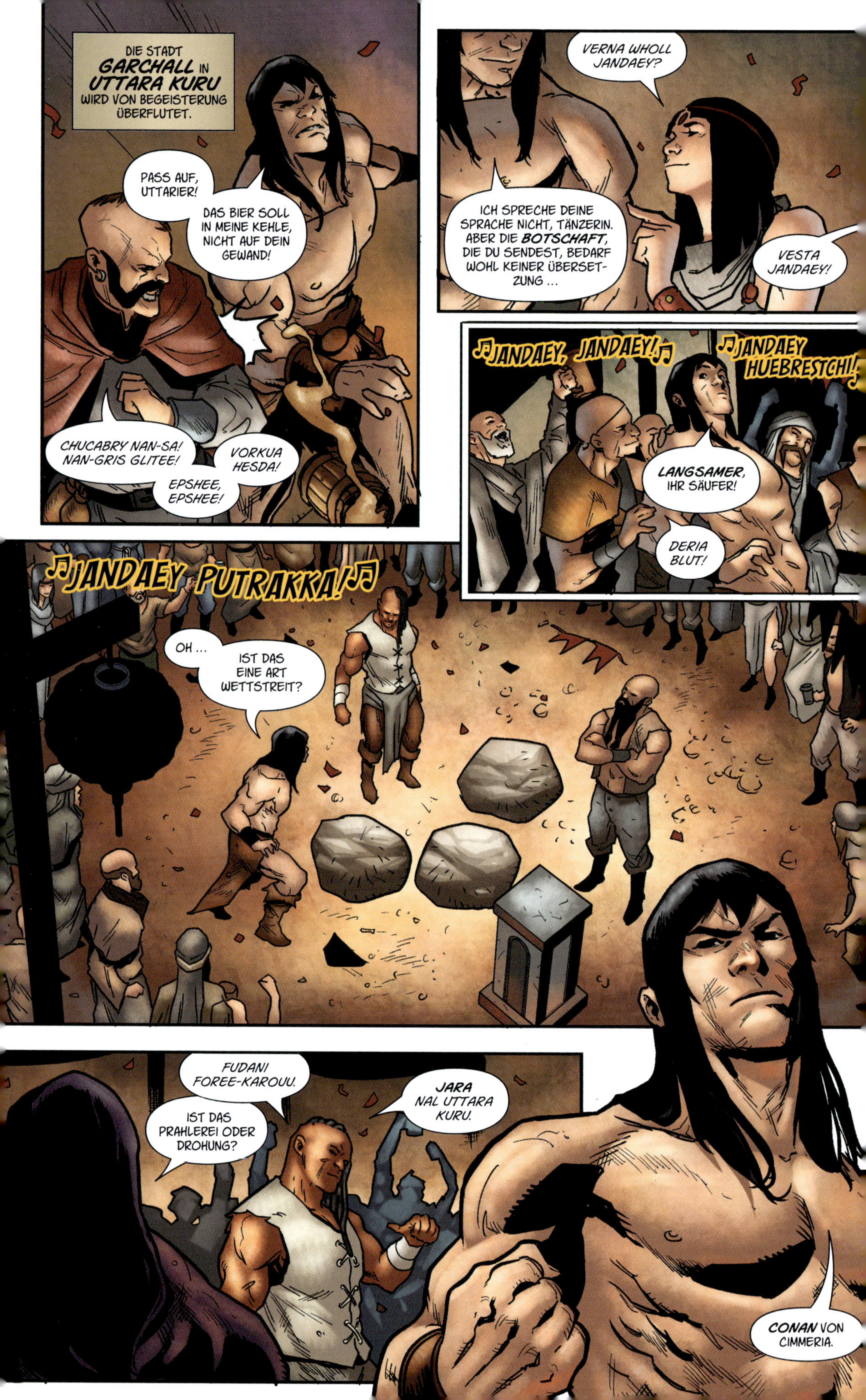

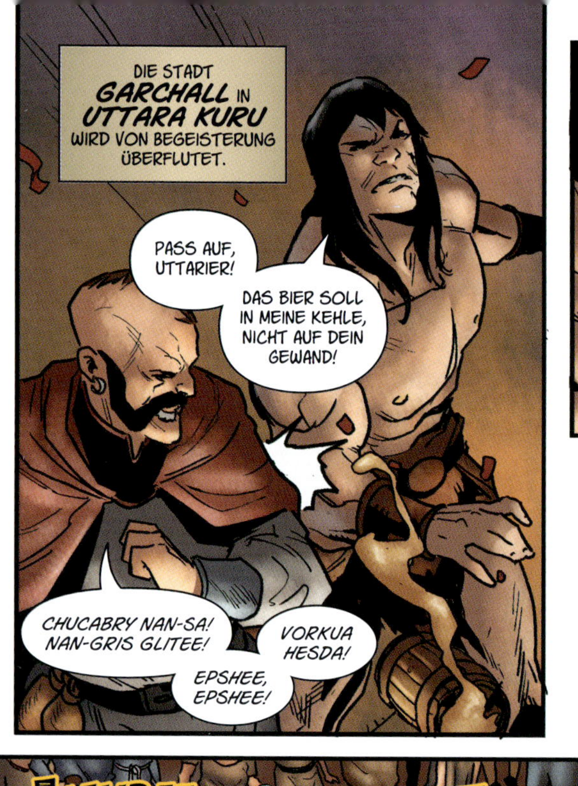

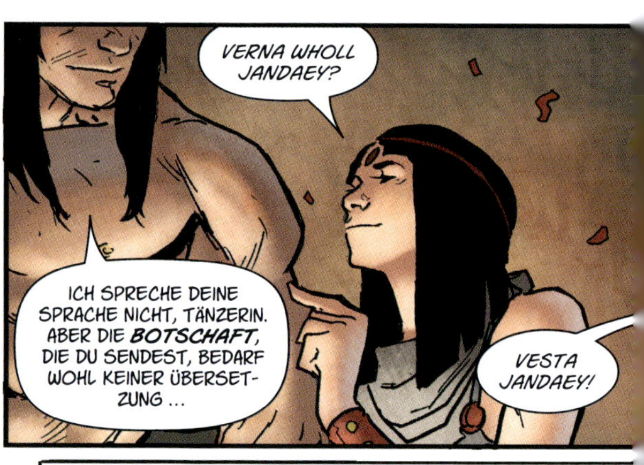

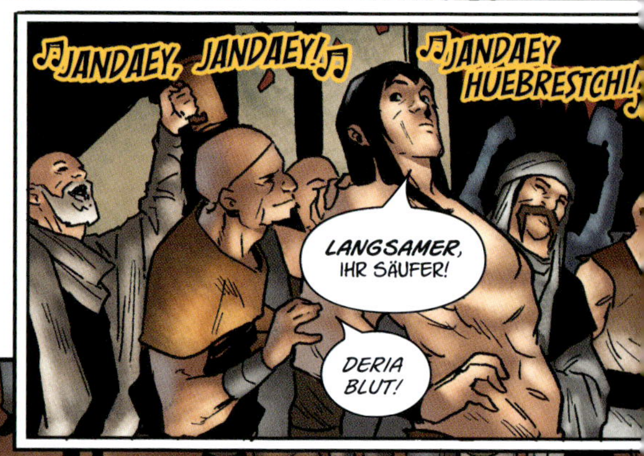

♫JANDAEY PUTRAKKA!♫

OH …

IST DAS EINE ART WETTSTREIT?

FUDAN! FOREE-KAROUU.

IST DAS PRAHLEREI ODER DROHUNG?

JARA NAL UTTARA KURU.

CONAN VON CIMMERIA.

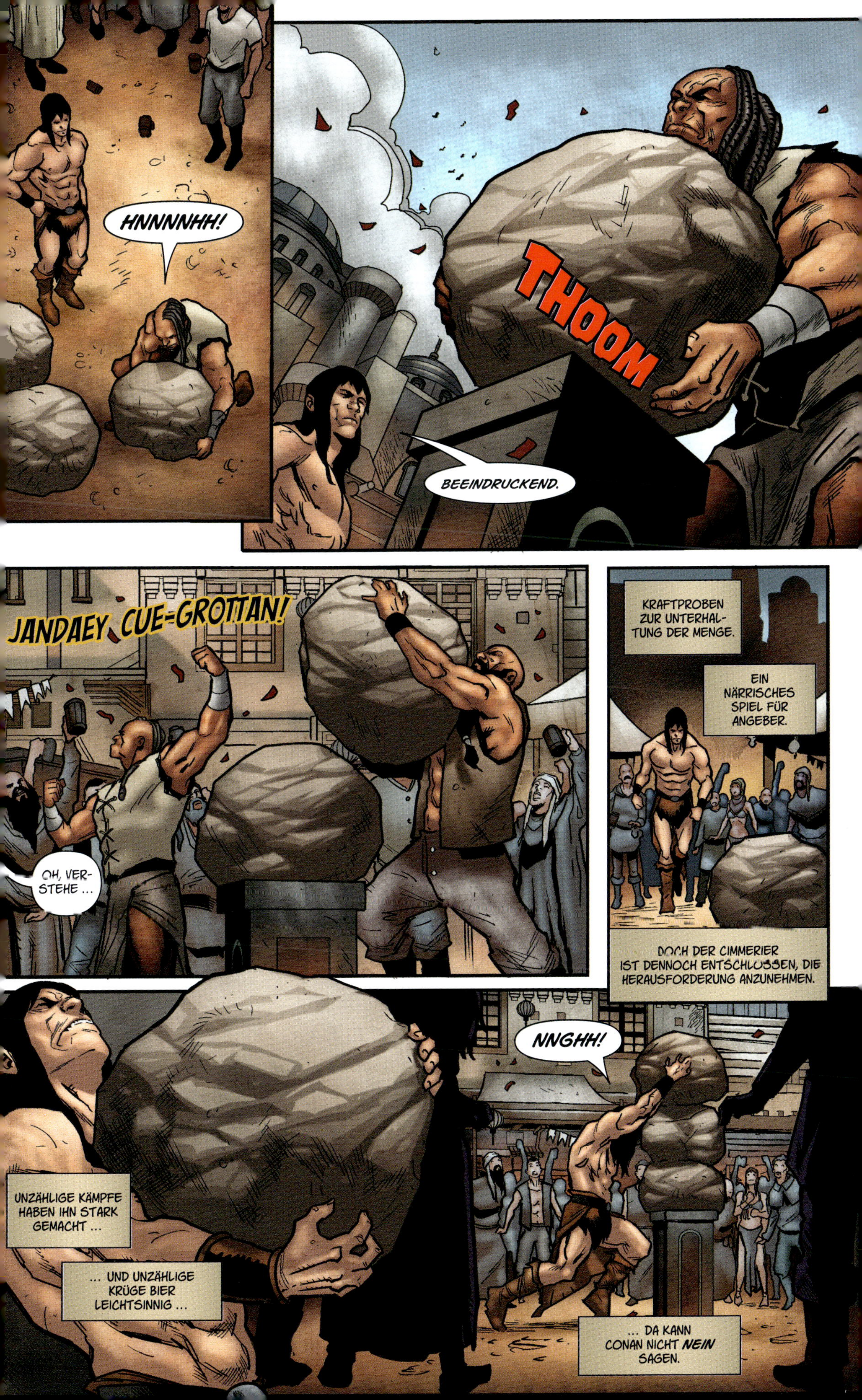

HNNNNHH!

THOOM

BEEINDRUCKEND.

JANDAEY CUE-GROTTAN!

OH, VERSTEHE …

KRAFTPROBEN ZUR UNTERHALTUNG DER MENGE.

EIN NÄRRISCHES SPIEL FÜR ANGEBER.

DOCH DER CIMMERIER IST DENNOCH ENTSCHLOSSEN, DIE HERAUSFORDERUNG ANZUNEHMEN.

UNZÄHLIGE KÄMPFE HABEN IHN STARK GEMACHT …

… UND UNZÄHLIGE KRÜGE BIER LEICHTSINNIG …

NNGHH!

… DA KANN CONAN NICHT ***NEIN*** SAGEN.

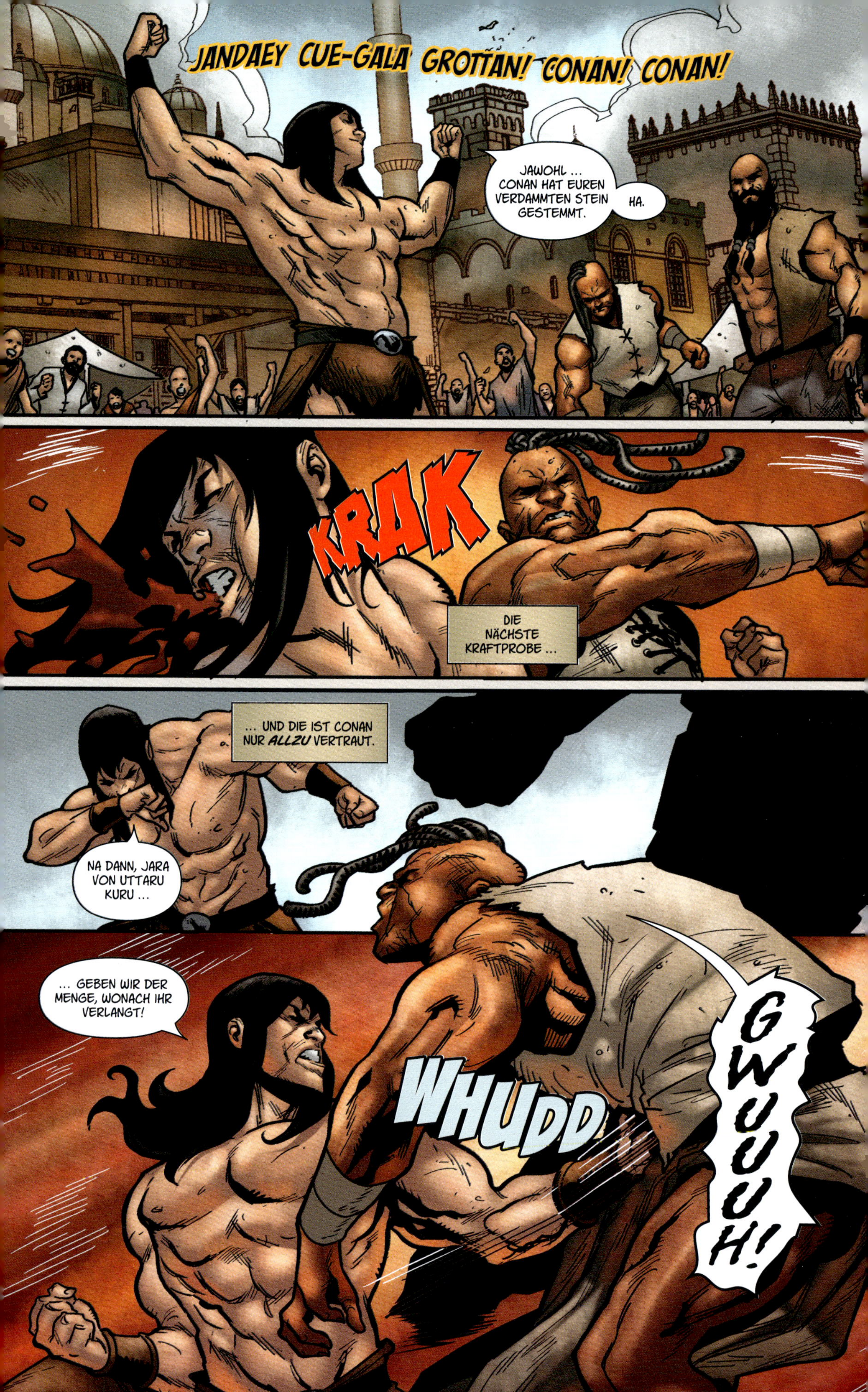
JANDAEY CUE-GALA GROTTAN! CONAN! CONAN!
JAWOHL ... CONAN HAT EUREN VERDAMMTEN STEIN GESTEMMT.
HA.
KRAK
DIE NÄCHSTE KRAFTPROBE ...
... UND DIE IST CONAN NUR *ALLZU* VERTRAUT.
NA DANN, JARA VON UTTARU KURU ...
... GEBEN WIR DER MENGE, WONACH IHR VERLANGT!
WHUDD
GWUUUH!

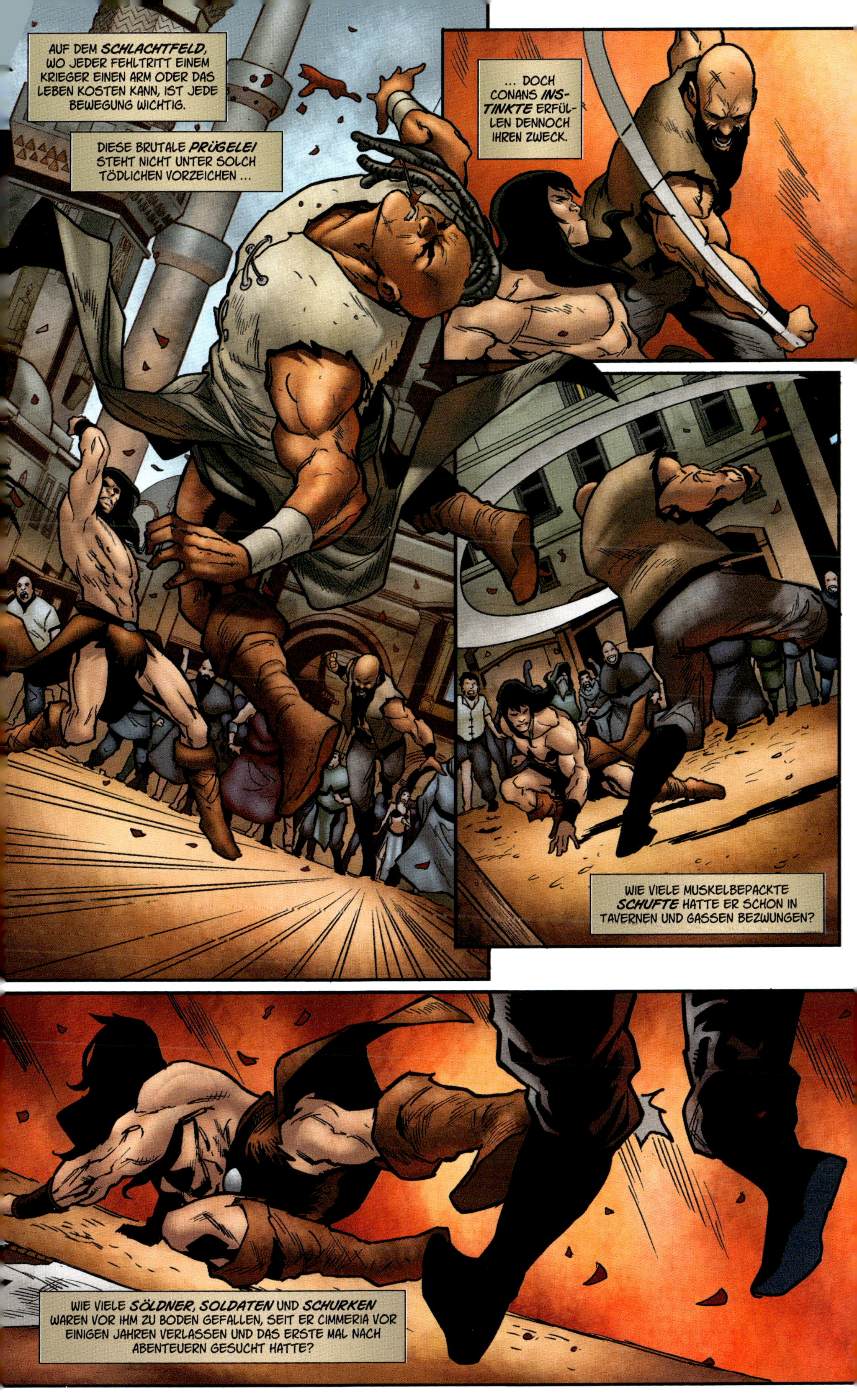

AUF DEM *SCHLACHTFELD*, WO JEDER FEHLTRITT EINEM KRIEGER EINEN ARM ODER DAS LEBEN KOSTEN KANN, IST JEDE BEWEGUNG WICHTIG.

DIESE BRUTALE *PRÜGELEI* STEHT NICHT UNTER SOLCH TÖDLICHEN VORZEICHEN …

… DOCH CONANS *INSTINKTE* ERFÜLLEN DENNOCH IHREN ZWECK.

WIE VIELE MUSKELBEPACKTE *SCHUFTE* HATTE ER SCHON IN TAVERNEN UND GASSEN BEZWUNGEN?

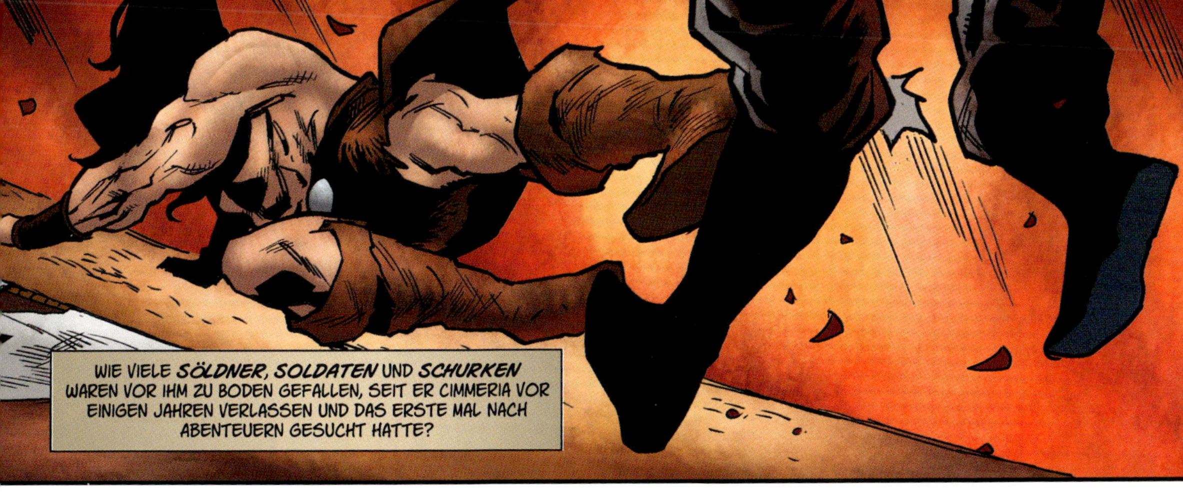

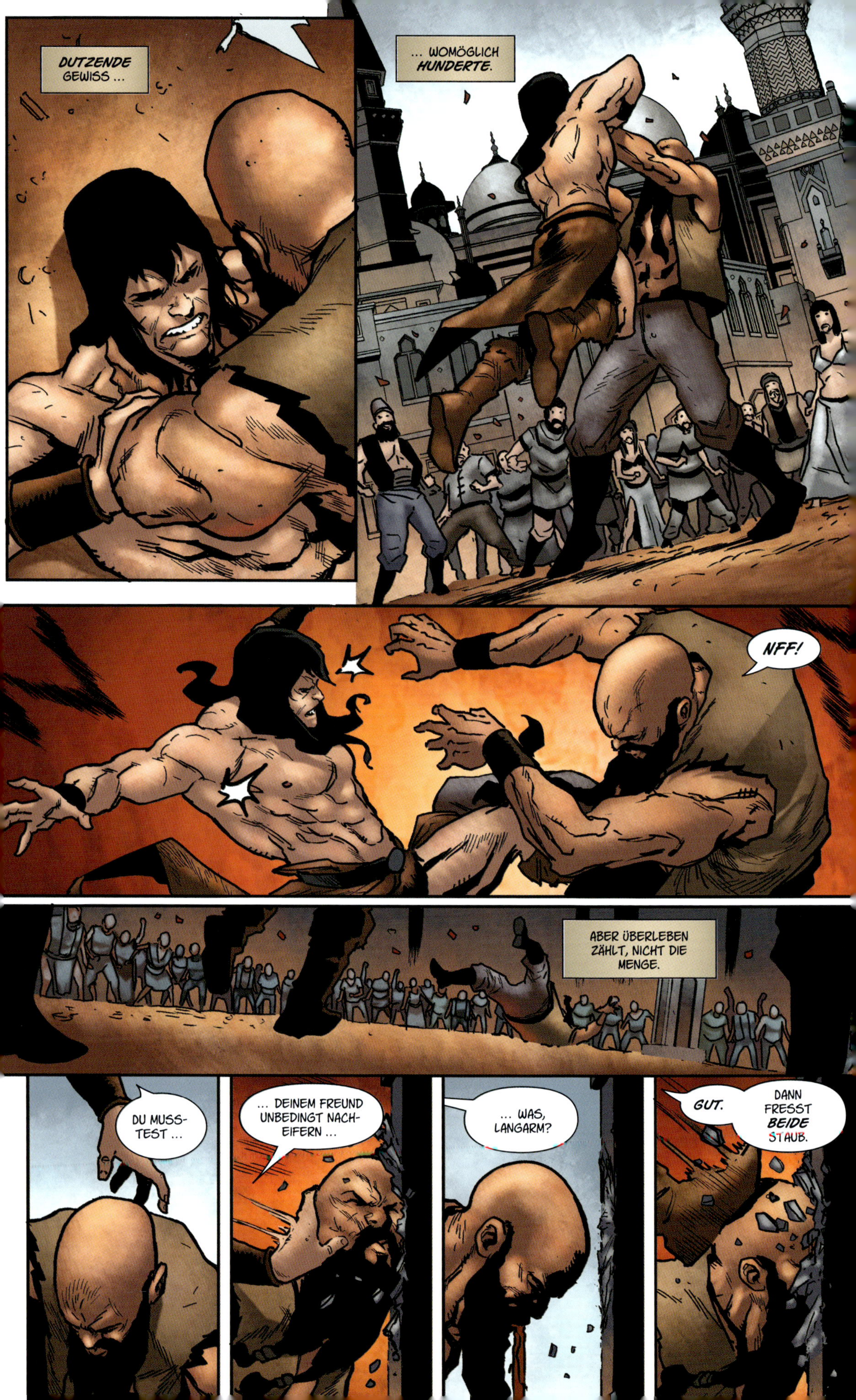

DUTZENDE GEWISS …

… WOMÖGLICH ***HUNDERTE.***

NFF!

ABER ÜBERLEBEN ZÄHLT, NICHT DIE MENGE.

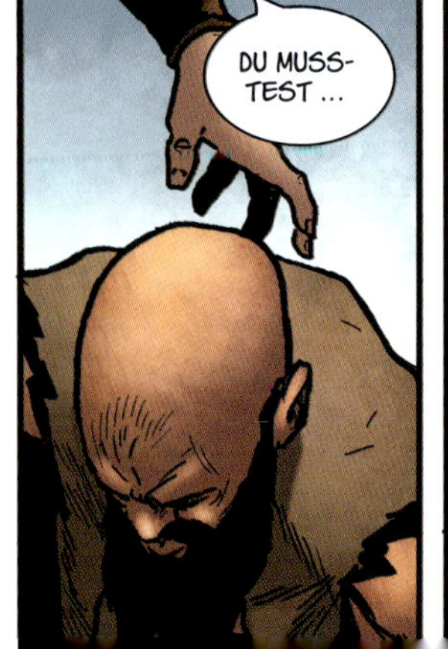

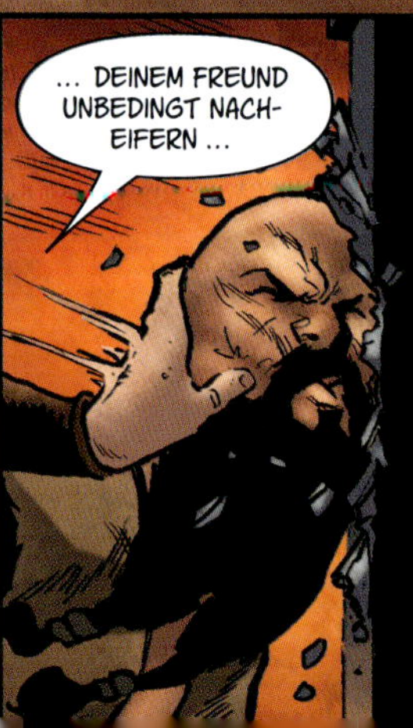

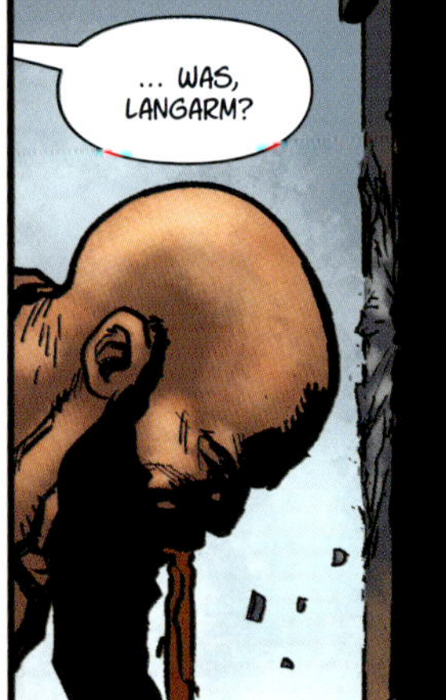

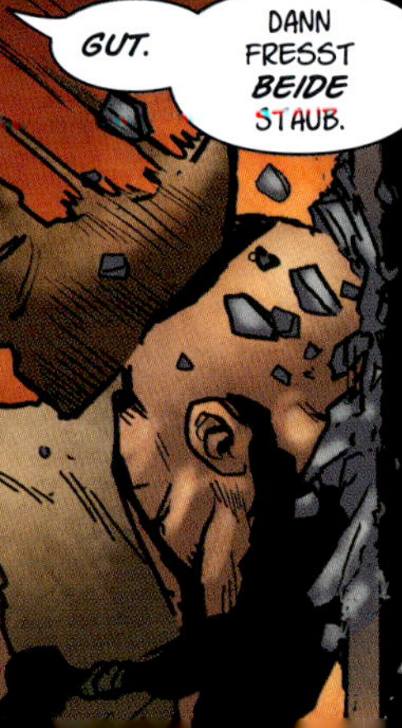

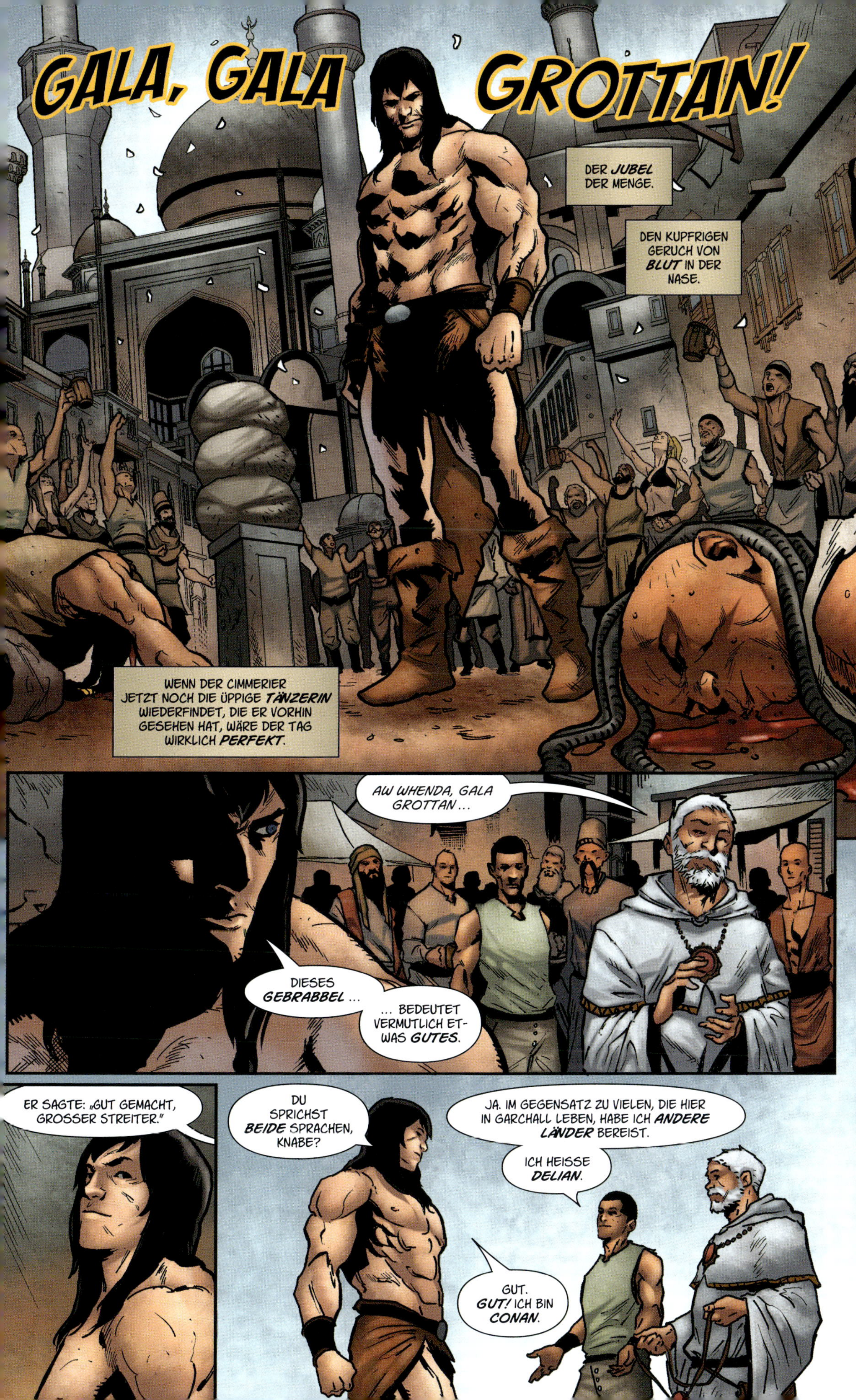
GALA, GALA GROTTAN!
DER JUBEL DER MENGE.
DEN KUPFRIGEN GERUCH VON BLUT IN DER NASE.
WENN DER CIMMERIER JETZT NOCH DIE ÜPPIGE TÄNZERIN WIEDERFINDET, DIE ER VORHIN GESEHEN HAT, WÄRE DER TAG WIRKLICH PERFEKT.
AW WHENDA, GALA GROTTAN ...
DIESES GEBRABBEL ...
... BEDEUTET VERMUTLICH ETWAS GUTES.
ER SAGTE: „GUT GEMACHT, GROSSER STREITER."
DU SPRICHST BEIDE SPRACHEN, KNABE?
JA. IM GEGENSATZ ZU VIELEN, DIE HIER IN GARCHALL LEBEN, HABE ICH ANDERE LÄNDER BEREIST.
ICH HEISSE DELIAN.
GUT. GUT! ICH BIN CONAN.

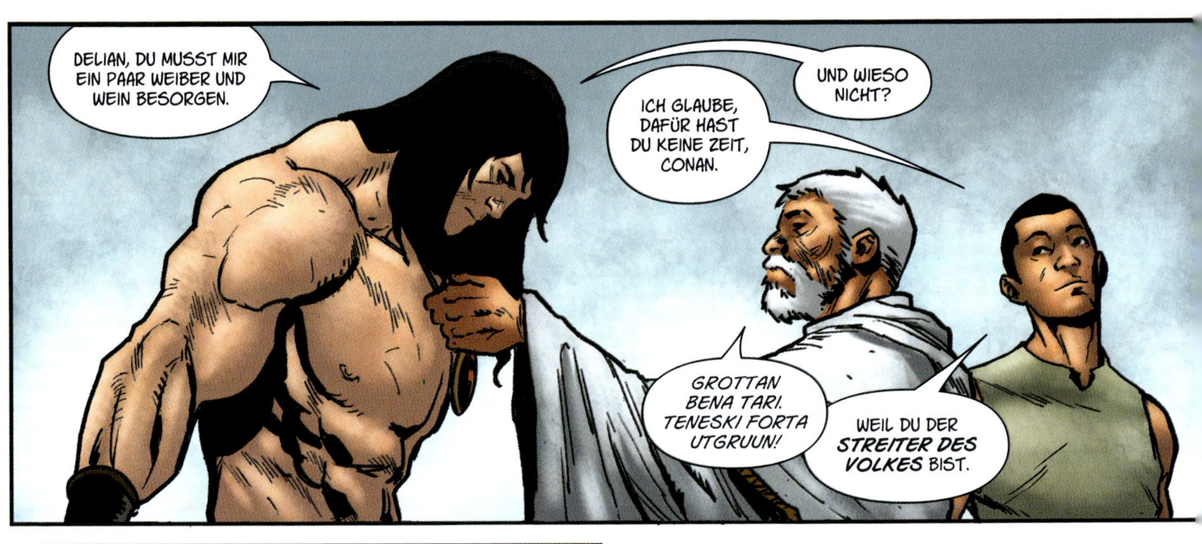

DELIAN, DU MUSST MIR EIN PAAR WEIBER UND WEIN BESORGEN.
ICH GLAUBE, DAFÜR HAST DU KEINE ZEIT, CONAN.
UND WIESO NICHT?
GROTTAN BENA TARI. TENESKI FORTA UTGRUUN!
WEIL DU DER STREITER DES VOLKES BIST.

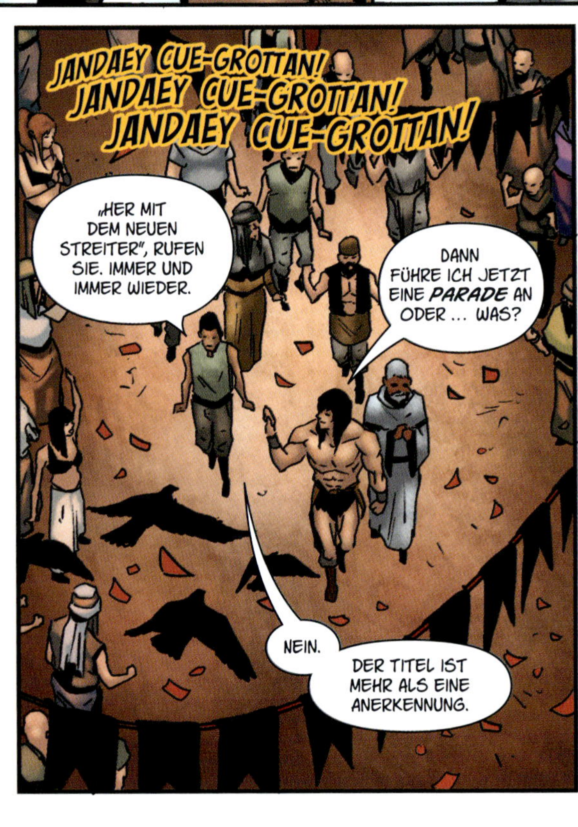

JANDAEY CUE-GROTTAN! JANDAEY CUE-GROTTAN! JANDAEY CUE-GROTTAN!
„HER MIT DEM NEUEN STREITER", RUFEN SIE. IMMER UND IMMER WIEDER.
DANN FÜHRE ICH JETZT EINE PARADE AN ODER ... WAS?
NEIN.
DER TITEL IST MEHR ALS EINE ANERKENNUNG.

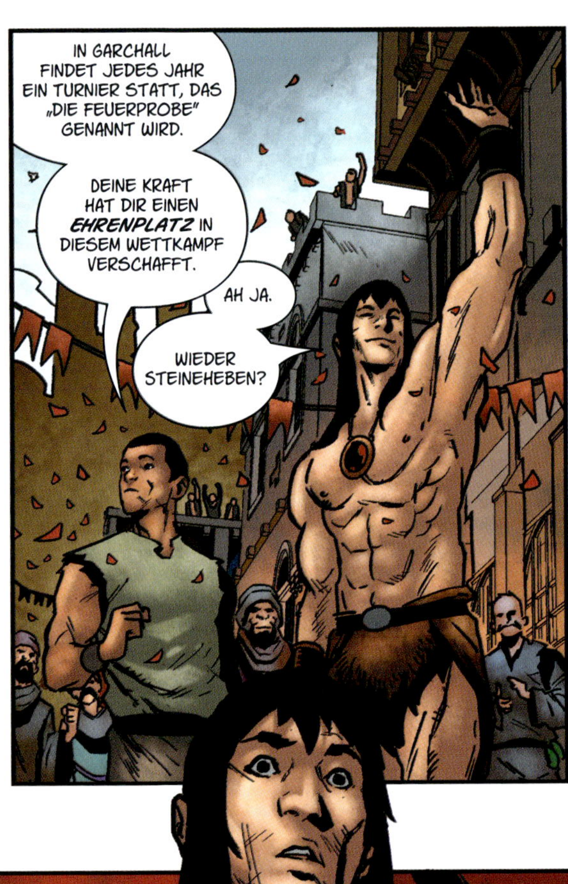

IN GARCHALL FINDET JEDES JAHR EIN TURNIER STATT, DAS „DIE FEUERPROBE" GENANNT WIRD.
DEINE KRAFT HAT DIR EINEN EHRENPLATZ IN DIESEM WETTKAMPF VERSCHAFFT.
AH JA.
WIEDER STEINEHEBEN?

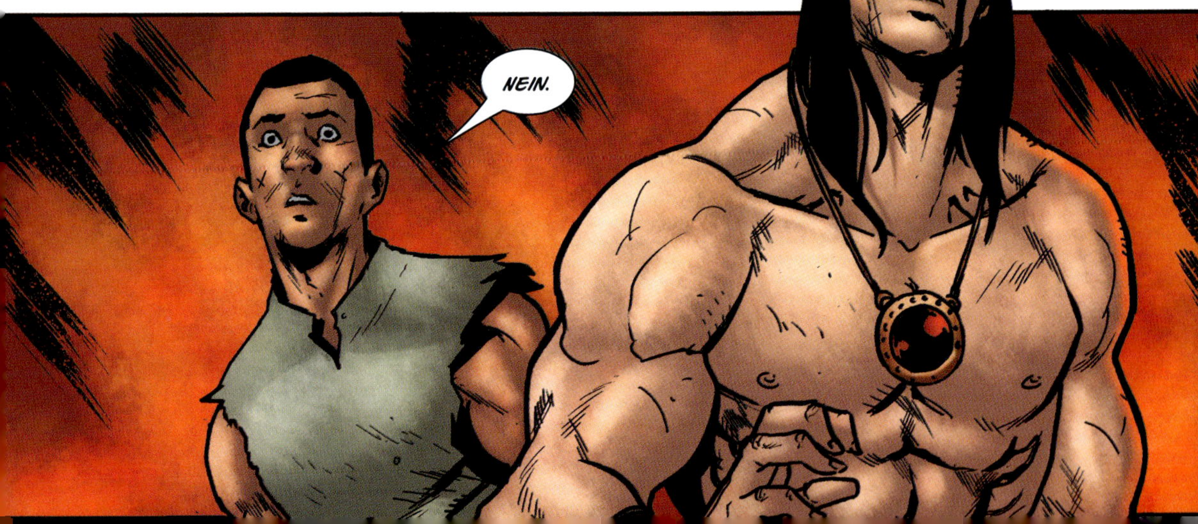

NEIN.

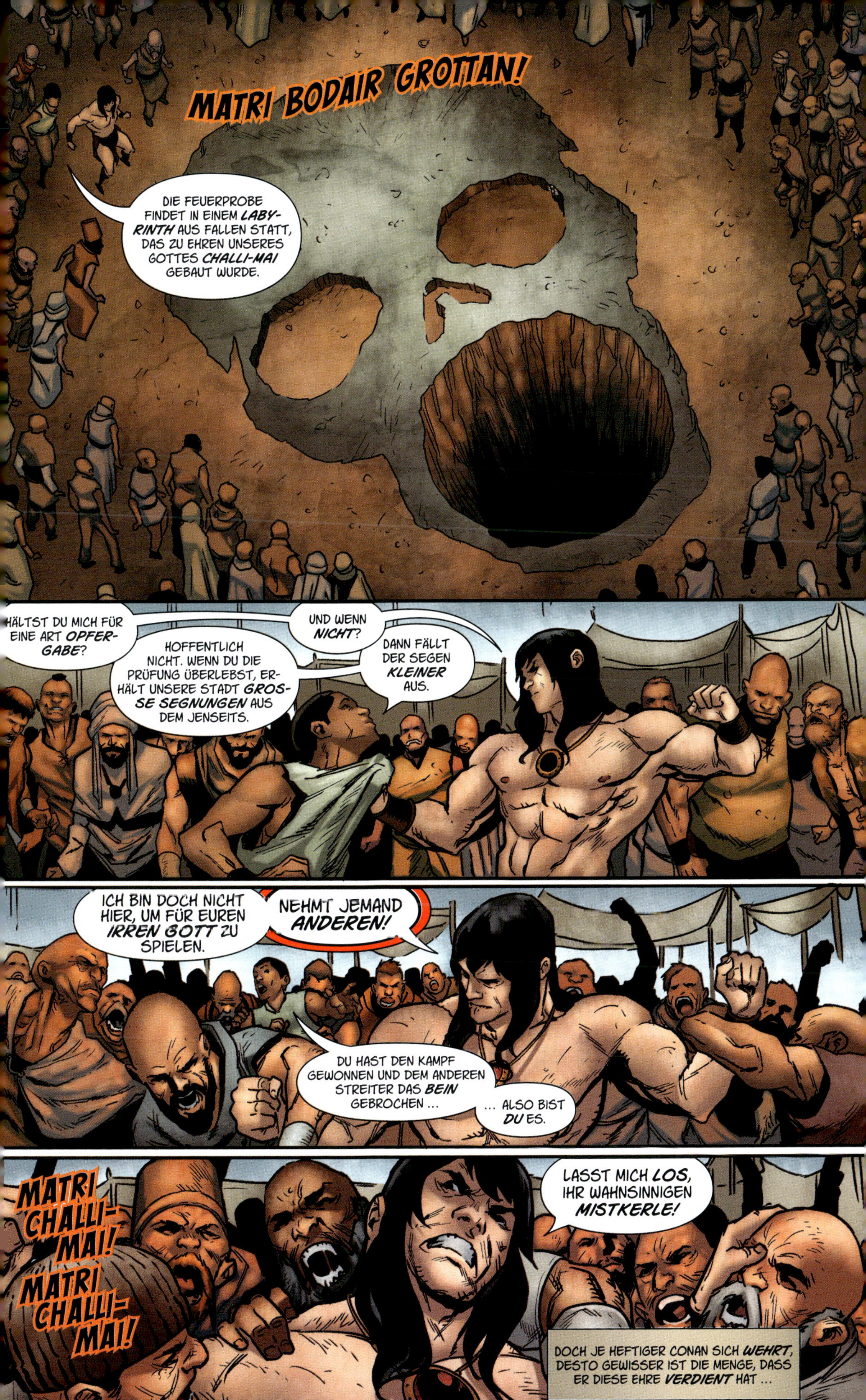
MATRI BODAIR GROTTAN!
DIE FEUERPROBE FINDET IN EINEM LABYRINTH AUS FALLEN STATT, DAS ZU EHREN UNSERES GOTTES CHALLI-MAI GEBAUT WURDE.
HÄLTST DU MICH FÜR EINE ART OPFERGABE?
HOFFENTLICH NICHT. WENN DU DIE PRÜFUNG ÜBERLEBST, ERHÄLT UNSERE STADT GROSSE SEGNUNGEN AUS DEM JENSEITS.
UND WENN NICHT?
DANN FÄLLT DER SEGEN KLEINER AUS.
ICH BIN DOCH NICHT HIER, UM FÜR EUREN IRREN GOTT ZU SPIELEN.
NEHMT JEMAND ANDEREN!
DU HAST DEN KAMPF GEWONNEN UND DEM ANDEREN STREITER DAS BEIN GEBROCHEN …
… ALSO BIST DU ES.
MATRI CHALLI-MAI! MATRI CHALLI-MAI!
LASST MICH LOS, IHR WAHNSINNIGEN MISTKERLE!
DOCH JE HEFTIGER CONAN SICH WEHRT, DESTO GEWISSER IST DIE MENGE, DASS ER DIESE EHRE VERDIENT HAT …

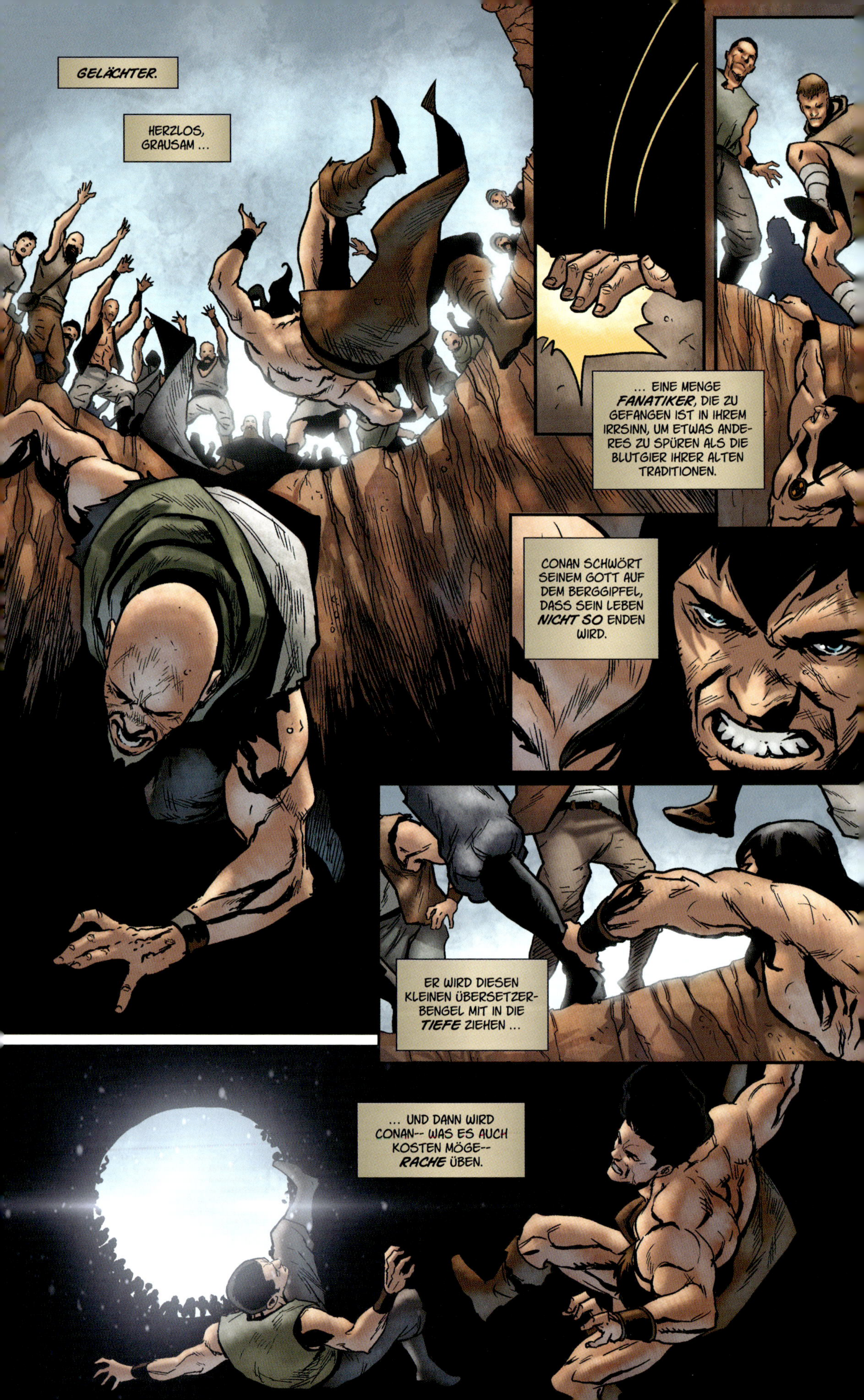
GELÄCHTER.
HERZLOS, GRAUSAM ...
... EINE MENGE FANATIKER, DIE ZU GEFANGEN IST IN IHREM IRRSINN, UM ETWAS ANDERES ZU SPÜREN ALS DIE BLUTGIER IHRER ALTEN TRADITIONEN.
CONAN SCHWÖRT SEINEM GOTT AUF DEM BERGGIPFEL, DASS SEIN LEBEN NICHT SO ENDEN WIRD.
ER WIRD DIESEN KLEINEN ÜBERSETZER-BENGEL MIT IN DIE TIEFE ZIEHEN ...
... UND DANN WIRD CONAN-- WAS ES AUCH KOSTEN MÖGE-- RACHE ÜBEN.

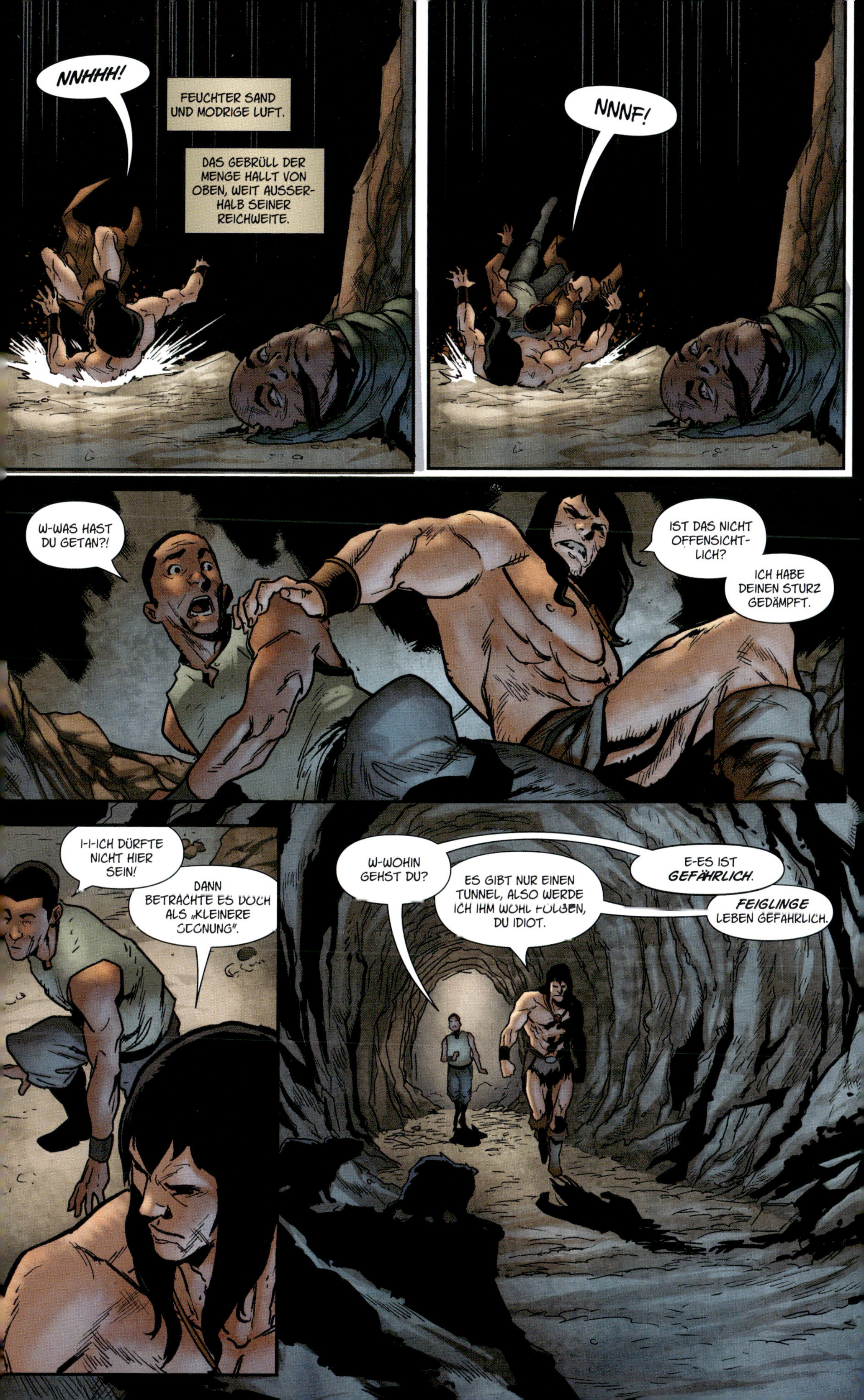
NNHHH!
FEUCHTER SAND UND MODRIGE LUFT.
DAS GEBRÜLL DER MENGE HALLT VON OBEN, WEIT AUSSER-HALB SEINER REICHWEITE.
NNNF!
W-WAS HAST DU GETAN?!
IST DAS NICHT OFFENSICHT-LICH?
ICH HABE DEINEN STURZ GEDÄMPFT.
I-I-ICH DÜRFTE NICHT HIER SEIN!
DANN BETRACHTE ES DOCH ALS „KLEINERE SEGNUNG".
W-WOHIN GEHST DU?
ES GIBT NUR EINEN TUNNEL, ALSO WERDE ICH IHM WOHL FOLGEN, DU IDIOT.
E-ES IST GEFÄHRLICH.
FEIGLINGE LEBEN GEFÄHRLICH.

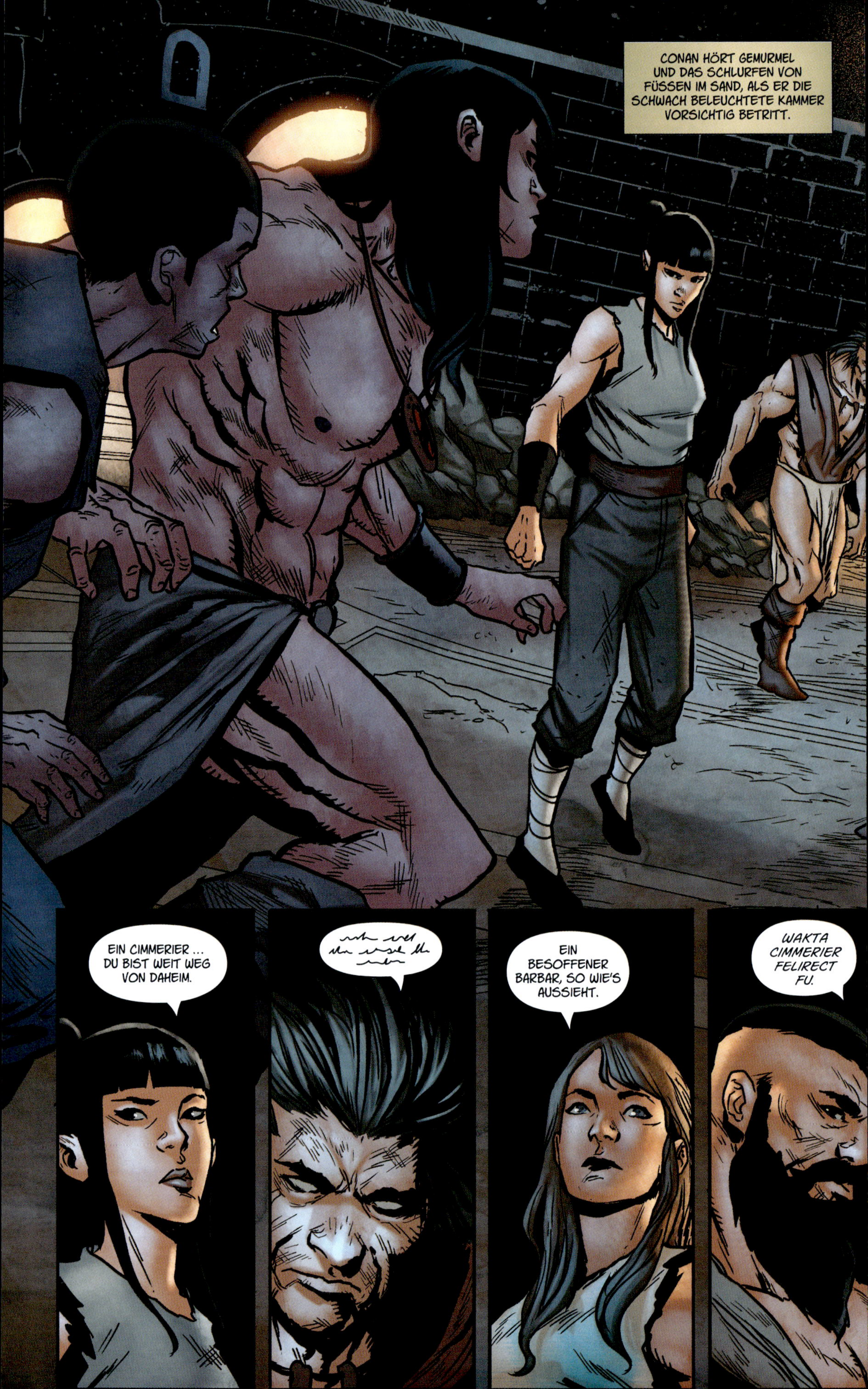
CONAN HÖRT GEMURMEL UND DAS SCHLURFEN VON FÜSSEN IM SAND, ALS ER DIE SCHWACH BELEUCHTETE KAMMER VORSICHTIG BETRITT.
EIN CIMMERIER ... DU BIST WEIT WEG VON DAHEIM.
EIN BESOFFENER BARBAR, SO WIE'S AUSSIEHT.
WAKTA CIMMERIER FELIRECT FU.

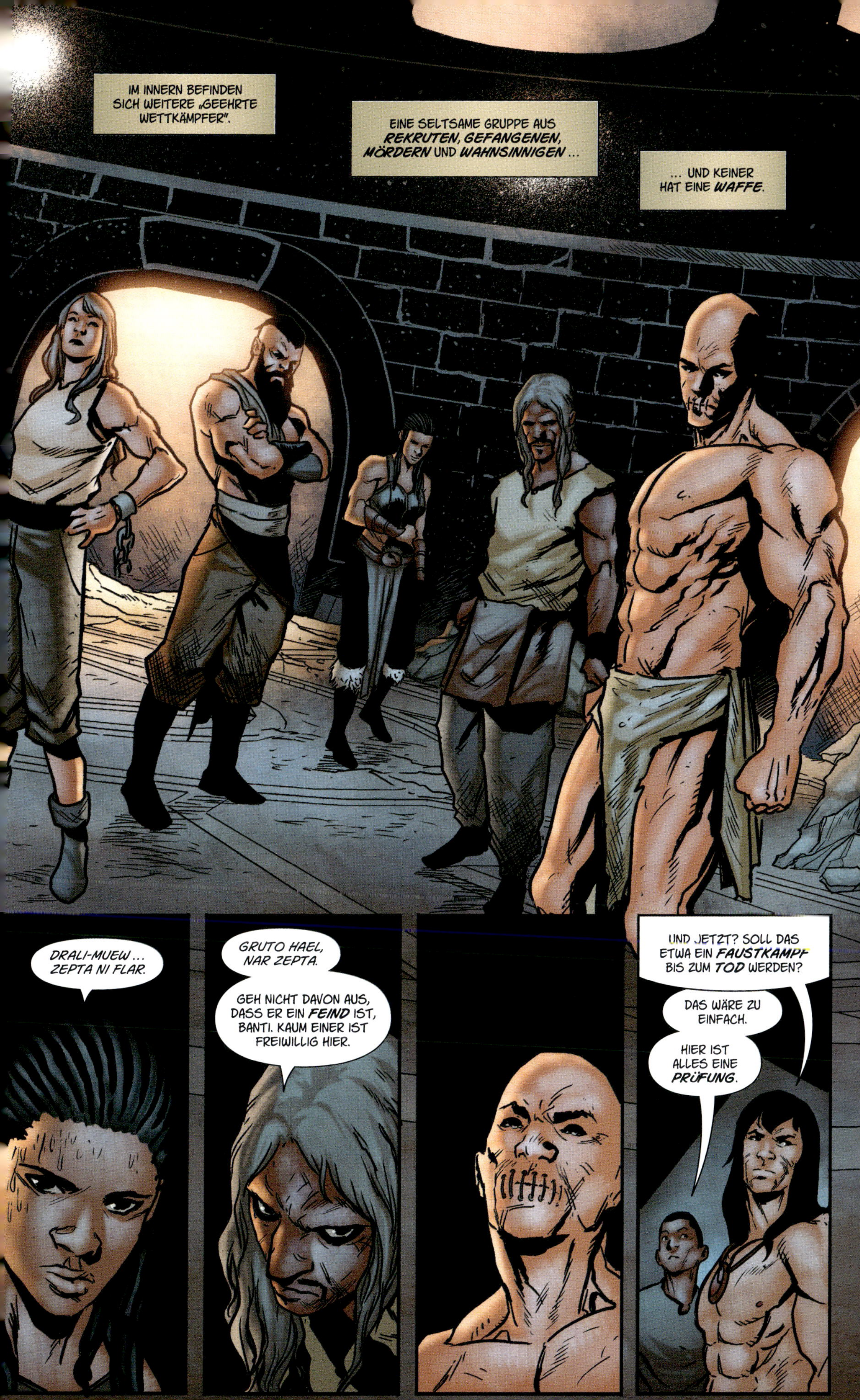
IM INNERN BEFINDEN SICH WEITERE „GEEHRTE WETTKÄMPFER".
EINE SELTSAME GRUPPE AUS *REKRUTEN*, *GEFANGENEN*, *MÖRDERN* UND *WAHNSINNIGEN* …
… UND KEINER HAT EINE *WAFFE*.
DRALI-MUEW … ZEPTA NI FLAR.
GRUTO HAEL, NAR ZEPTA.
GEH NICHT DAVON AUS, DASS ER EIN *FEIND* IST, BANTI. KAUM EINER IST FREIWILLIG HIER.
UND JETZT? SOLL DAS ETWA EIN *FAUSTKAMPF* BIS ZUM *TOD* WERDEN?
DAS WÄRE ZU EINFACH.
HIER IST ALLES EINE *PRÜFUNG*.

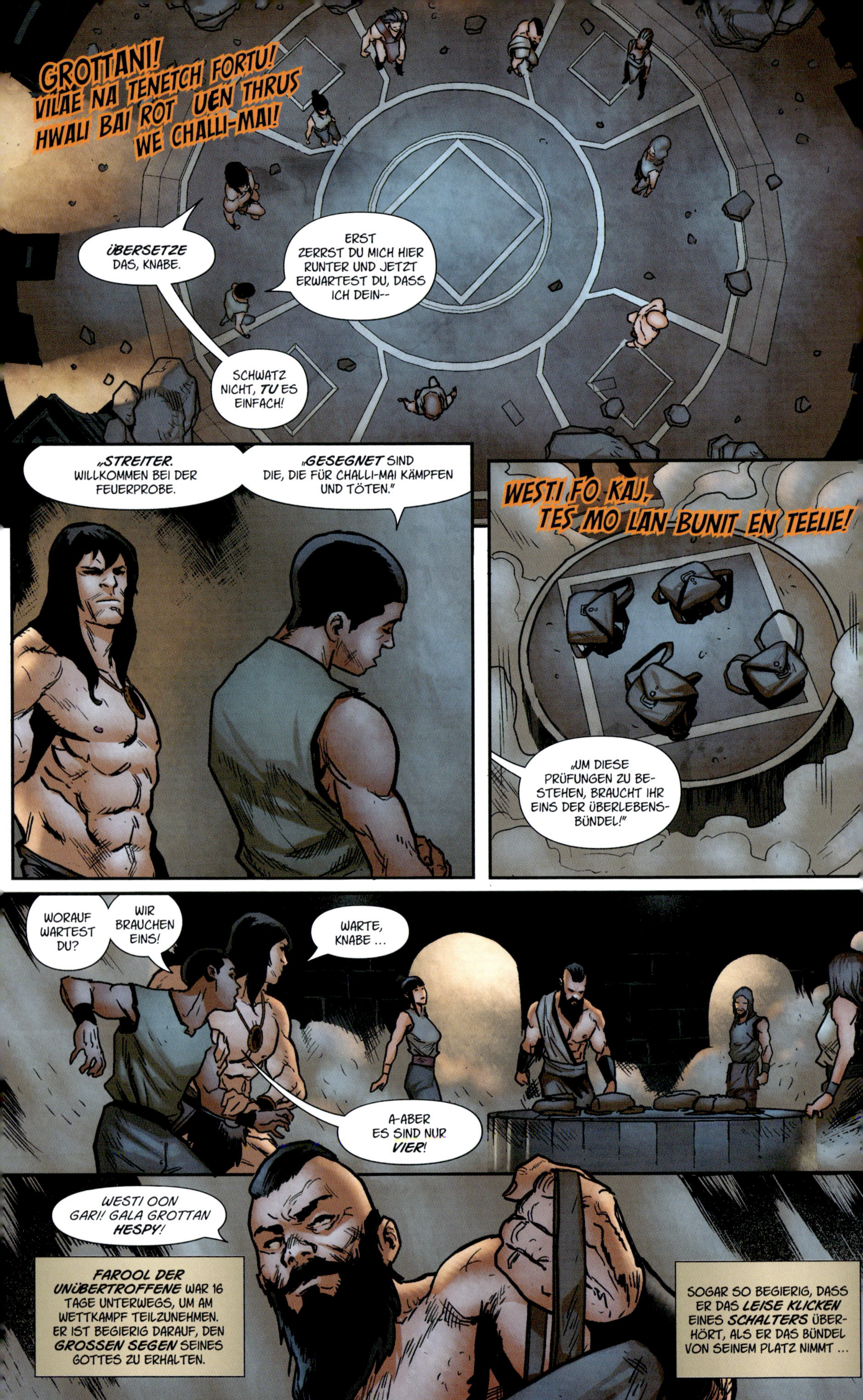
GROTTANI! VILAE NA TENETCH FORTU! HWALI BAI ROT UEN THRUS WE CHALLI-MAI!
ÜBERSETZE DAS, KNABE.
ERST ZERRST DU MICH HIER RUNTER UND JETZT ERWARTEST DU, DASS ICH DEIN--
SCHWATZ NICHT, TU ES EINFACH!
„STREITER. WILLKOMMEN BEI DER FEUERPROBE.
„GESEGNET SIND DIE, DIE FÜR CHALLI-MAI KÄMPFEN UND TÖTEN."
WESTI FO KAJ, TES MO LAN-BUNIT EN TEELIE!
„UM DIESE PRÜFUNGEN ZU BESTEHEN, BRAUCHT IHR EINS DER ÜBERLEBENSBÜNDEL!"
WORAUF WARTEST DU?
WIR BRAUCHEN EINS!
WARTE, KNABE ...
A-ABER ES SIND NUR VIER!
WESTI OON GAR!! GALA GROTTAN HESPY!
FAROOL DER UNÜBERTROFFENE WAR 16 TAGE UNTERWEGS, UM AM WETTKAMPF TEILZUNEHMEN. ER IST BEGIERIG DARAUF, DEN GROSSEN SEGEN SEINES GOTTES ZU ERHALTEN.
SOGAR SO BEGIERIG, DASS ER DAS LEISE KLICKEN EINES SCHALTERS ÜBERHÖRT, ALS ER DAS BÜNDEL VON SEINEM PLATZ NIMMT ...

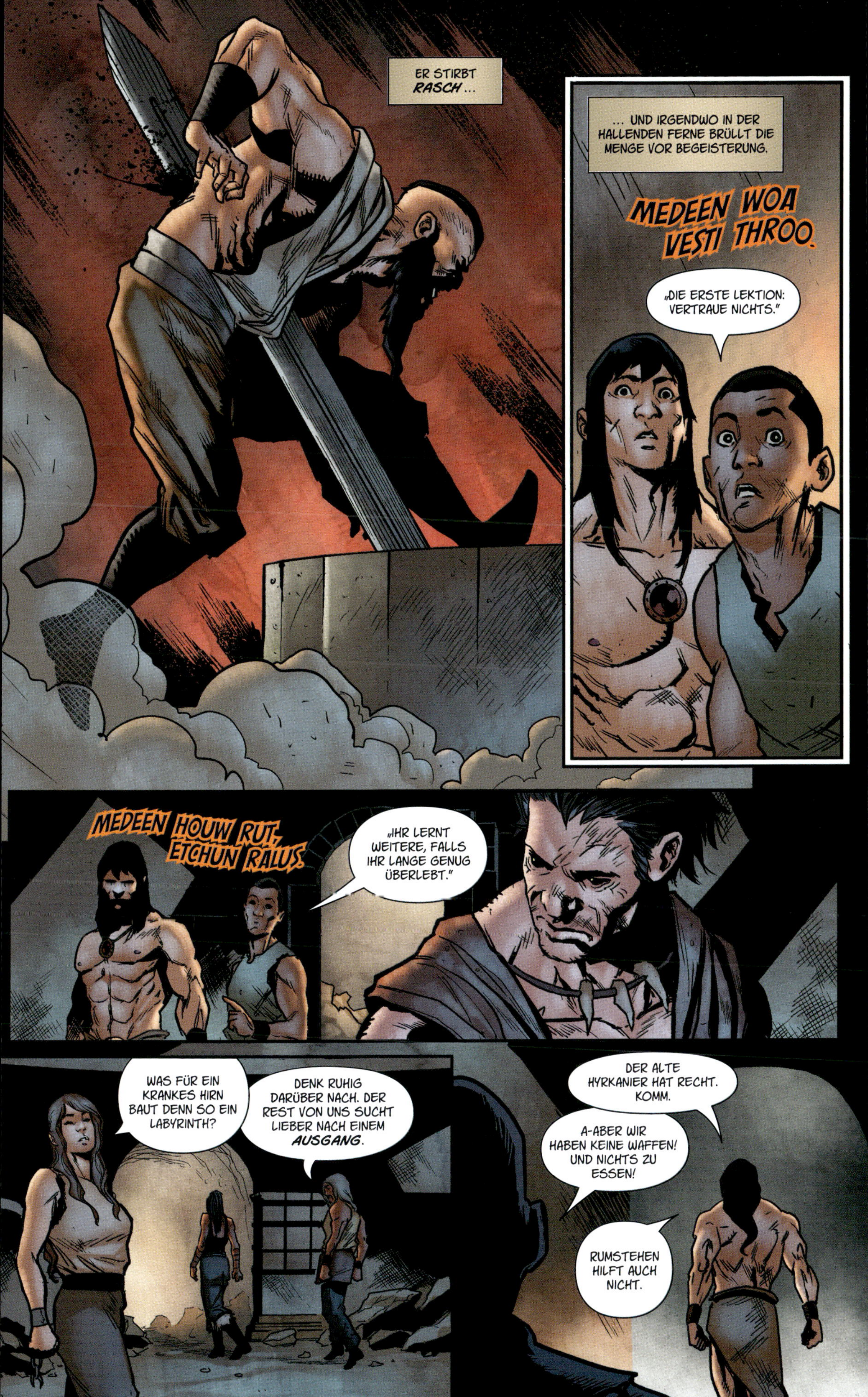
ER STIRBT RASCH ...
... UND IRGENDWO IN DER HALLENDEN FERNE BRÜLLT DIE MENGE VOR BEGEISTERUNG.
MEDEEN WOA VESTI THROO.
„DIE ERSTE LEKTION: VERTRAUE NICHTS."
MEDEEN HOUW RUT, ETCHUN RALUS.
„IHR LERNT WEITERE, FALLS IHR LANGE GENUG ÜBERLEBT."
WAS FÜR EIN KRANKES HIRN BAUT DENN SO EIN LABYRINTH?
DENK RUHIG DARÜBER NACH. DER REST VON UNS SUCHT LIEBER NACH EINEM AUSGANG.
DER ALTE HYRKANIER HAT RECHT. KOMM.
A-ABER WIR HABEN KEINE WAFFEN! UND NICHTS ZU ESSEN!
RUMSTEHEN HILFT AUCH NICHT.

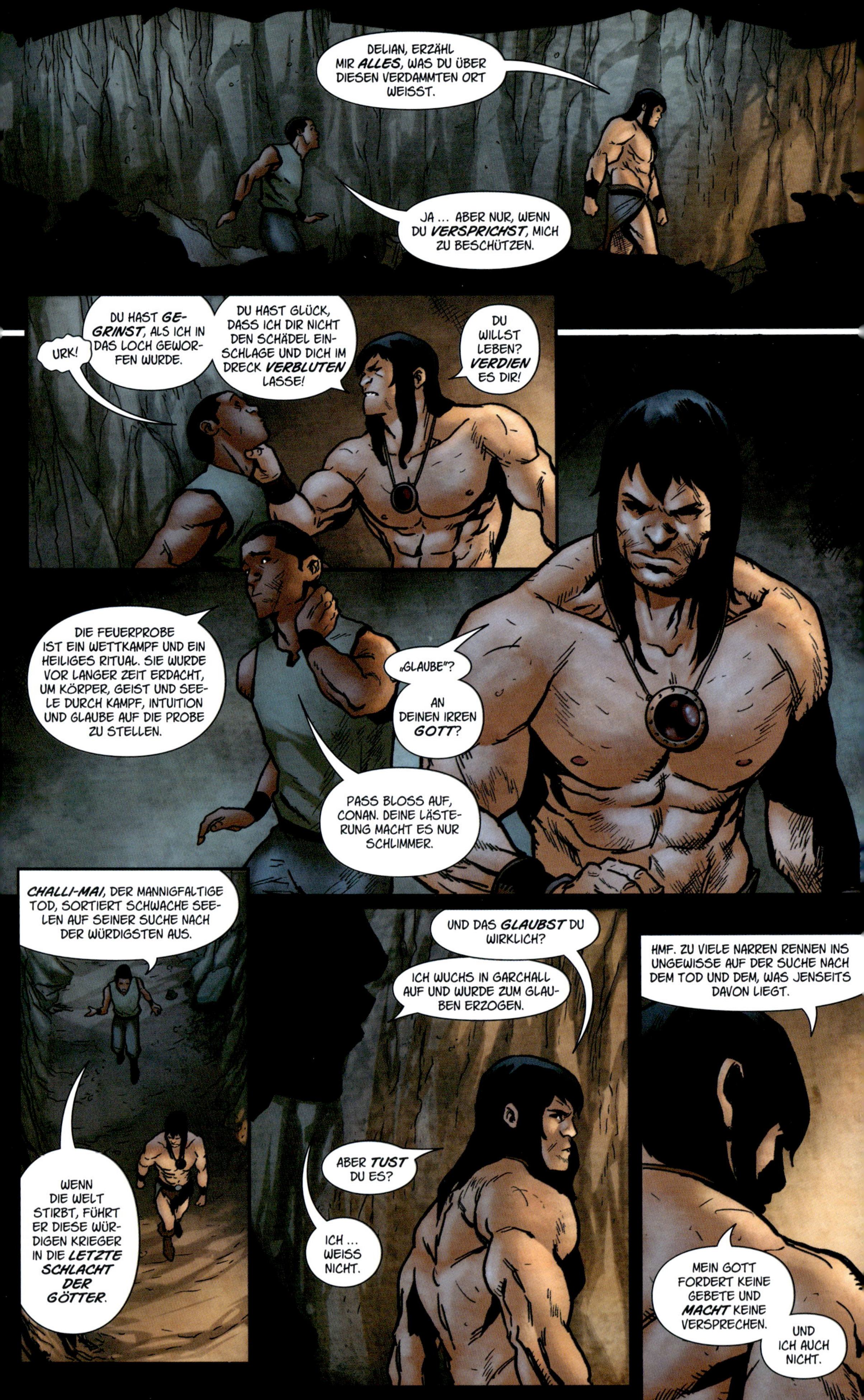
DELIAN, ERZÄHL MIR ALLES, WAS DU ÜBER DIESEN VERDAMMTEN ORT WEISST.
JA ... ABER NUR, WENN DU VERSPRICHST, MICH ZU BESCHÜTZEN.
URK!
DU HAST GE-GRINST, ALS ICH IN DAS LOCH GEWOR-FEN WURDE.
DU HAST GLÜCK, DASS ICH DIR NICHT DEN SCHÄDEL EIN-SCHLAGE UND DICH IM DRECK VERBLUTEN LASSE!
DU WILLST LEBEN? VERDIEN ES DIR!
DIE FEUERPROBE IST EIN WETTKAMPF UND EIN HEILIGES RITUAL. SIE WURDE VOR LANGER ZEIT ERDACHT, UM KÖRPER, GEIST UND SEE-LE DURCH KAMPF, INTUITION UND GLAUBE AUF DIE PROBE ZU STELLEN.
„GLAUBE"?
AN DEINEN IRREN GOTT?
PASS BLOSS AUF, CONAN. DEINE LÄSTE-RUNG MACHT ES NUR SCHLIMMER.
CHALLI-MAI, DER MANNIGFALTIGE TOD, SORTIERT SCHWACHE SEE-LEN AUF SEINER SUCHE NACH DER WÜRDIGSTEN AUS.
WENN DIE WELT STIRBT, FÜHRT ER DIESE WÜR-DIGEN KRIEGER IN DIE LETZTE SCHLACHT DER GÖTTER.
UND DAS GLAUBST DU WIRKLICH?
ICH WUCHS IN GARCHALL AUF UND WURDE ZUM GLAU-BEN ERZOGEN.
ABER TUST DU ES?
ICH ... WEISS NICHT.
HMF. ZU VIELE NARREN RENNEN INS UNGEWISSE AUF DER SUCHE NACH DEM TOD UND DEM, WAS JENSEITS DAVON LIEGT.
MEIN GOTT FORDERT KEINE GEBETE UND MACHT KEINE VERSPRECHEN.
UND ICH AUCH NICHT.

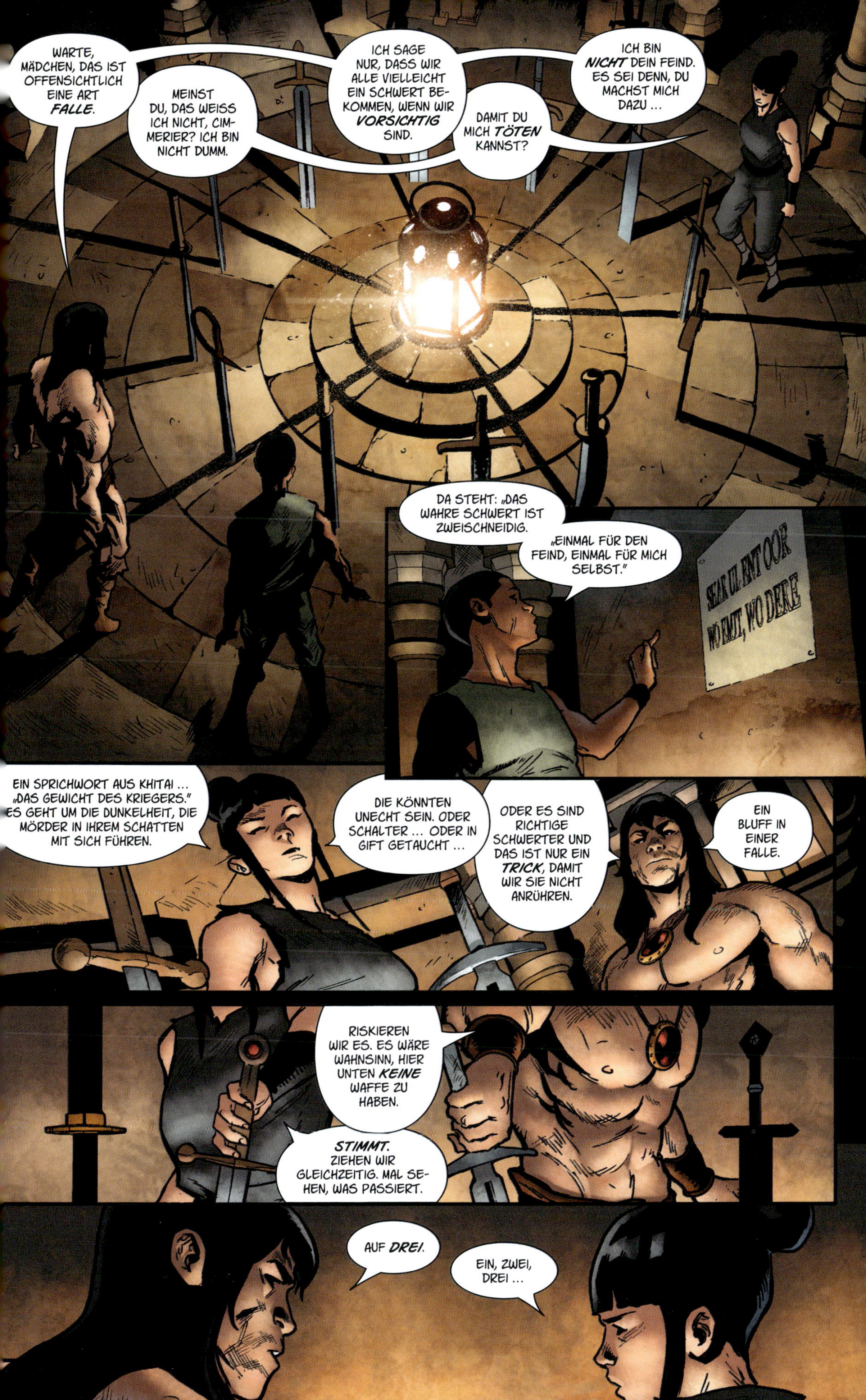

WARTE, MÄDCHEN, DAS IST OFFENSICHTLICH EINE ART *FALLE*.
MEINST DU, DAS WEISS ICH NICHT, CIMMERIER? ICH BIN NICHT DUMM.
ICH SAGE NUR, DASS WIR ALLE VIELLEICHT EIN SCHWERT BEKOMMEN, WENN WIR *VORSICHTIG* SIND.
DAMIT DU MICH *TÖTEN* KANNST?
ICH BIN *NICHT* DEIN FEIND. ES SEI DENN, DU MACHST MICH DAZU …
DA STEHT: „DAS WAHRE SCHWERT IST ZWEISCHNEIDIG.
„EINMAL FÜR DEN FEIND, EINMAL FÜR MICH SELBST."
EIN SPRICHWORT AUS KHITAI … „DAS GEWICHT DES KRIEGERS." ES GEHT UM DIE DUNKELHEIT, DIE MÖRDER IN IHREM SCHATTEN MIT SICH FÜHREN.
DIE KÖNNTEN UNECHT SEIN. ODER SCHALTER … ODER IN GIFT GETAUCHT …
ODER ES SIND RICHTIGE SCHWERTER UND DAS IST NUR EIN *TRICK*, DAMIT WIR SIE NICHT ANRÜHREN.
EIN BLUFF IN EINER FALLE.
RISKIEREN WIR ES. ES WÄRE WAHNSINN, HIER UNTEN *KEINE* WAFFE ZU HABEN.
STIMMT. ZIEHEN WIR GLEICHZEITIG. MAL SEHEN, WAS PASSIERT.
AUF *DREI*.
EIN, ZWEI, DREI …

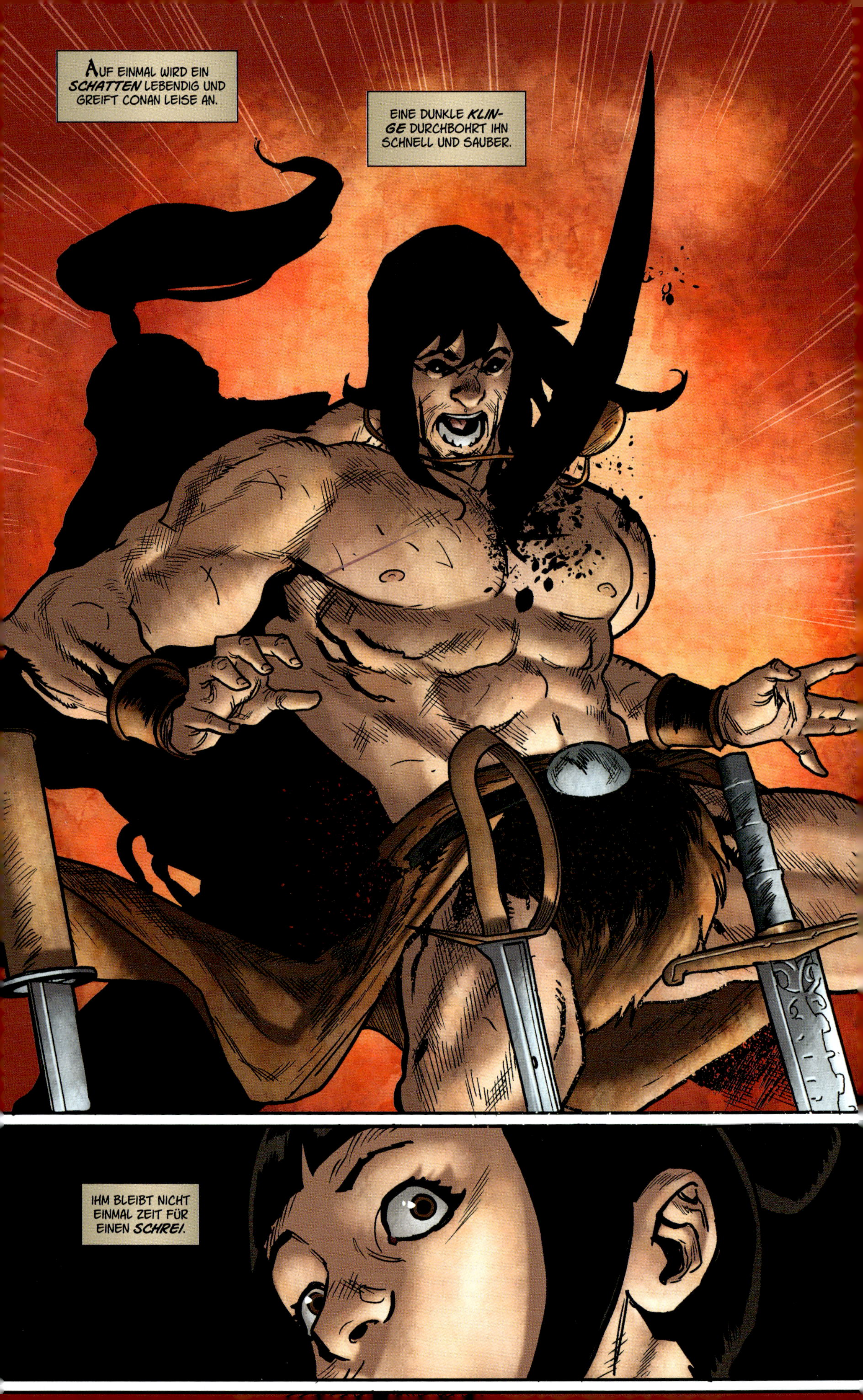

Auf einmal wird ein *Schatten* lebendig und greift Conan leise an.

Eine dunkle *Klinge* durchbohrt ihn schnell und sauber.

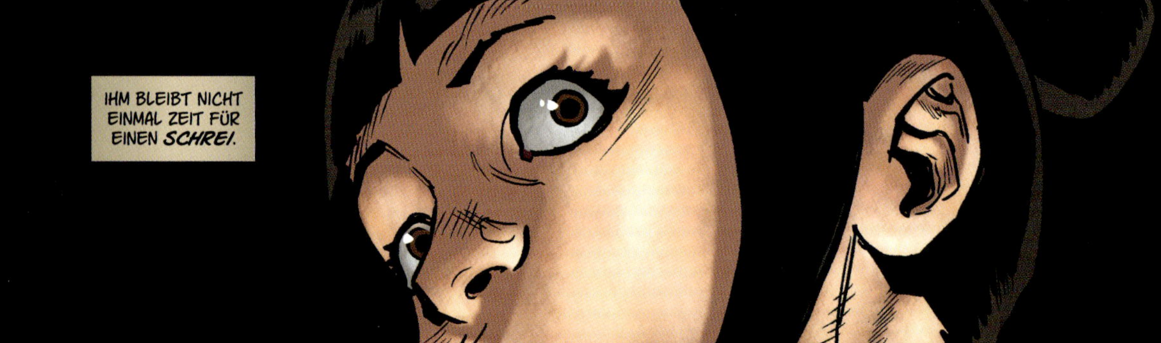

DIE FEUERPROBE, TEIL 2: DIE GROSSE FEUERPROBE

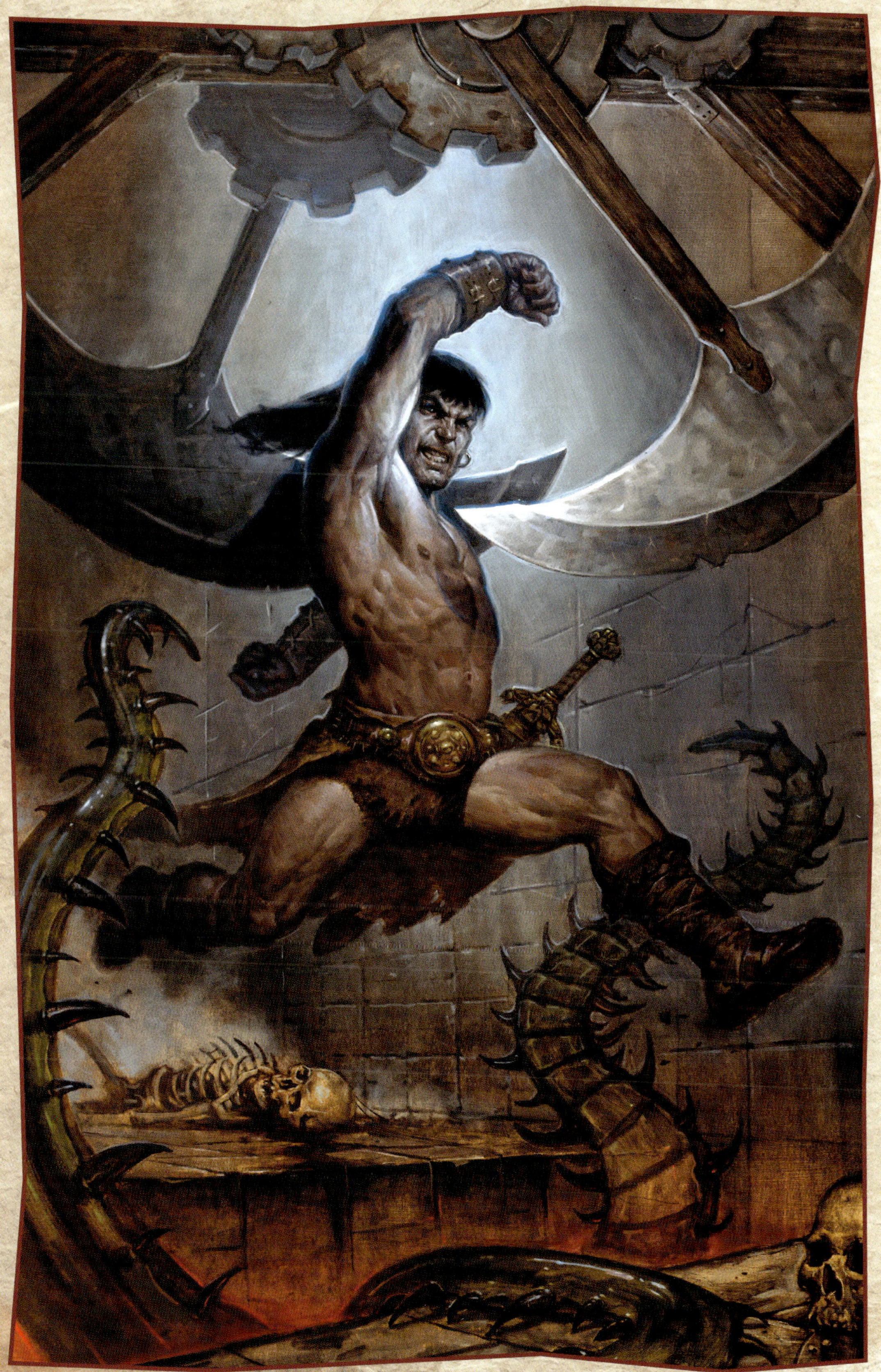

Conan the Barbarian (2019) 14
Cover von **E. M. GIST**

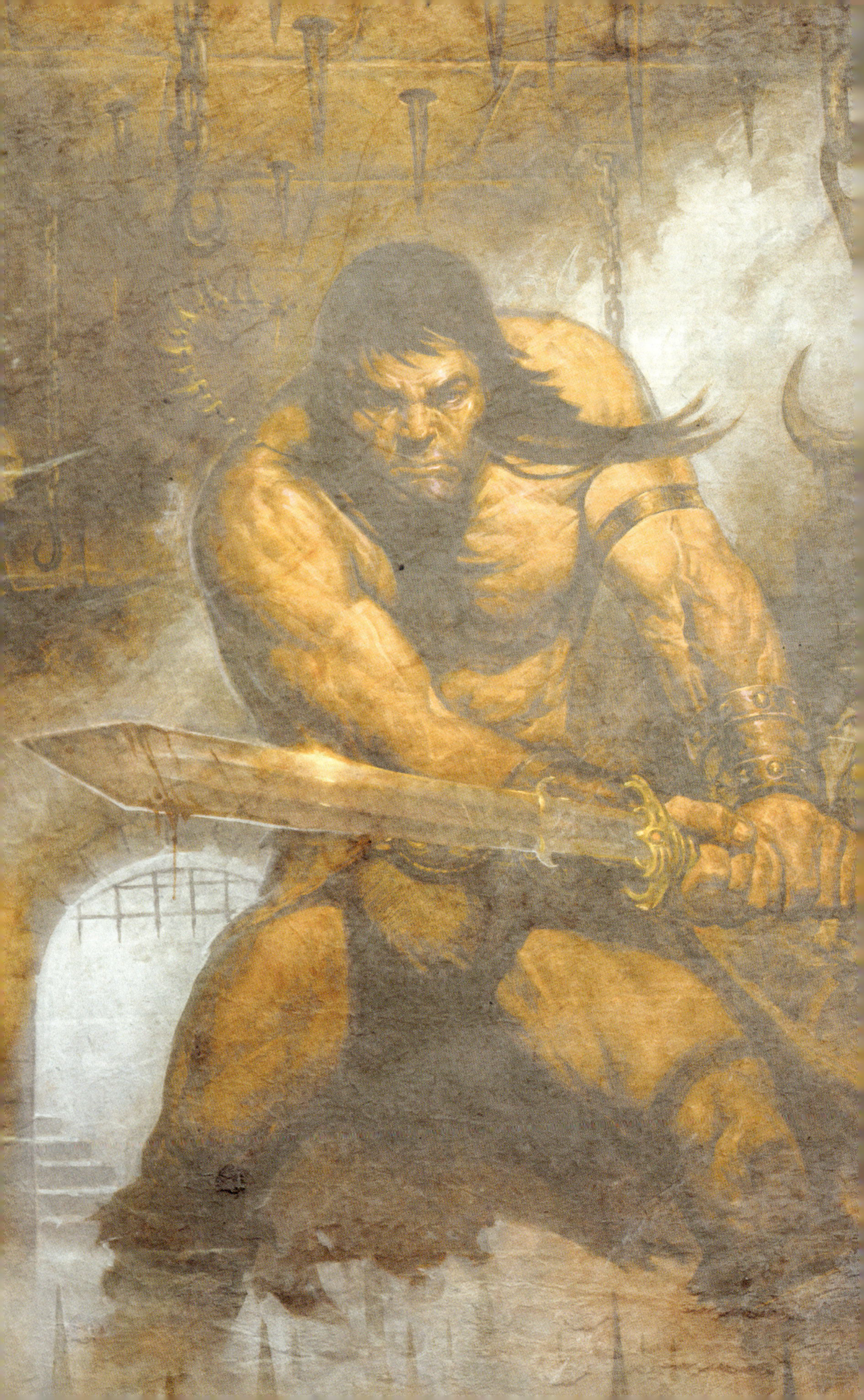

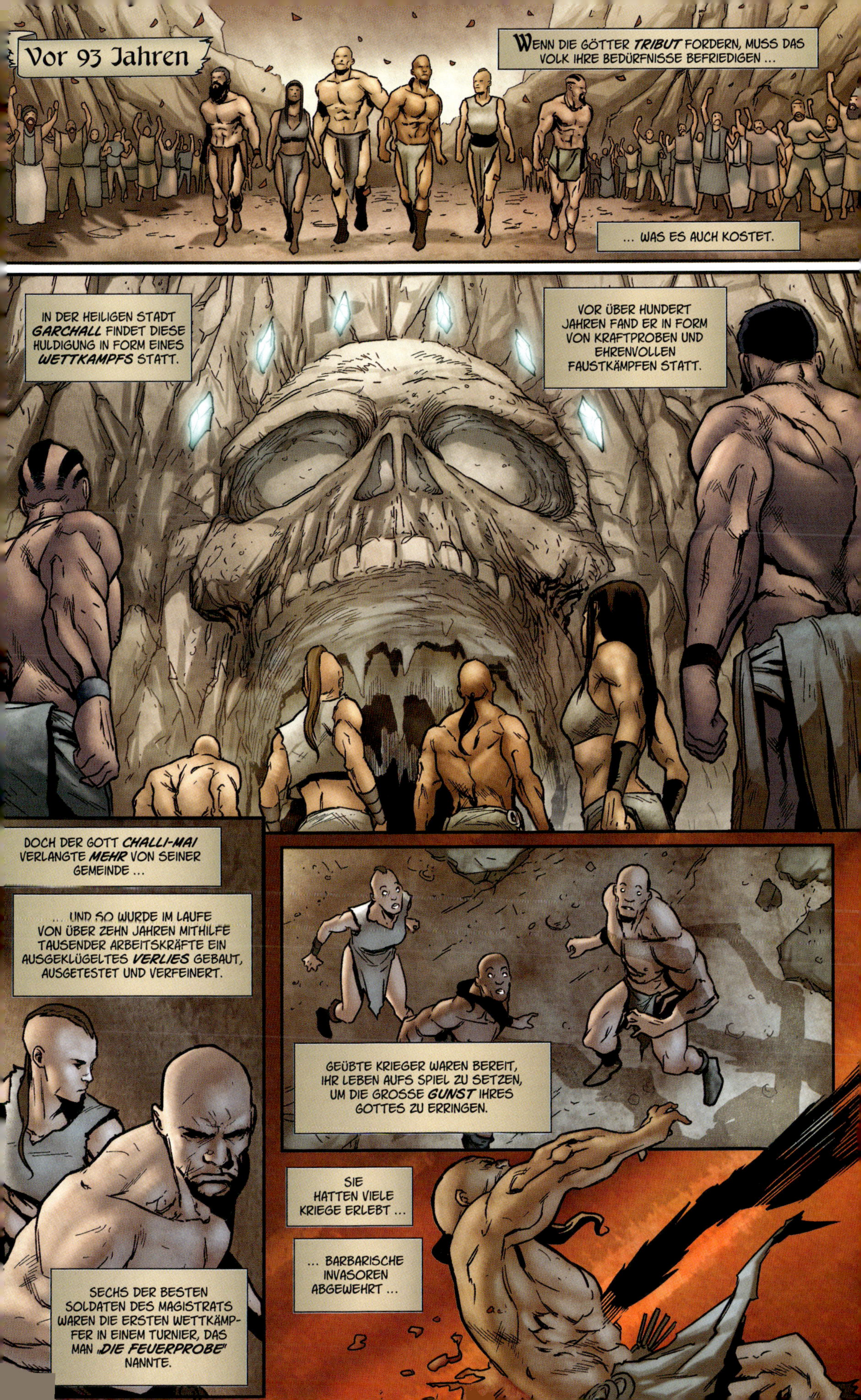
Vor 93 Jahren
WENN DIE GÖTTER TRIBUT FORDERN, MUSS DAS VOLK IHRE BEDÜRFNISSE BEFRIEDIGEN …
… WAS ES AUCH KOSTET.
IN DER HEILIGEN STADT GARCHALL FINDET DIESE HULDIGUNG IN FORM EINES WETTKAMPFS STATT.
VOR ÜBER HUNDERT JAHREN FAND ER IN FORM VON KRAFTPROBEN UND EHRENVOLLEN FAUSTKÄMPFEN STATT.
DOCH DER GOTT CHALLI-MAI VERLANGTE MEHR VON SEINER GEMEINDE …
… UND SO WURDE IM LAUFE VON ÜBER ZEHN JAHREN MITHILFE TAUSENDER ARBEITSKRÄFTE EIN AUSGEKLÜGELTES VERLIES GEBAUT, AUSGETESTET UND VERFEINERT.
SECHS DER BESTEN SOLDATEN DES MAGISTRATS WAREN DIE ERSTEN WETTKÄMPFER IN EINEM TURNIER, DAS MAN „DIE FEUERPROBE" NANNTE.
GEÜBTE KRIEGER WAREN BEREIT, IHR LEBEN AUFS SPIEL ZU SETZEN, UM DIE GROSSE GUNST IHRES GOTTES ZU ERRINGEN.
SIE HATTEN VIELE KRIEGE ERLEBT …
… BARBARISCHE INVASOREN ABGEWEHRT …

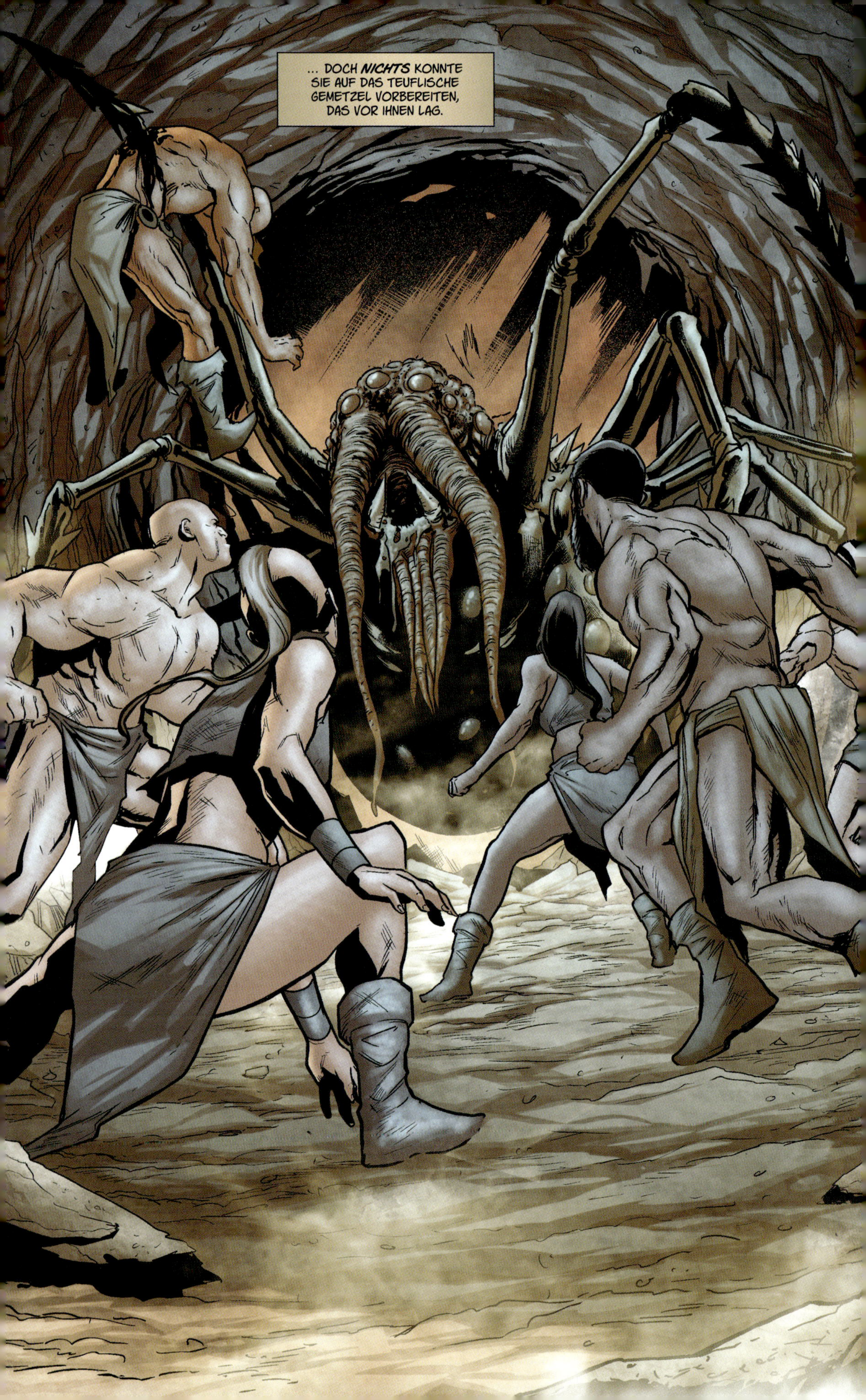
... DOCH NICHTS KONNTE SIE AUF DAS TEUFLISCHE GEMETZEL VORBEREITEN, DAS VOR IHNEN LAG.

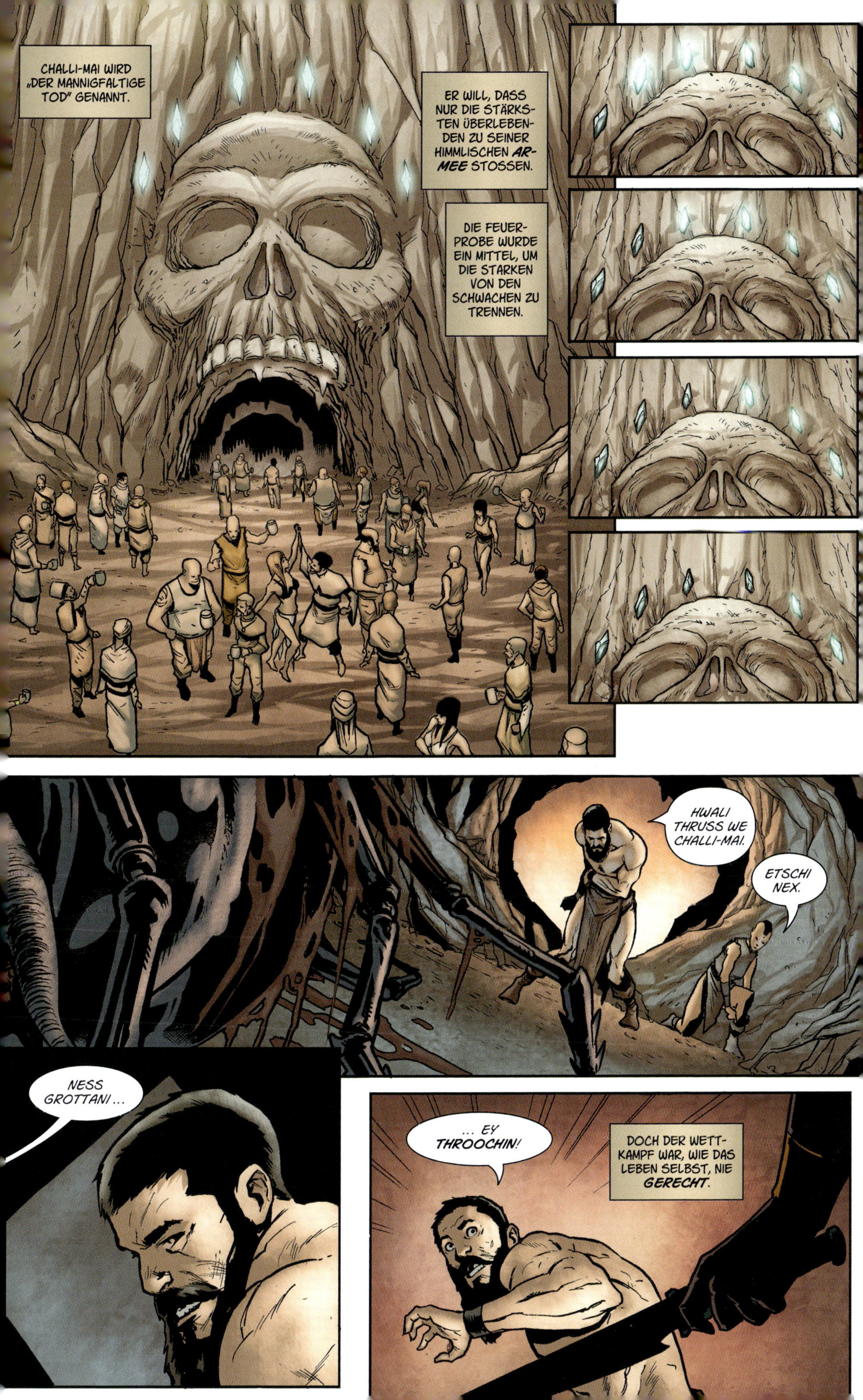

CHALLI-MAI WIRD „DER MANNIGFALTIGE TOD" GENANNT.

ER WILL, DASS NUR DIE STÄRKSTEN ÜBERLEBENDEN ZU SEINER HIMMLISCHEN ***ARMEE*** STOSSEN.

DIE FEUERPROBE WURDE EIN MITTEL, UM DIE STARKEN VON DEN SCHWACHEN ZU TRENNEN.

HWALI THRUSS WE CHALLI-MAI.

ETSCHI NEX.

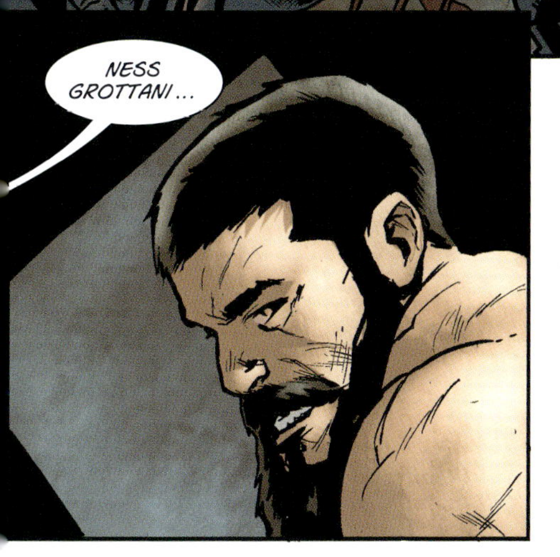

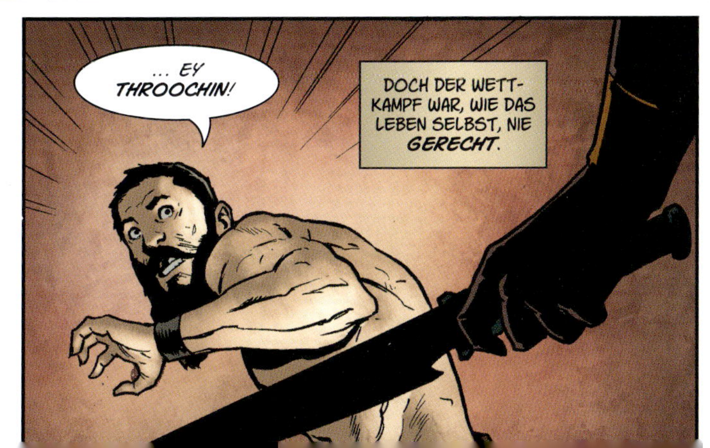

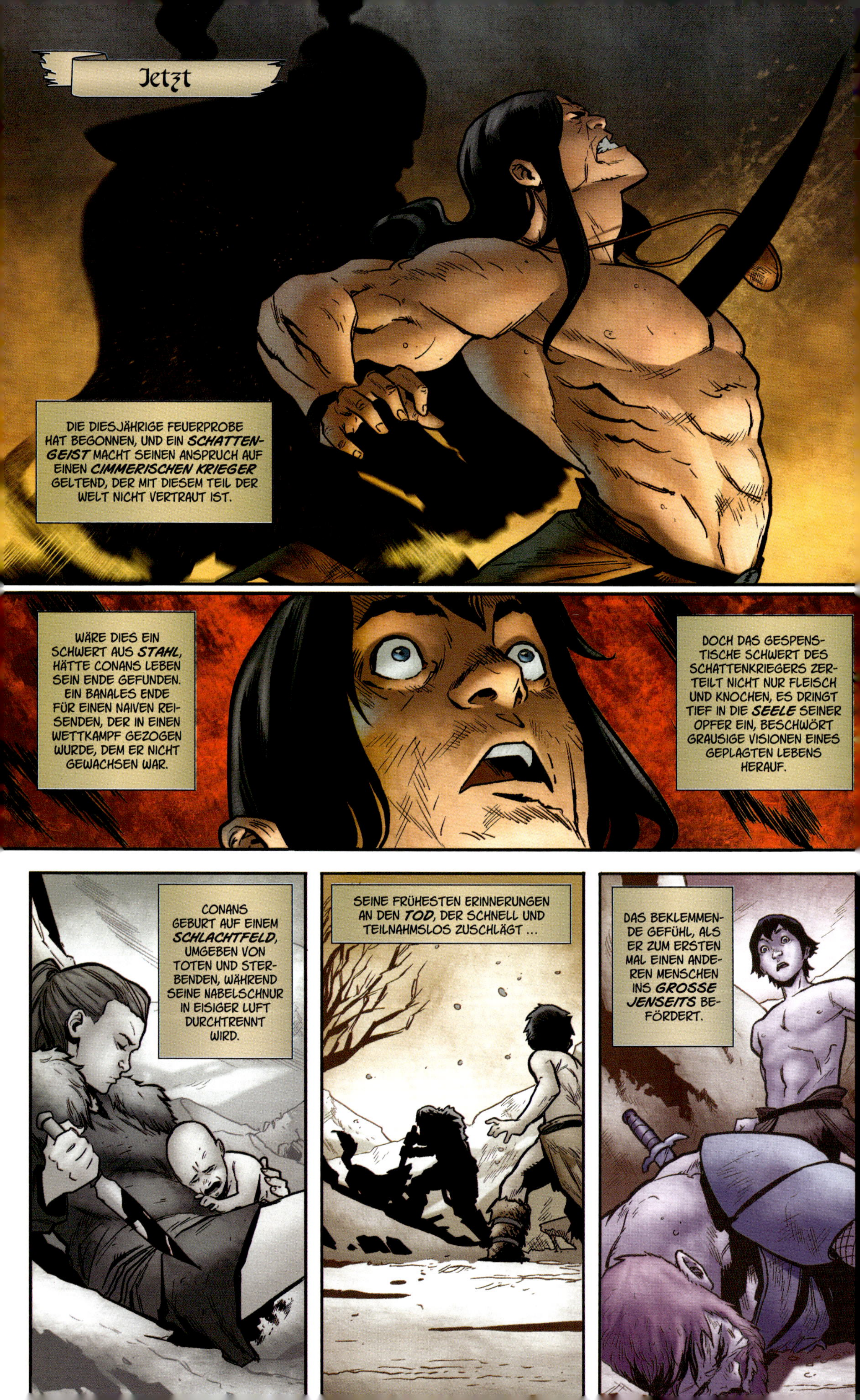

Jetzt

DIE DIESJÄHRIGE FEUERPROBE HAT BEGONNEN, UND EIN ***SCHATTENGEIST*** MACHT SEINEN ANSPRUCH AUF EINEN ***CIMMERISCHEN KRIEGER*** GELTEND, DER MIT DIESEM TEIL DER WELT NICHT VERTRAUT IST.

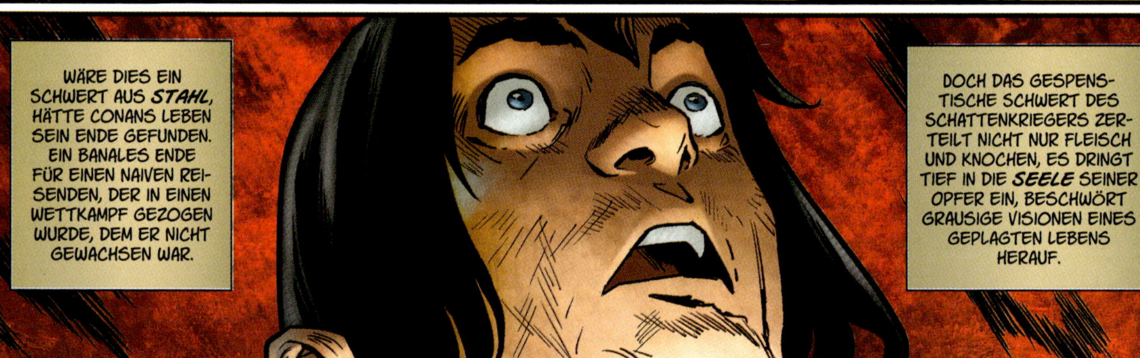

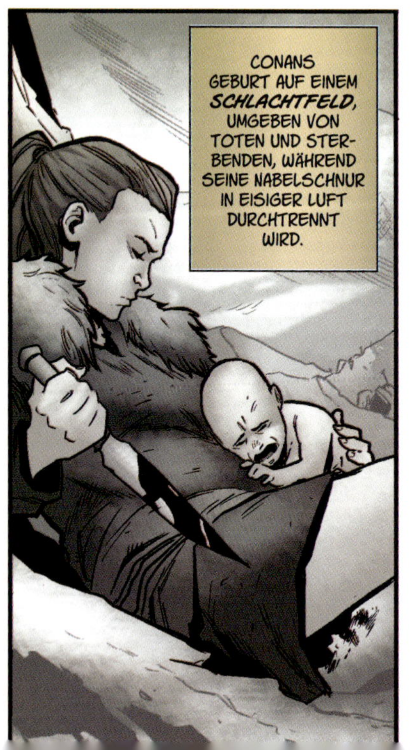

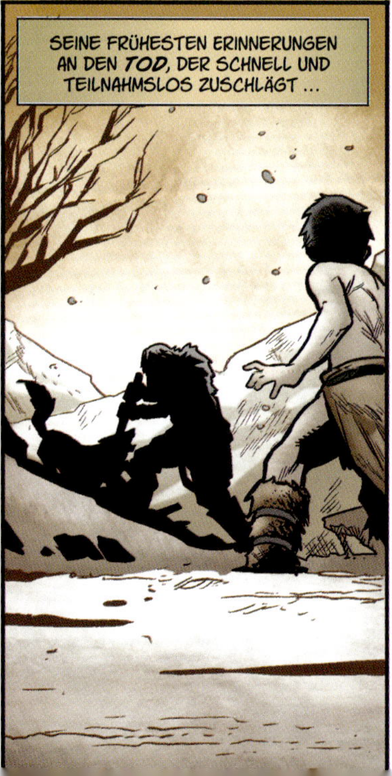

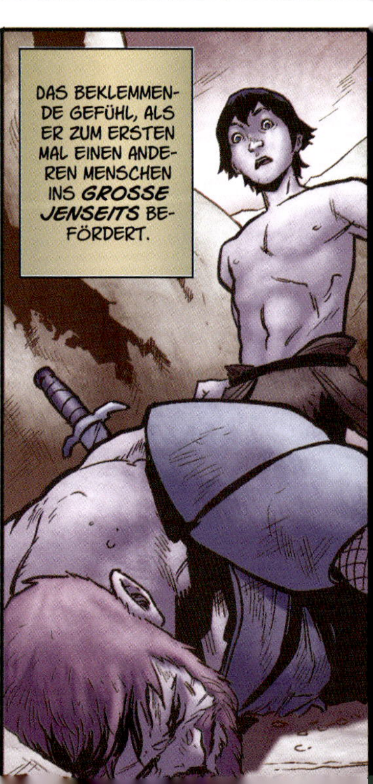

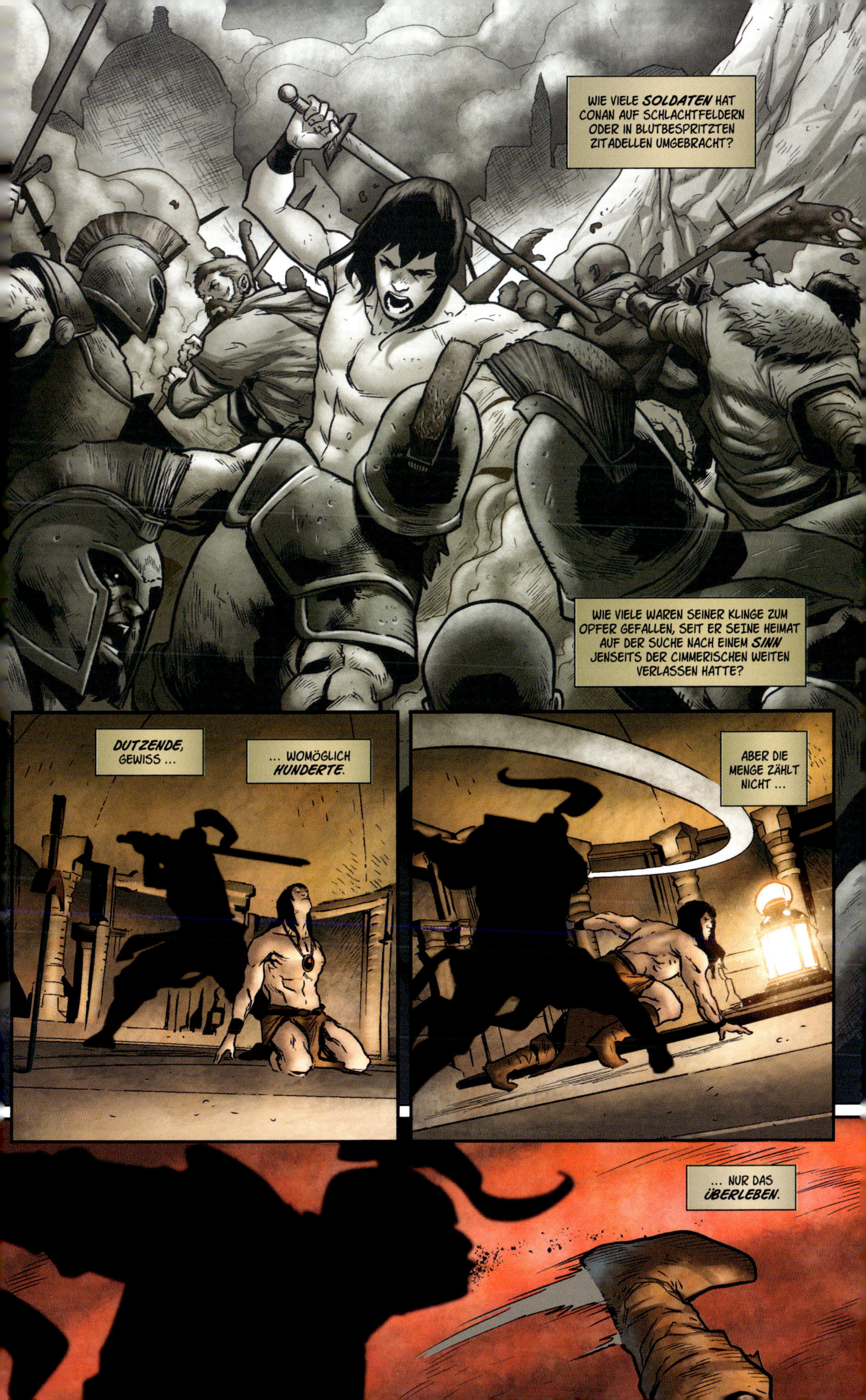
WIE VIELE SOLDATEN HAT CONAN AUF SCHLACHTFELDERN ODER IN BLUTBESPRITZTEN ZITADELLEN UMGEBRACHT?
WIE VIELE WAREN SEINER KLINGE ZUM OPFER GEFALLEN, SEIT ER SEINE HEIMAT AUF DER SUCHE NACH EINEM SINN JENSEITS DER CIMMERISCHEN WEITEN VERLASSEN HATTE?
DUTZENDE, GEWISS ...
... WOMÖGLICH HUNDERTE.
ABER DIE MENGE ZÄHLT NICHT ...
... NUR DAS ÜBERLEBEN.

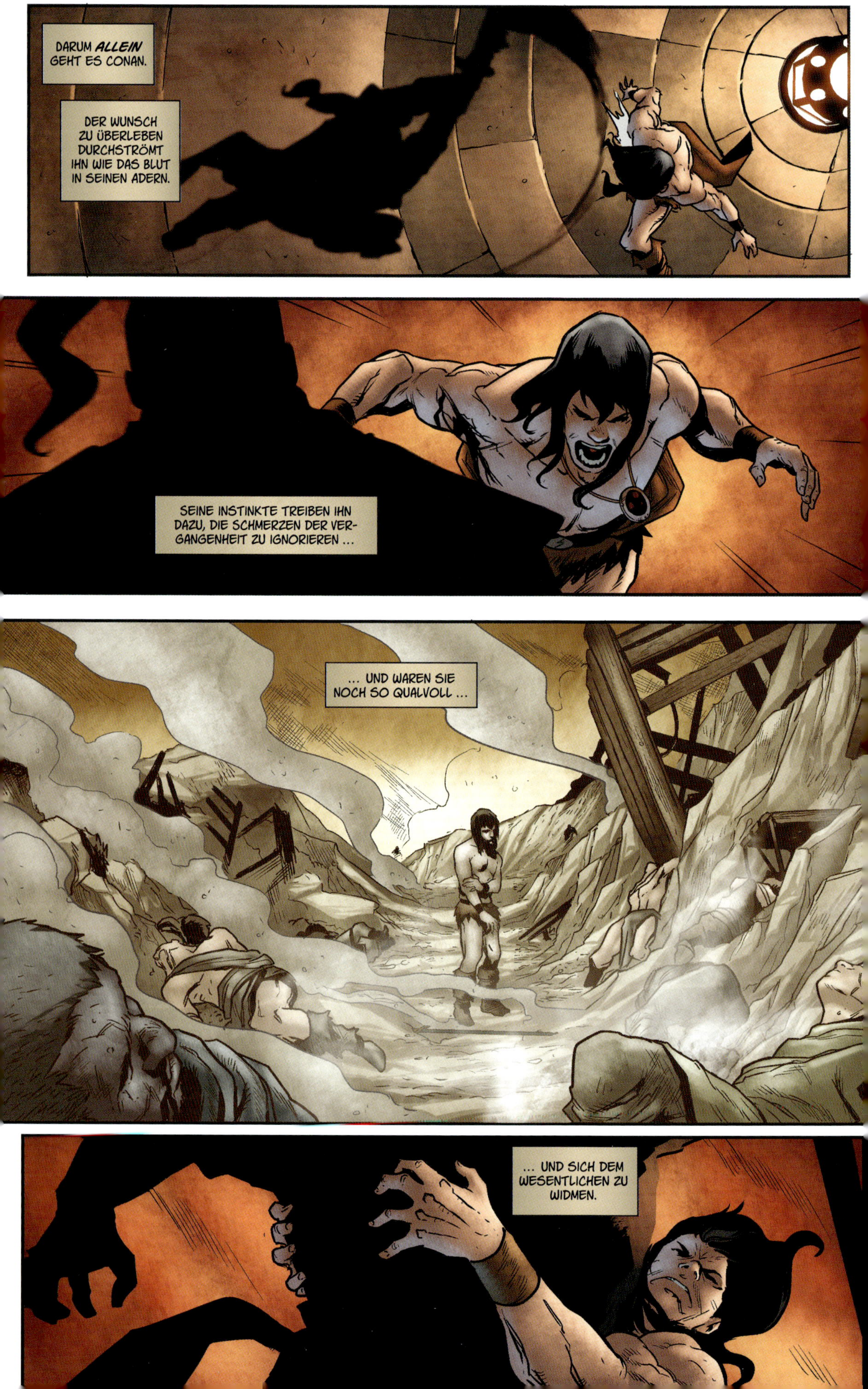

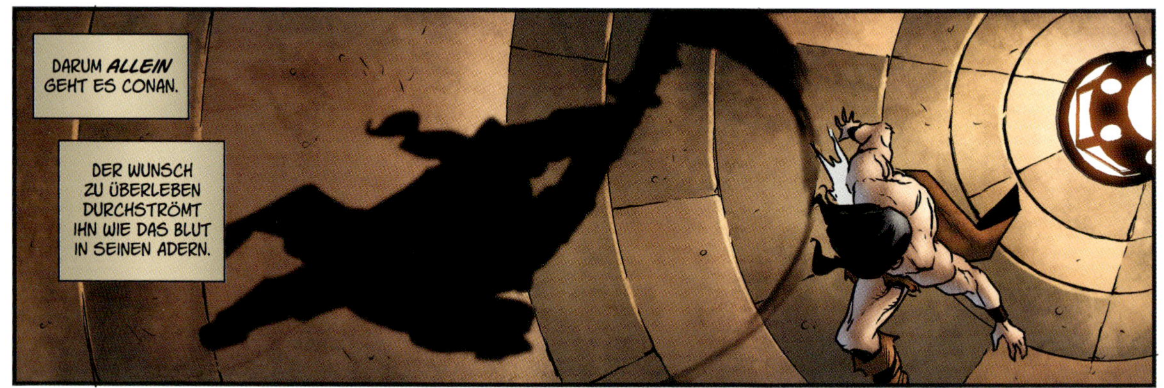

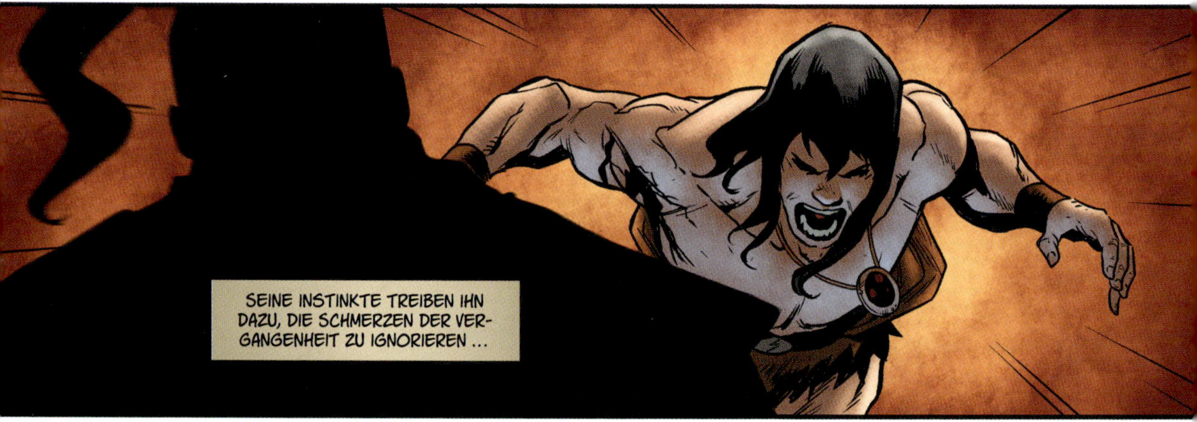

... UND WAREN SIE NOCH SO QUALVOLL ...

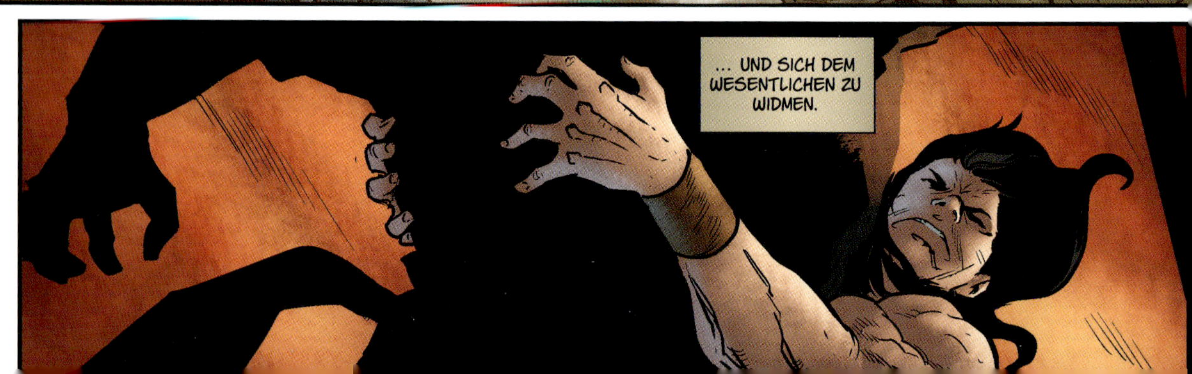

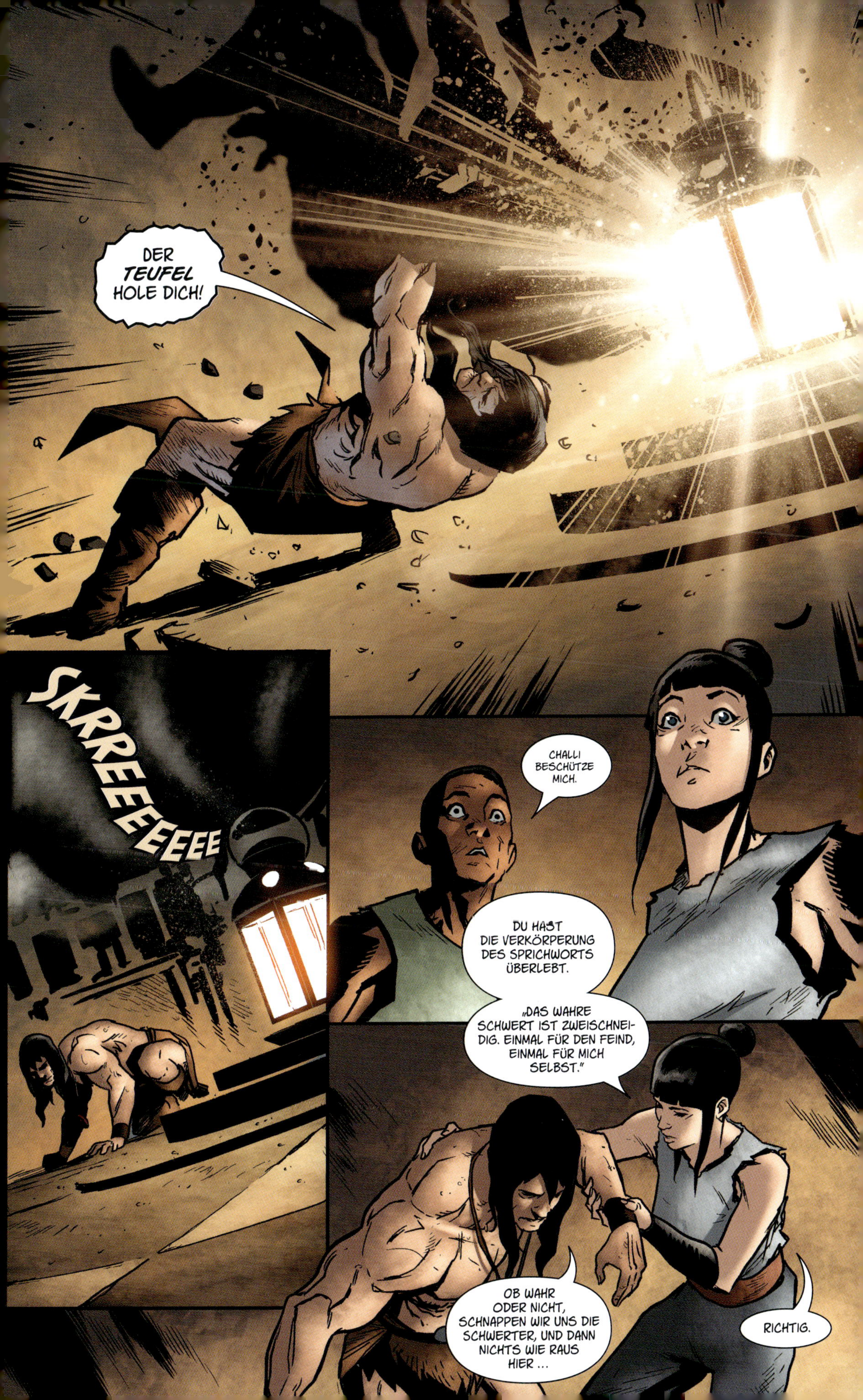
DER TEUFEL HOLE DICH!
SKRREEEEEEE
CHALLI BESCHÜTZE MICH.
DU HAST DIE VERKÖRPERUNG DES SPRICHWORTS ÜBERLEBT.
„DAS WAHRE SCHWERT IST ZWEISCHNEIDIG. EINMAL FÜR DEN FEIND, EINMAL FÜR MICH SELBST."
OB WAHR ODER NICHT, SCHNAPPEN WIR UNS DIE SCHWERTER, UND DANN NICHTS WIE RAUS HIER ...
RICHTIG.

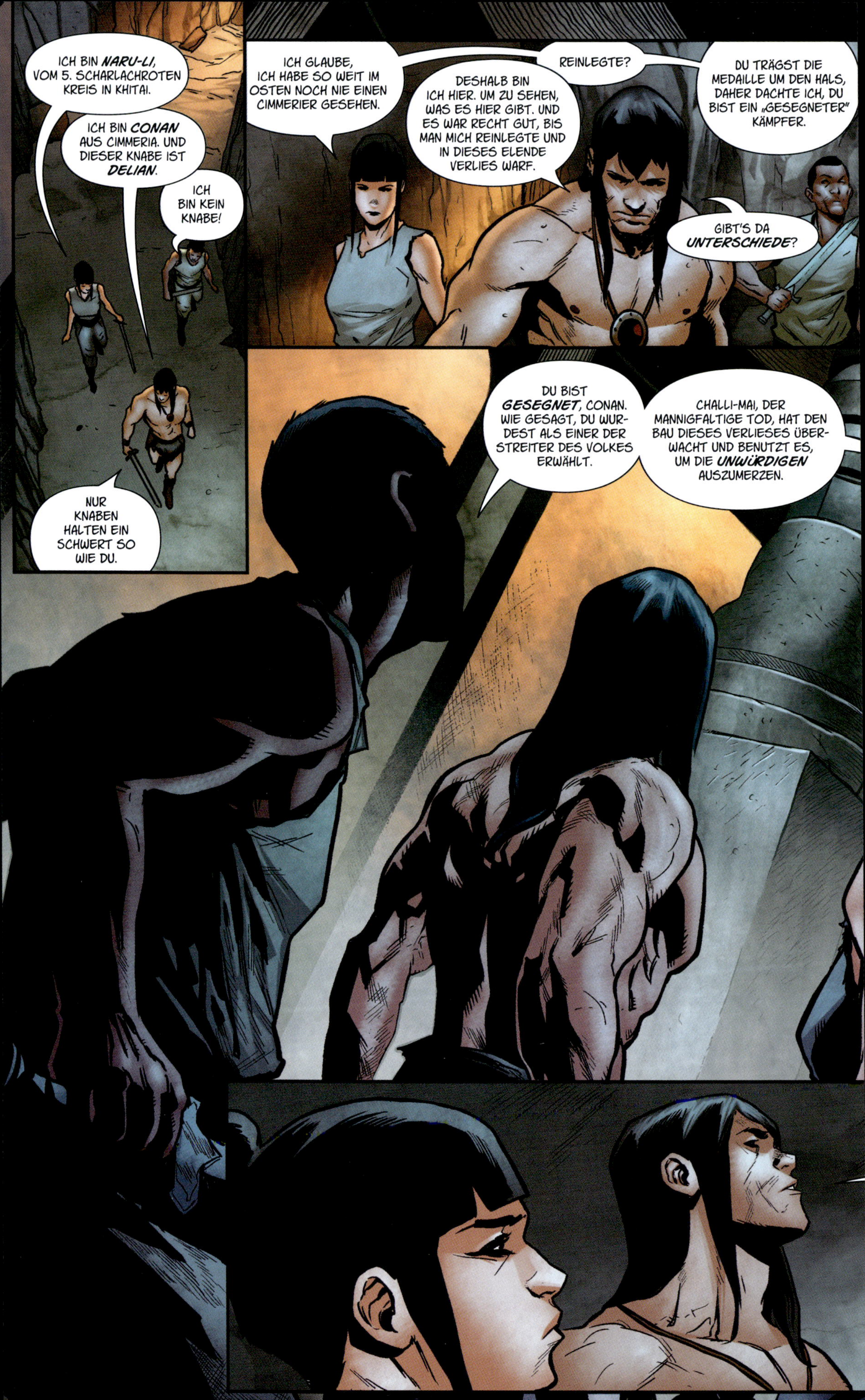
ICH BIN NARU-LI, VOM 5. SCHARLACHROTEN KREIS IN KHITAI.
ICH BIN CONAN AUS CIMMERIA. UND DIESER KNABE IST DELIAN.
ICH BIN KEIN KNABE!
NUR KNABEN HALTEN EIN SCHWERT SO WIE DU.
ICH GLAUBE, ICH HABE SO WEIT IM OSTEN NOCH NIE EINEN CIMMERIER GESEHEN.
DESHALB BIN ICH HIER. UM ZU SEHEN, WAS ES HIER GIBT. UND ES WAR RECHT GUT, BIS MAN MICH REINLEGTE UND IN DIESES ELENDE VERLIES WARF.
REINLEGTE?
DU TRÄGST DIE MEDAILLE UM DEN HALS, DAHER DACHTE ICH, DU BIST EIN „GESEGNETER" KÄMPFER.
GIBT'S DA UNTERSCHIEDE?
DU BIST GESEGNET, CONAN. WIE GESAGT, DU WURDEST ALS EINER DER STREITER DES VOLKES ERWÄHLT.
CHALLI-MAI, DER MANNIGFALTIGE TOD, HAT DEN BAU DIESES VERLIESES ÜBERWACHT UND BENUTZT ES, UM DIE UNWÜRDIGEN AUSZUMERZEN.

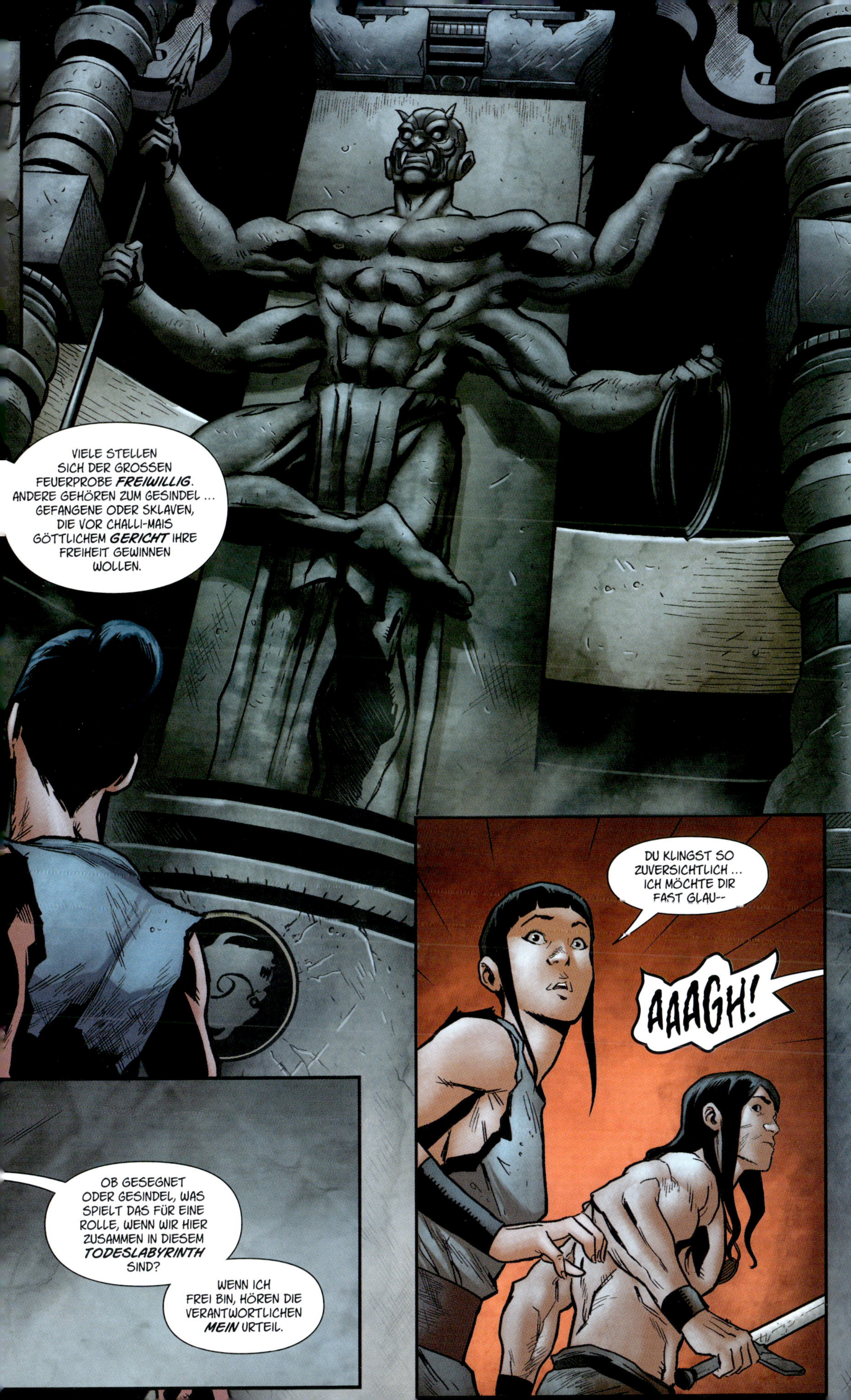
VIELE STELLEN SICH DER GROSSEN FEUERPROBE FREIWILLIG. ANDERE GEHÖREN ZUM GESINDEL ... GEFANGENE ODER SKLAVEN, DIE VOR CHALLI-MAIS GÖTTLICHEM GERICHT IHRE FREIHEIT GEWINNEN WOLLEN.
OB GESEGNET ODER GESINDEL, WAS SPIELT DAS FÜR EINE ROLLE, WENN WIR HIER ZUSAMMEN IN DIESEM TODESLABYRINTH SIND?
WENN ICH FREI BIN, HÖREN DIE VERANTWORTLICHEN MEIN URTEIL.
DU KLINGST SO ZUVERSICHTLICH ... ICH MÖCHTE DIR FAST GLAU--
AAAGH!

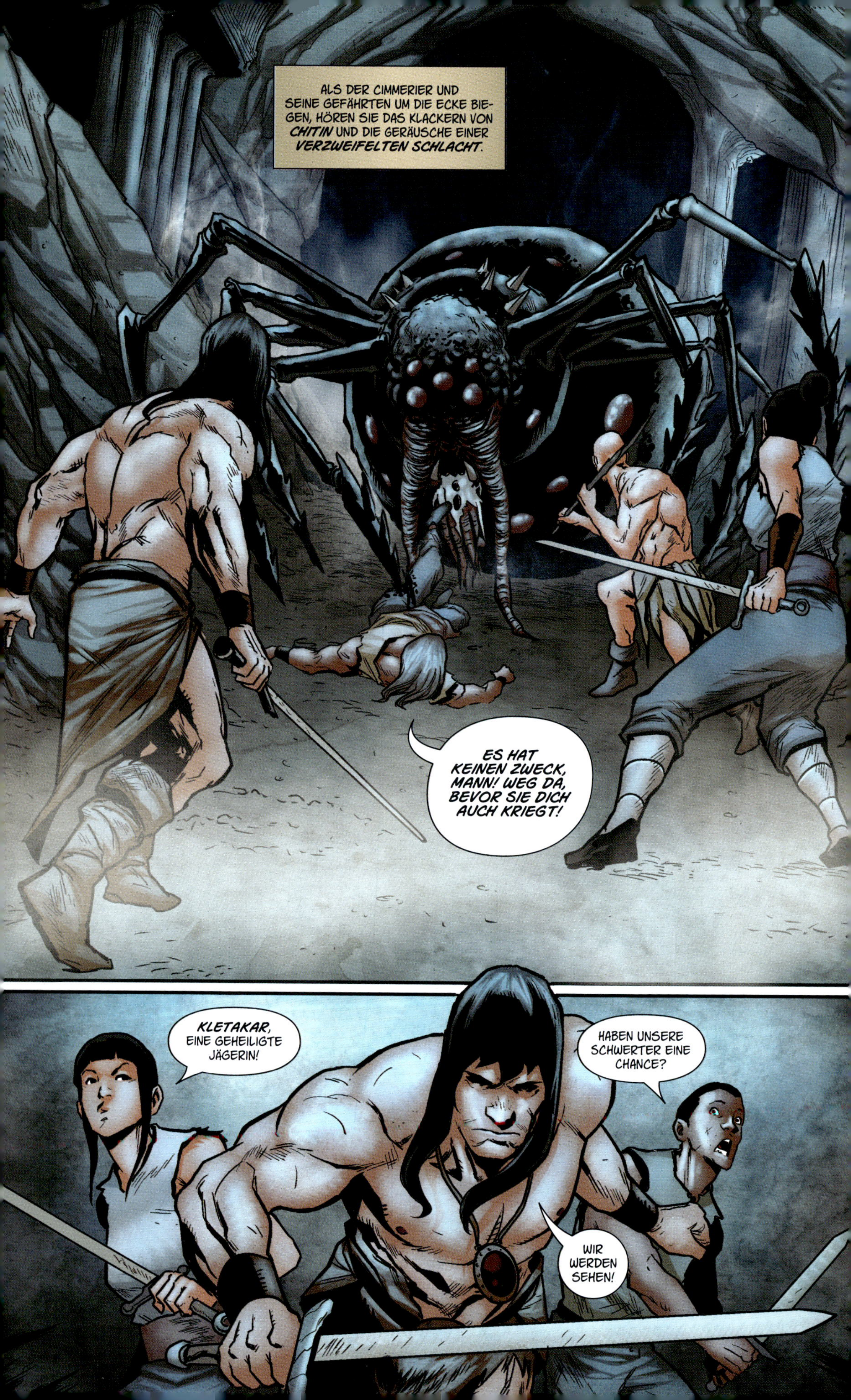
ALS DER CIMMERIER UND SEINE GEFÄHRTEN UM DIE ECKE BIEGEN, HÖREN SIE DAS KLACKERN VON CHITIN UND DIE GERÄUSCHE EINER VERZWEIFELTEN SCHLACHT.
ES HAT KEINEN ZWECK, MANN! WEG DA, BEVOR SIE DICH AUCH KRIEGT!
KLETAKAR, EINE GEHEILIGTE JÄGERIN!
HABEN UNSERE SCHWERTER EINE CHANCE?
WIR WERDEN SEHEN!

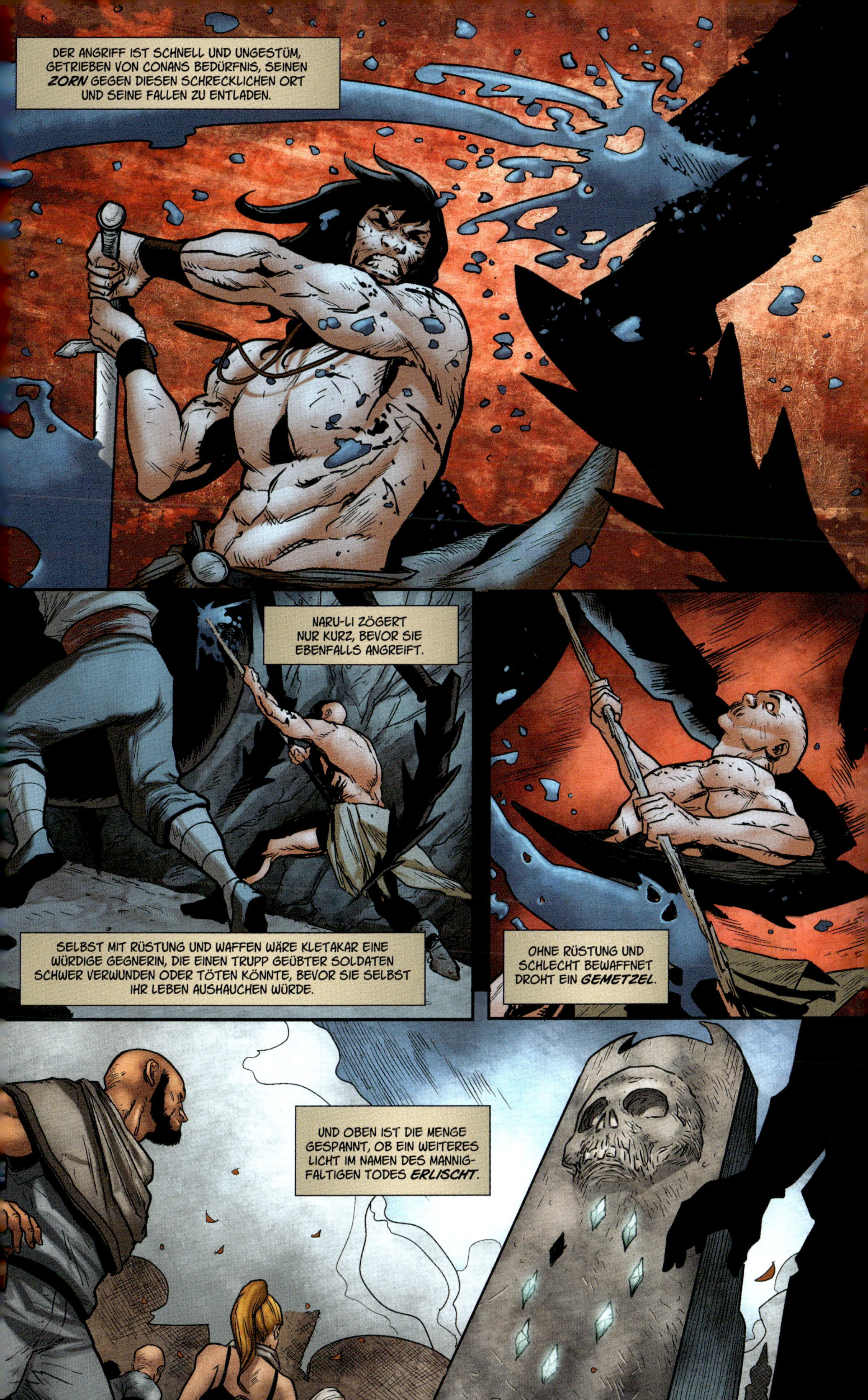
DER ANGRIFF IST SCHNELL UND UNGESTÜM, GETRIEBEN VON CONANS BEDÜRFNIS, SEINEN ZORN GEGEN DIESEN SCHRECKLICHEN ORT UND SEINE FALLEN ZU ENTLADEN.
NARU-LI ZÖGERT NUR KURZ, BEVOR SIE EBENFALLS ANGREIFT.
SELBST MIT RÜSTUNG UND WAFFEN WÄRE KLETAKAR EINE WÜRDIGE GEGNERIN, DIE EINEN TRUPP GEÜBTER SOLDATEN SCHWER VERWUNDEN ODER TÖTEN KÖNNTE, BEVOR SIE SELBST IHR LEBEN AUSHAUCHEN WÜRDE.
OHNE RÜSTUNG UND SCHLECHT BEWAFFNET DROHT EIN GEMETZEL.
UND OBEN IST DIE MENGE GESPANNT, OB EIN WEITERES LICHT IM NAMEN DES MANNIG-FALTIGEN TODES ERLISCHT.

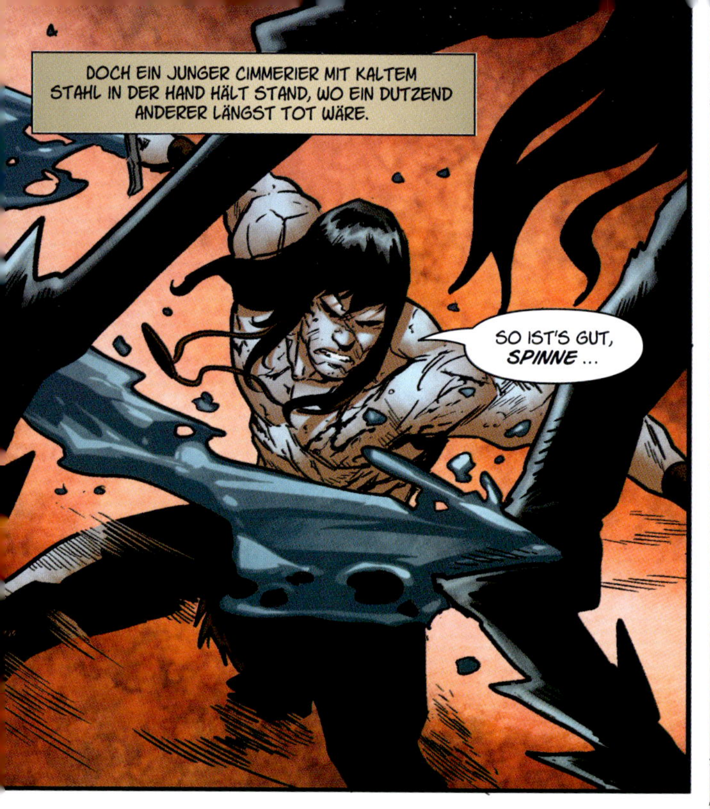
DOCH EIN JUNGER CIMMERIER MIT KALTEM STAHL IN DER HAND HÄLT STAND, WO EIN DUTZEND ANDERER LÄNGST TOT WÄRE.
SO IST'S GUT, *SPINNE* ...

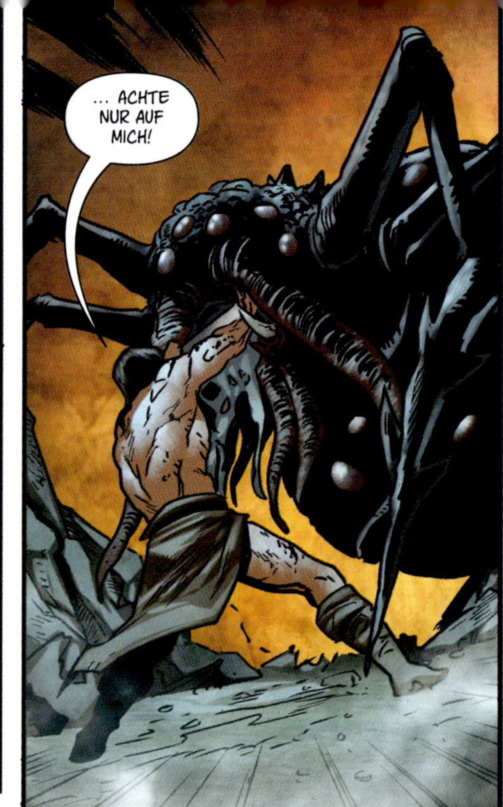
... ACHTE NUR AUF MICH!

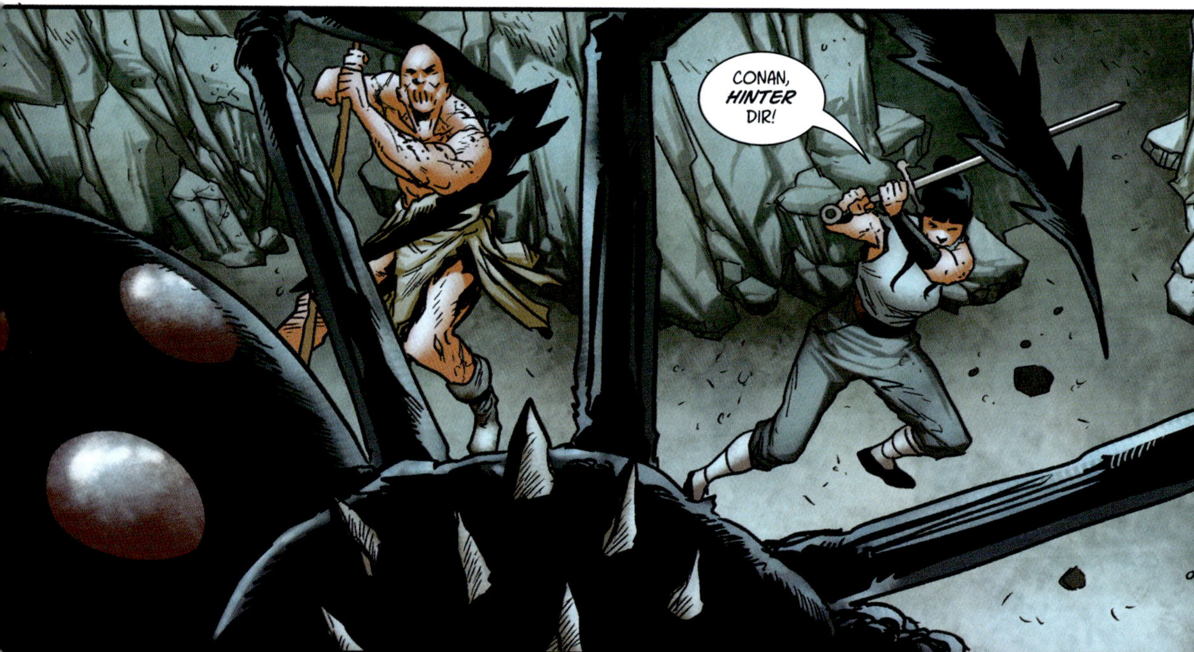
CONAN, *HINTER* DIR!

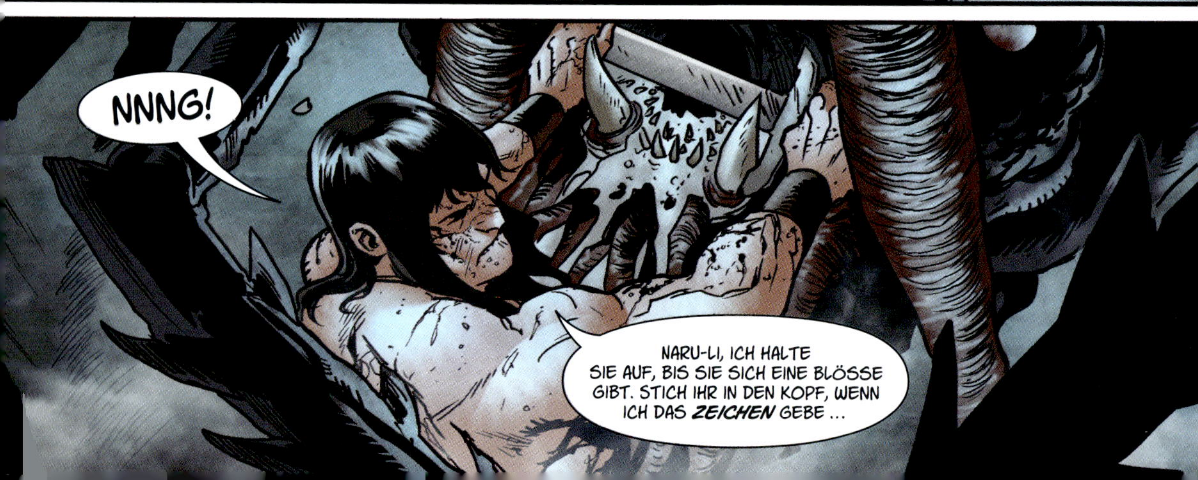
NNNG!
NARU-LI, ICH HALTE SIE AUF, BIS SIE SICH EINE BLÖSSE GIBT. STICH IHR IN DEN KOPF, WENN ICH DAS *ZEICHEN* GEBE ...

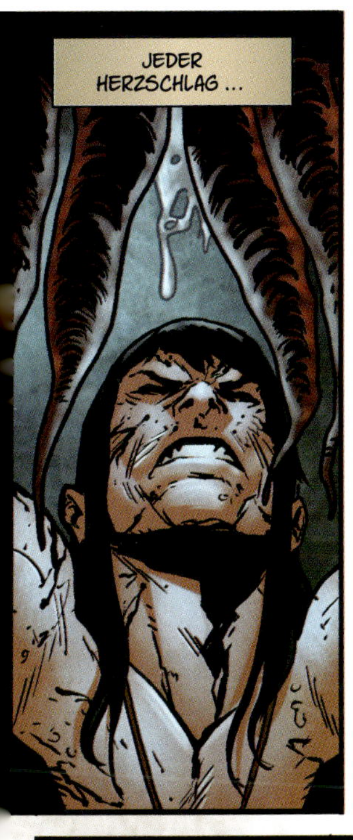
JEDER HERZSCHLAG ...
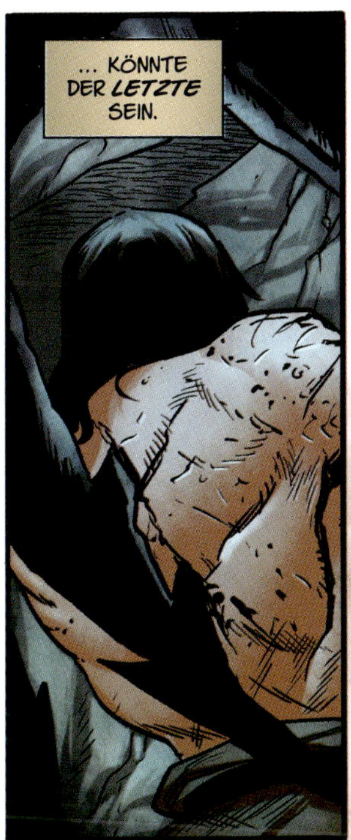
... KÖNNTE DER *LETZTE* SEIN.
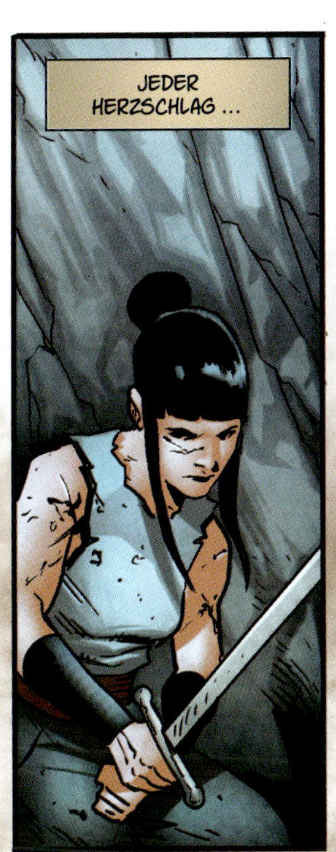
JEDER HERZSCHLAG ...
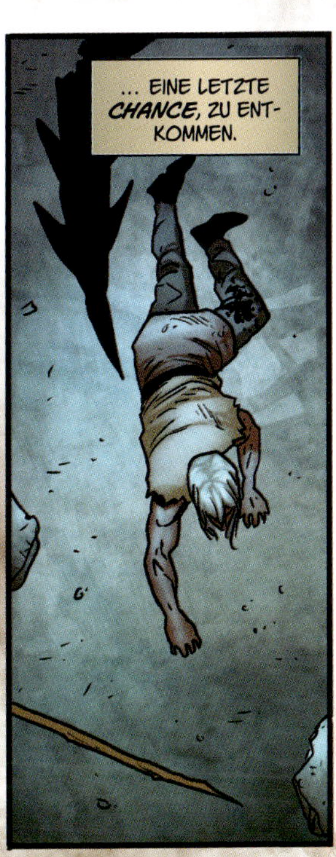
... EINE LETZTE *CHANCE*, ZU ENT-KOMMEN.
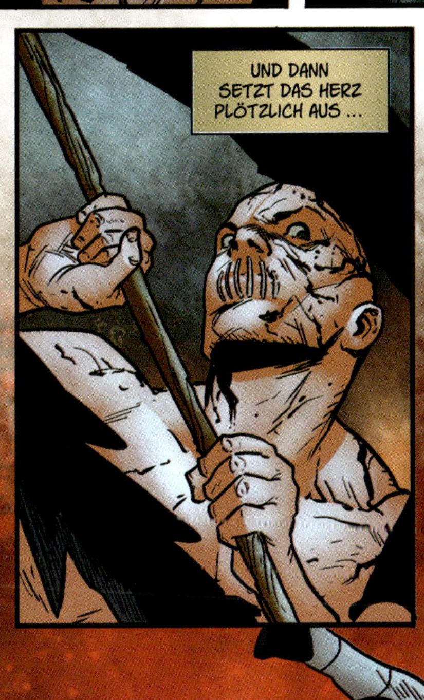
UND DANN SETZT DAS HERZ PLÖTZLICH AUS ...
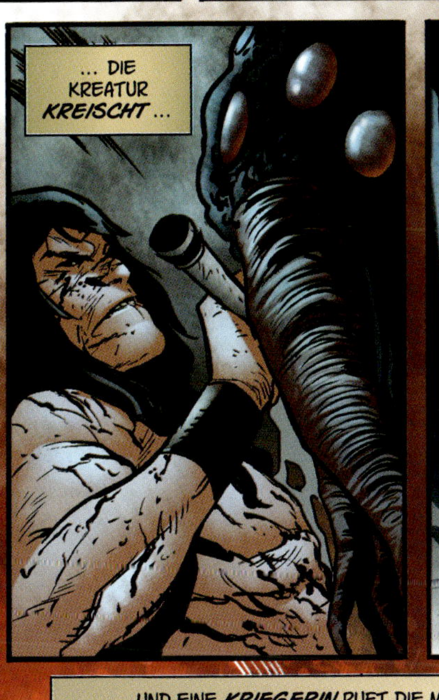
... DIE KREATUR *KREISCHT* ...
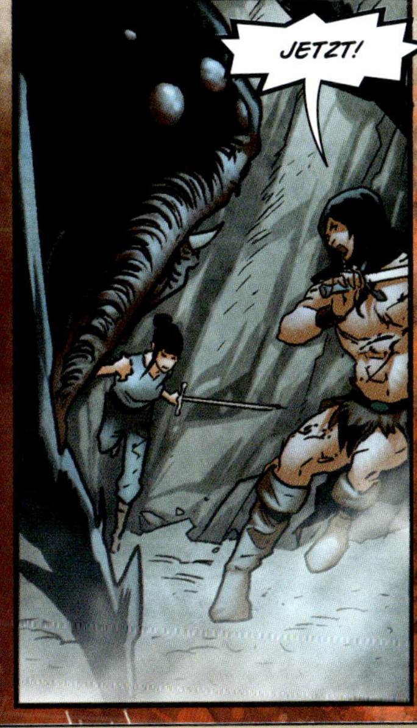
JETZT!
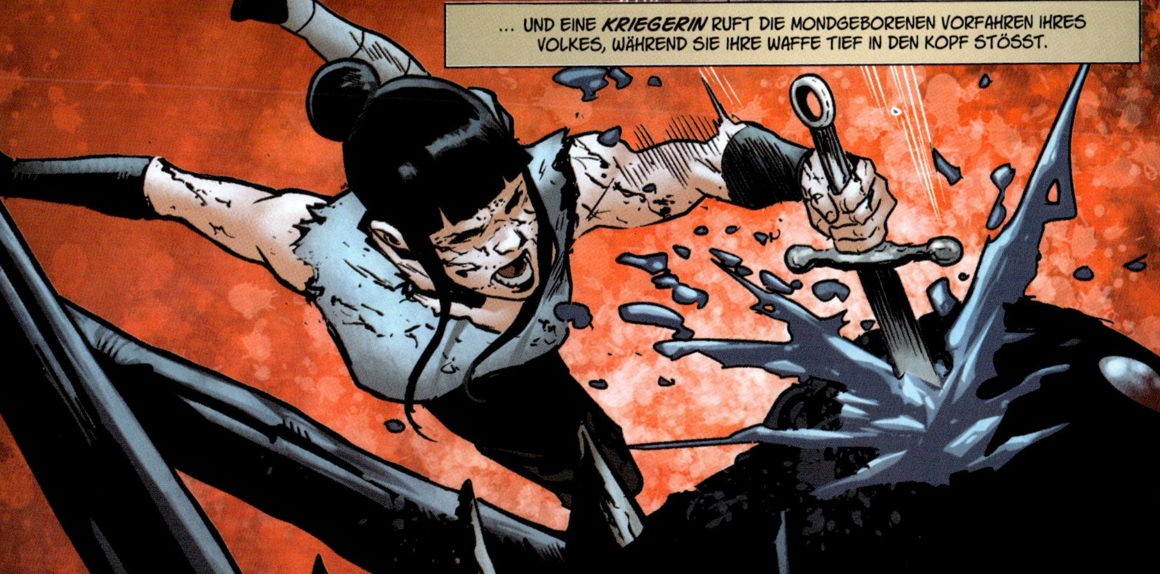
... UND EINE *KRIEGERIN* RUFT DIE MONDGEBORENEN VORFAHREN IHRES VOLKES, WÄHREND SIE IHRE WAFFE TIEF IN DEN KOPF STÖSST.

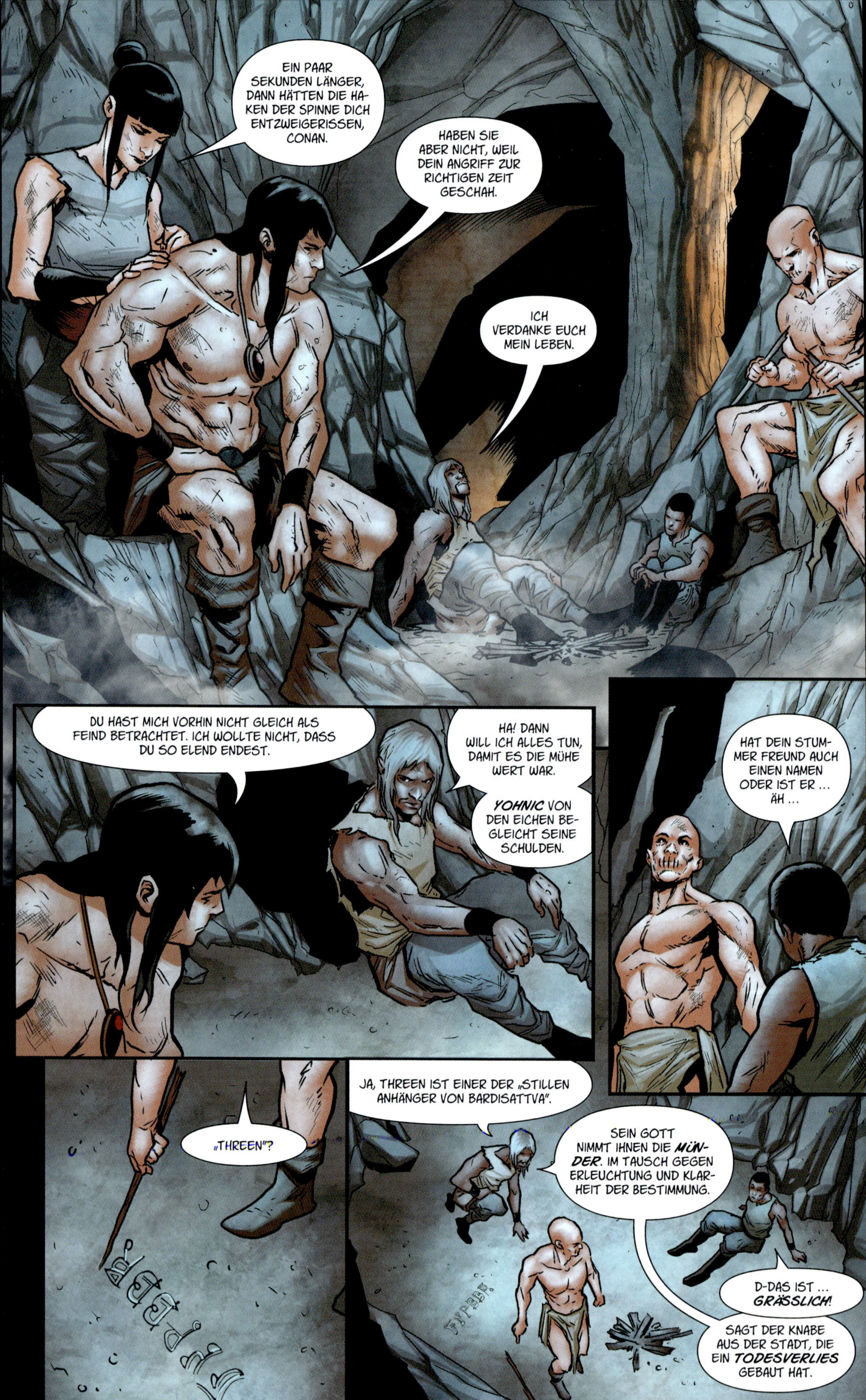
EIN PAAR SEKUNDEN LÄNGER, DANN HÄTTEN DIE HAKEN DER SPINNE DICH ENTZWEIGERISSEN, CONAN.
HABEN SIE ABER NICHT, WEIL DEIN ANGRIFF ZUR RICHTIGEN ZEIT GESCHAH.
ICH VERDANKE EUCH MEIN LEBEN.
DU HAST MICH VORHIN NICHT GLEICH ALS FEIND BETRACHTET. ICH WOLLTE NICHT, DASS DU SO ELEND ENDEST.
HA! DANN WILL ICH ALLES TUN, DAMIT ES DIE MÜHE WERT WAR.
YOHNIC VON DEN EICHEN BEGLEICHT SEINE SCHULDEN.
HAT DEIN STUMMER FREUND AUCH EINEN NAMEN ODER IST ER … ÄH …
„THREEN"?
JA, THREEN IST EINER DER „STILLEN ANHÄNGER VON BARDISATTVA".
SEIN GOTT NIMMT IHNEN DIE *MÜNDER*. IM TAUSCH GEGEN ERLEUCHTUNG UND KLARHEIT DER BESTIMMUNG.
D-DAS IST … *GRÄSSLICH*!
SAGT DER KNABE AUS DER STADT, DIE EIN *TODESVERLIES* GEBAUT HAT.

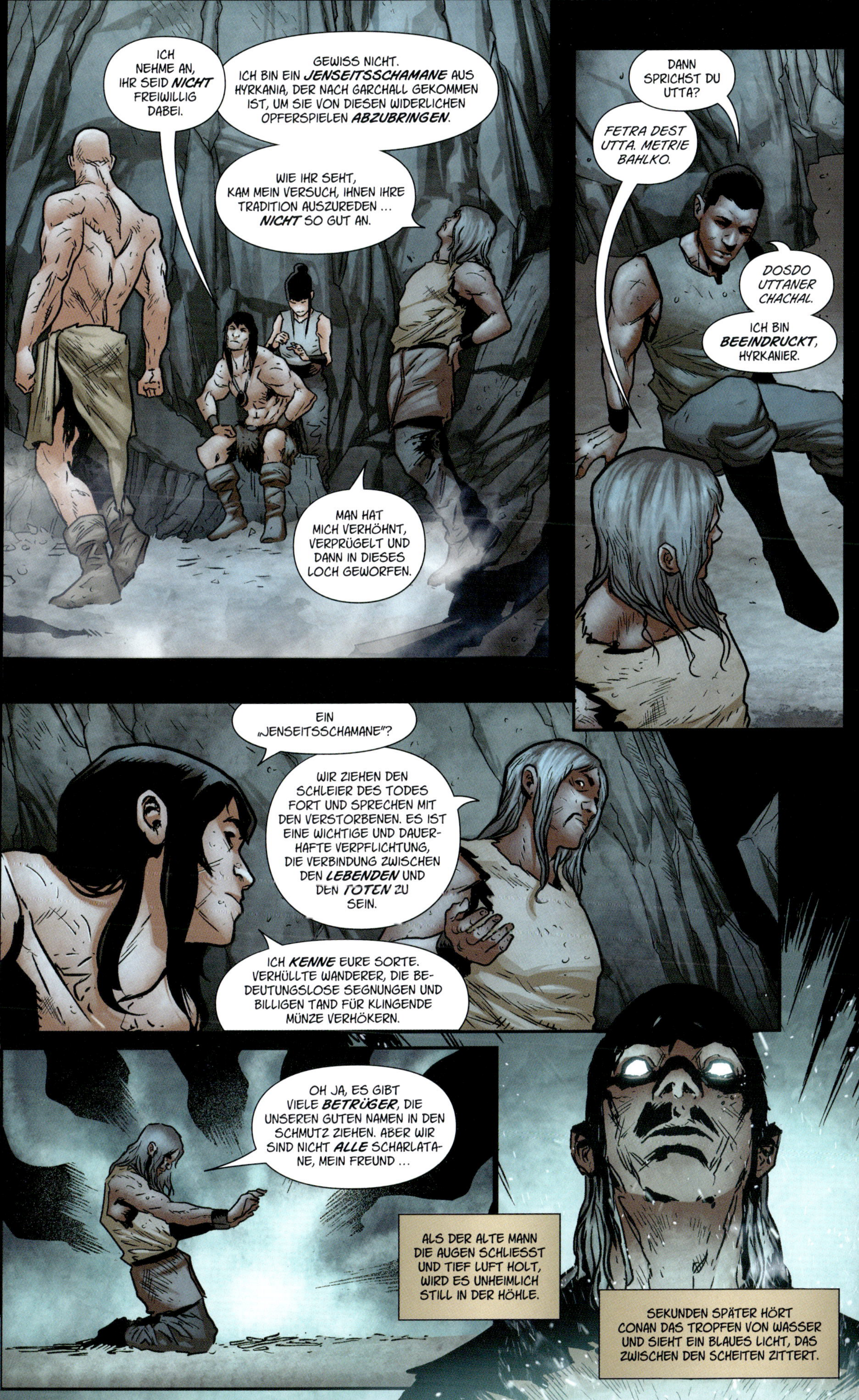
ICH NEHME AN, IHR SEID NICHT FREIWILLIG DABEI.
GEWISS NICHT. ICH BIN EIN JENSEITSSCHAMANE AUS HYRKANIA, DER NACH GARCHALL GEKOMMEN IST, UM SIE VON DIESEN WIDERLICHEN OPFERSPIELEN ABZUBRINGEN.
WIE IHR SEHT, KAM MEIN VERSUCH, IHNEN IHRE TRADITION AUSZUREDEN … NICHT SO GUT AN.
MAN HAT MICH VERHÖHNT, VERPRÜGELT UND DANN IN DIESES LOCH GEWORFEN.
DANN SPRICHST DU UTTA?
FETRA DEST UTTA. METRIE BAHLKO.
DOSDO UTTANER CHACHAL.
ICH BIN BEEINDRUCKT, HYRKANIER.
EIN „JENSEITSSCHAMANE“?
WIR ZIEHEN DEN SCHLEIER DES TODES FORT UND SPRECHEN MIT DEN VERSTORBENEN. ES IST EINE WICHTIGE UND DAUERHAFTE VERPFLICHTUNG, DIE VERBINDUNG ZWISCHEN DEN LEBENDEN UND DEN TOTEN ZU SEIN.
ICH KENNE EURE SORTE. VERHÜLLTE WANDERER, DIE BEDEUTUNGSLOSE SEGNUNGEN UND BILLIGEN TAND FÜR KLINGENDE MÜNZE VERHÖKERN.
OH JA, ES GIBT VIELE BETRÜGER, DIE UNSEREN GUTEN NAMEN IN DEN SCHMUTZ ZIEHEN. ABER WIR SIND NICHT ALLE SCHARLATANE, MEIN FREUND …
ALS DER ALTE MANN DIE AUGEN SCHLIESST UND TIEF LUFT HOLT, WIRD ES UNHEIMLICH STILL IN DER HÖHLE.
SEKUNDEN SPÄTER HÖRT CONAN DAS TROPFEN VON WASSER UND SIEHT EIN BLAUES LICHT, DAS ZWISCHEN DEN SCHEITEN ZITTERT.

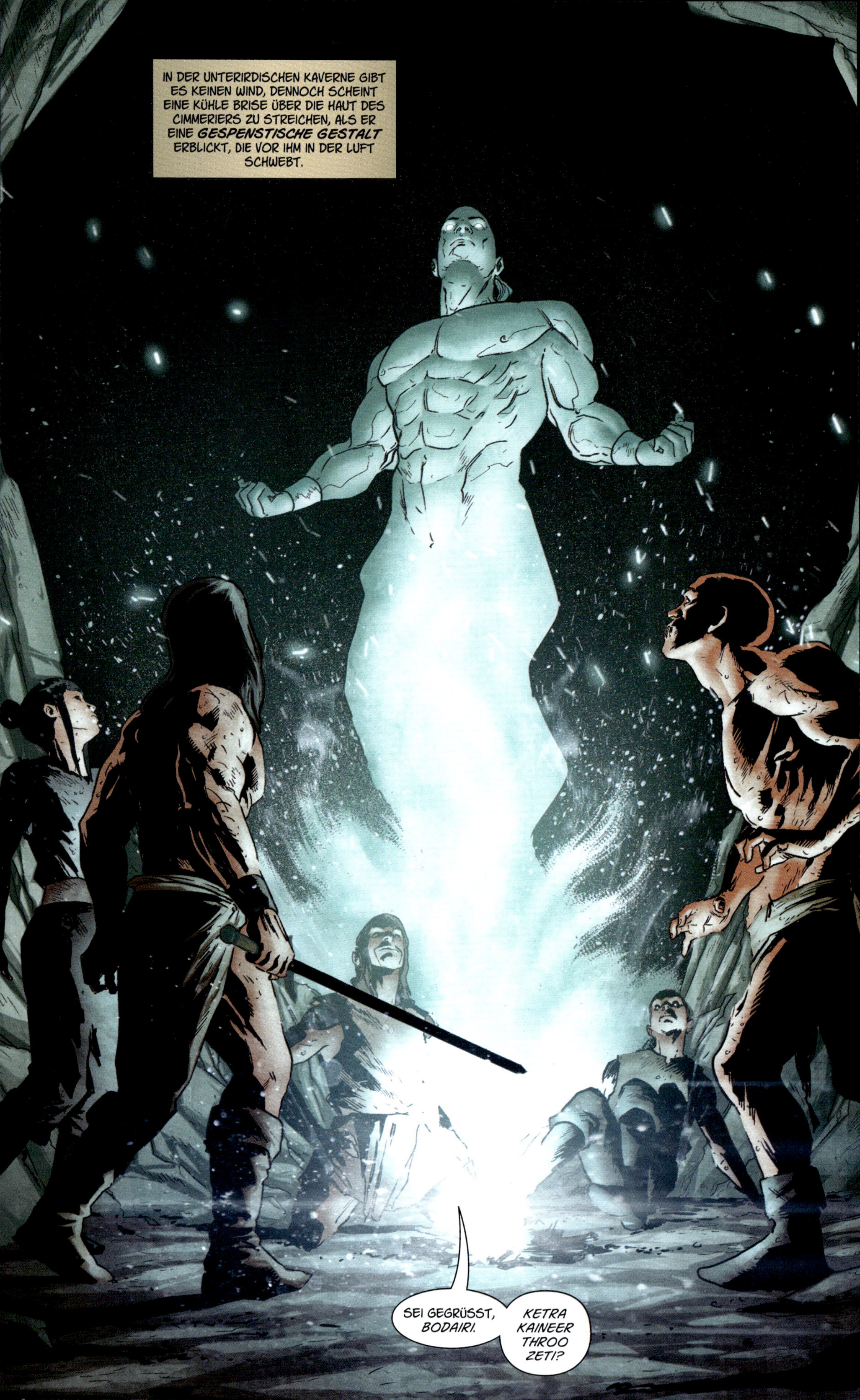
IN DER UNTERIRDISCHEN KAVERNE GIBT ES KEINEN WIND, DENNOCH SCHEINT EINE KÜHLE BRISE ÜBER DIE HAUT DES CIMMERIERS ZU STREICHEN, ALS ER EINE GESPENSTISCHE GESTALT ERBLICKT, DIE VOR IHM IN DER LUFT SCHWEBT.
SEI GEGRÜSST, BODAIRI.
KETRA KAINEER THROO ZETI!?

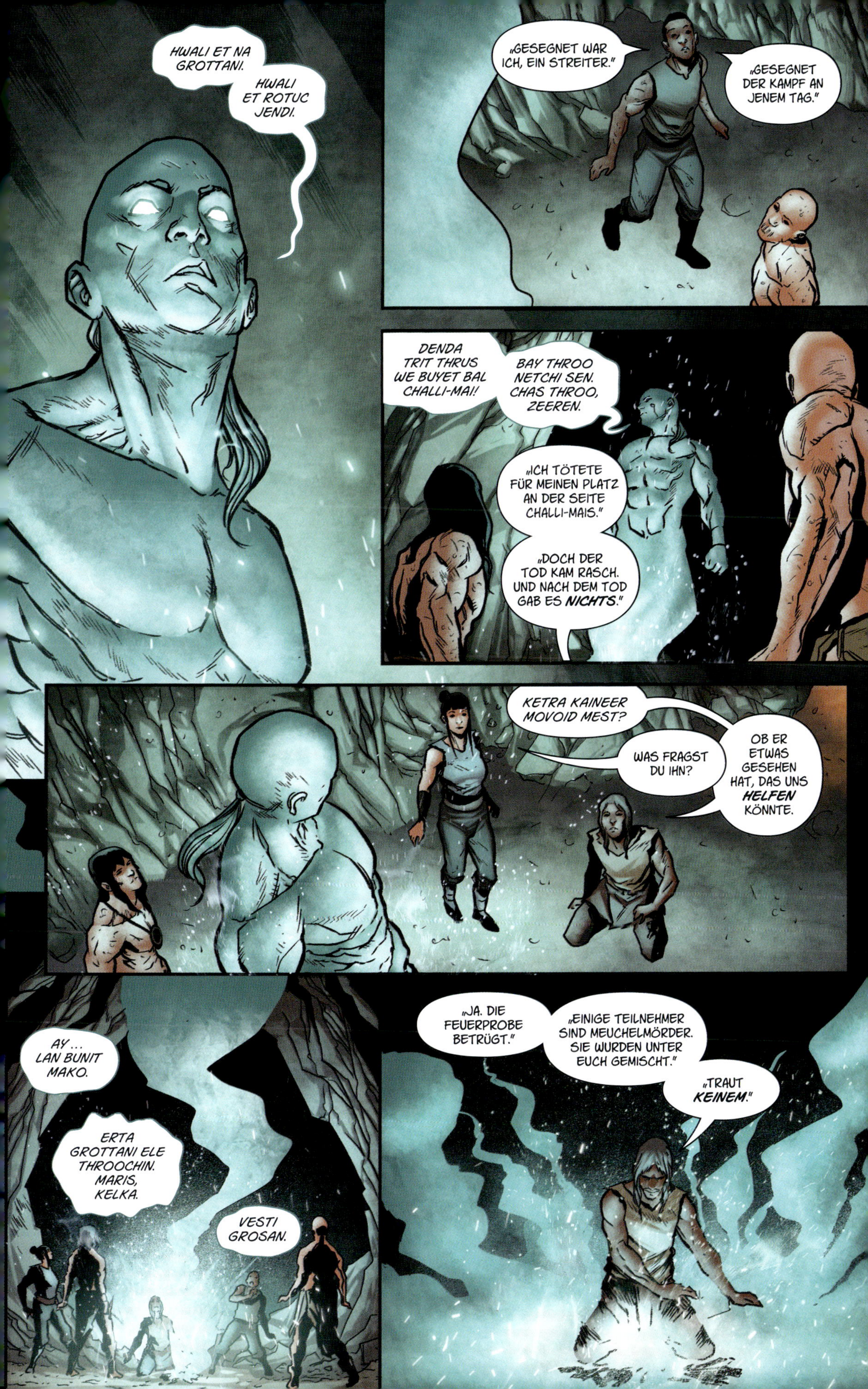
HWALI ET NA GROTTANI.
HWALI ET ROTUC JENDI.
„GESEGNET WAR ICH, EIN STREITER."
„GESEGNET DER KAMPF AN JENEM TAG."
DENDA TRIT THRUS WE BUYET BAL CHALLI-MAI!
BAY THROO NETCHI SEN. CHAS THROO, ZEEREN.
„ICH TÖTETE FÜR MEINEN PLATZ AN DER SEITE CHALLI-MAIS."
„DOCH DER TOD KAM RASCH. UND NACH DEM TOD GAB ES NICHTS."
KETRA KAINEER MOVOID MEST?
WAS FRAGST DU IHN?
OB ER ETWAS GESEHEN HAT, DAS UNS HELFEN KÖNNTE.
AY... LAN BUNIT MAKO.
ERTA GROTTANI ELE THROOCHIN. MARIS, KELKA.
VESTI GROSAN.
„JA. DIE FEUERPROBE BETRÜGT."
„EINIGE TEILNEHMER SIND MEUCHELMÖRDER. SIE WURDEN UNTER EUCH GEMISCHT."
„TRAUT KEINEM."

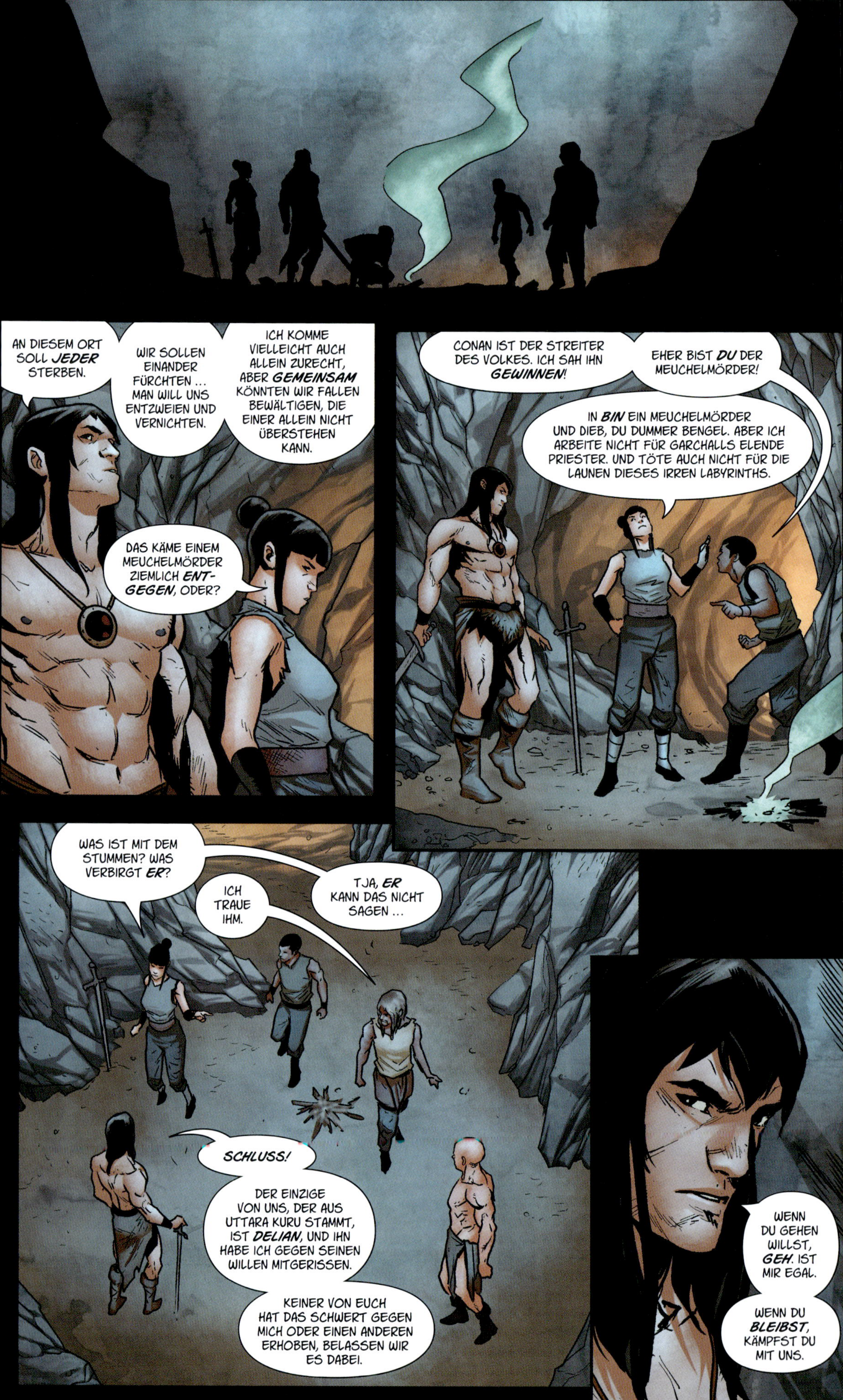

AN DIESEM ORT SOLL JEDER STERBEN.
WIR SOLLEN EINANDER FÜRCHTEN … MAN WILL UNS ENTZWEIEN UND VERNICHTEN.
ICH KOMME VIELLEICHT AUCH ALLEIN ZURECHT, ABER GEMEINSAM KÖNNTEN WIR FALLEN BEWÄLTIGEN, DIE EINER ALLEIN NICHT ÜBERSTEHEN KANN.
DAS KÄME EINEM MEUCHELMÖRDER ZIEMLICH ENTGEGEN, ODER?
CONAN IST DER STREITER DES VOLKES. ICH SAH IHN GEWINNEN!
EHER BIST DU DER MEUCHELMÖRDER!
IN BIN EIN MEUCHELMÖRDER UND DIEB, DU DUMMER BENGEL. ABER ICH ARBEITE NICHT FÜR GARCHALLS ELENDE PRIESTER. UND TÖTE AUCH NICHT FÜR DIE LAUNEN DIESES IRREN LABYRINTHS.
WAS IST MIT DEM STUMMEN? WAS VERBIRGT ER?
TJA, ER KANN DAS NICHT SAGEN …
ICH TRAUE IHM.
SCHLUSS!
DER EINZIGE VON UNS, DER AUS UTTARA KURU STAMMT, IST DELIAN, UND IHN HABE ICH GEGEN SEINEN WILLEN MITGERISSEN.
KEINER VON EUCH HAT DAS SCHWERT GEGEN MICH ODER EINEN ANDEREN ERHOBEN, BELASSEN WIR ES DABEI.
WENN DU GEHEN WILLST, GEH. IST MIR EGAL.
WENN DU BLEIBST, KÄMPFST DU MIT UNS.

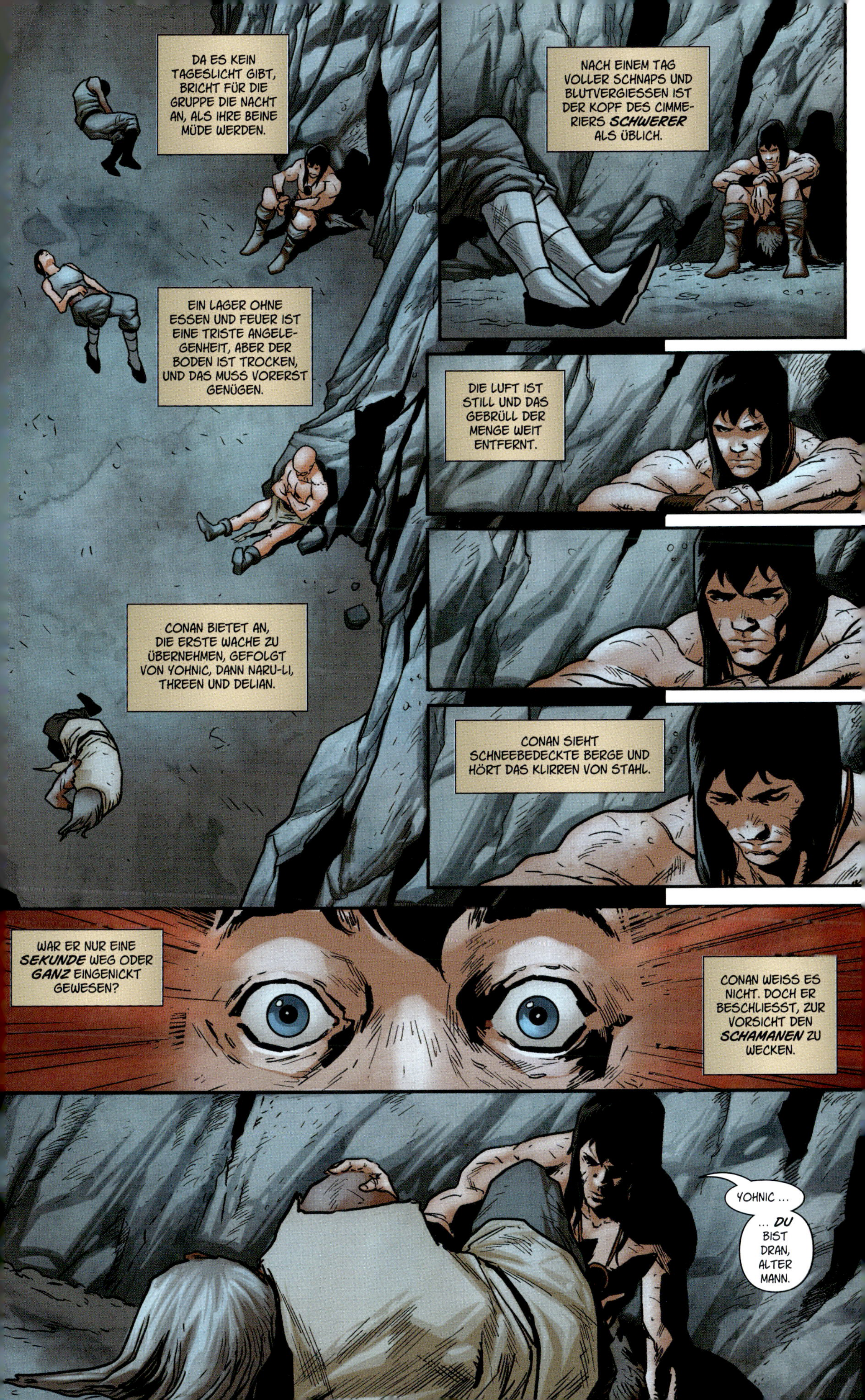
DA ES KEIN TAGESLICHT GIBT, BRICHT FÜR DIE GRUPPE DIE NACHT AN, ALS IHRE BEINE MÜDE WERDEN.
EIN LAGER OHNE ESSEN UND FEUER IST EINE TRISTE ANGELEGENHEIT, ABER DER BODEN IST TROCKEN, UND DAS MUSS VORERST GENÜGEN.
CONAN BIETET AN, DIE ERSTE WACHE ZU ÜBERNEHMEN, GEFOLGT VON YOHNIC, DANN NARU-LI, THREEN UND DELIAN.
NACH EINEM TAG VOLLER SCHNAPS UND BLUTVERGIESSEN IST DER KOPF DES CIMMERIERS SCHWERER ALS ÜBLICH.
DIE LUFT IST STILL UND DAS GEBRÜLL DER MENGE WEIT ENTFERNT.
CONAN SIEHT SCHNEEBEDECKTE BERGE UND HÖRT DAS KLIRREN VON STAHL.
WAR ER NUR EINE SEKUNDE WEG ODER GANZ EINGENICKT GEWESEN?
CONAN WEISS ES NICHT. DOCH ER BESCHLIESST, ZUR VORSICHT DEN SCHAMANEN ZU WECKEN.
YOHNIC ...
... DU BIST DRAN, ALTER MANN.

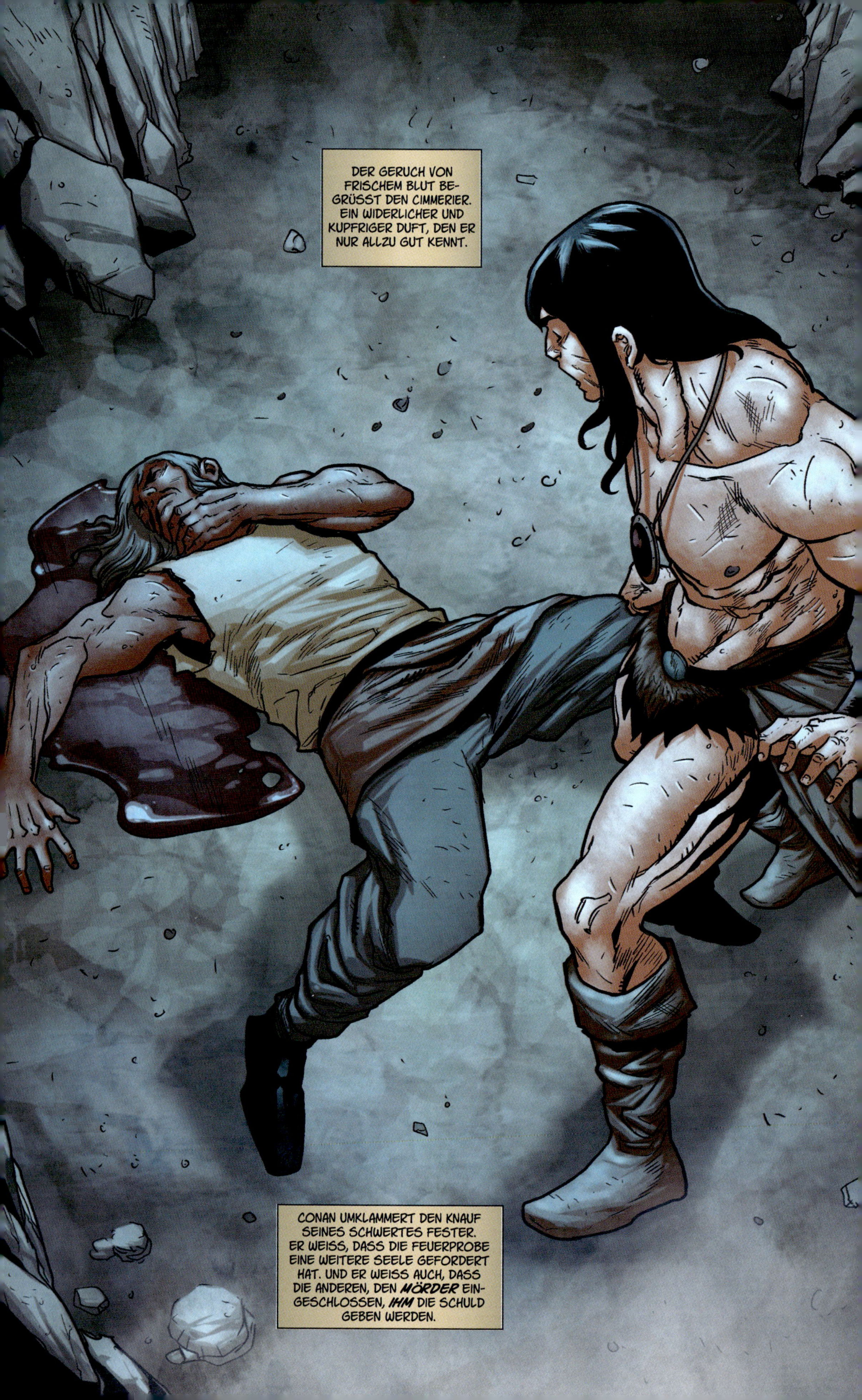
DER GERUCH VON FRISCHEM BLUT BEGRÜSST DEN CIMMERIER. EIN WIDERLICHER UND KUPFRIGER DUFT, DEN ER NUR ALLZU GUT KENNT.
CONAN UMKLAMMERT DEN KNAUF SEINES SCHWERTES FESTER. ER WEISS, DASS DIE FEUERPROBE EINE WEITERE SEELE GEFORDERT HAT. UND ER WEISS AUCH, DASS DIE ANDEREN, DEN MÖRDER EINGESCHLOSSEN, IHM DIE SCHULD GEBEN WERDEN.

DIE FEUERPROBE, TEIL 3: FINTEN & FALLEN

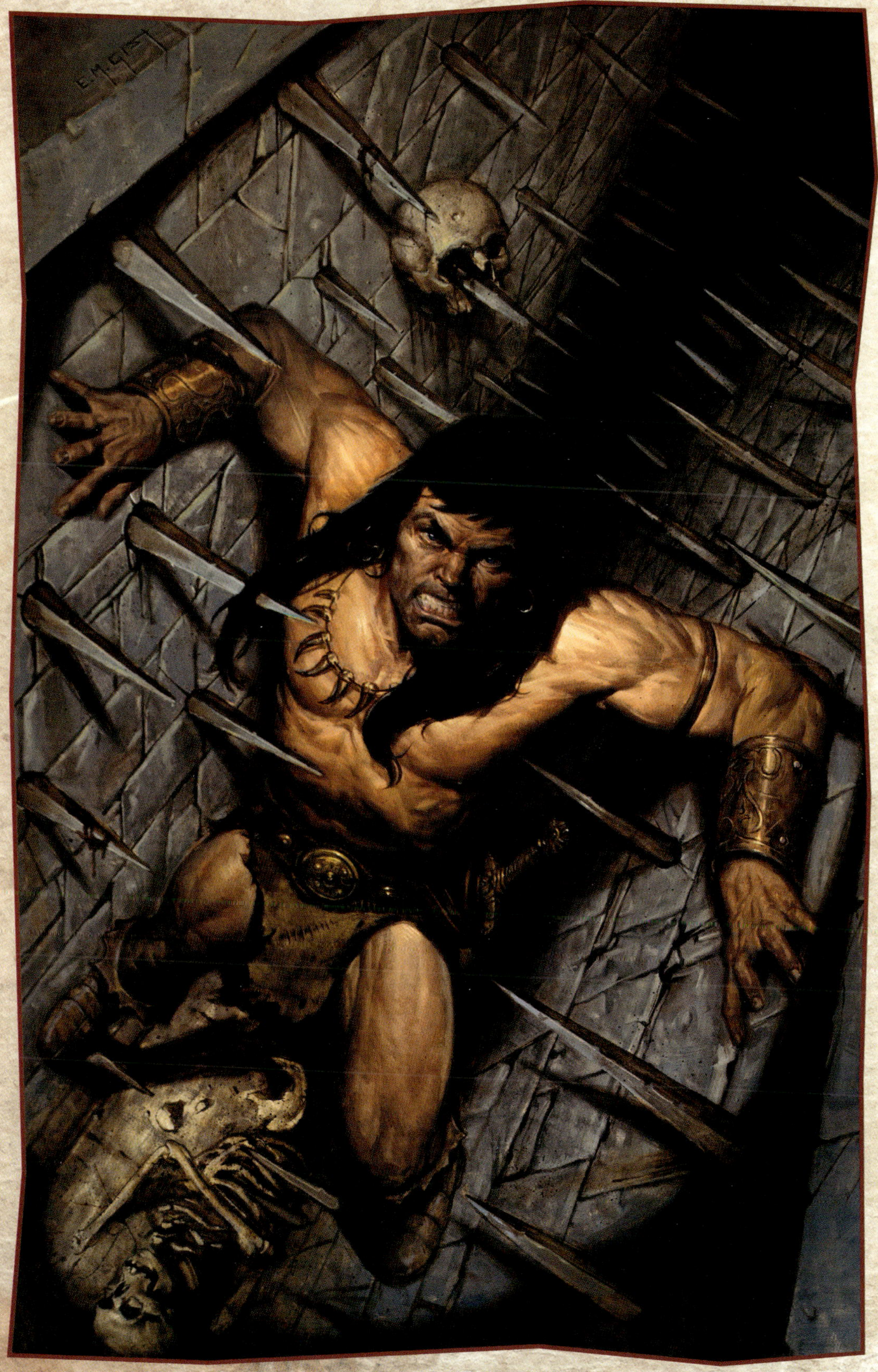

Conan the Barbarian (2019) 15
Cover von **E. M. GIST**

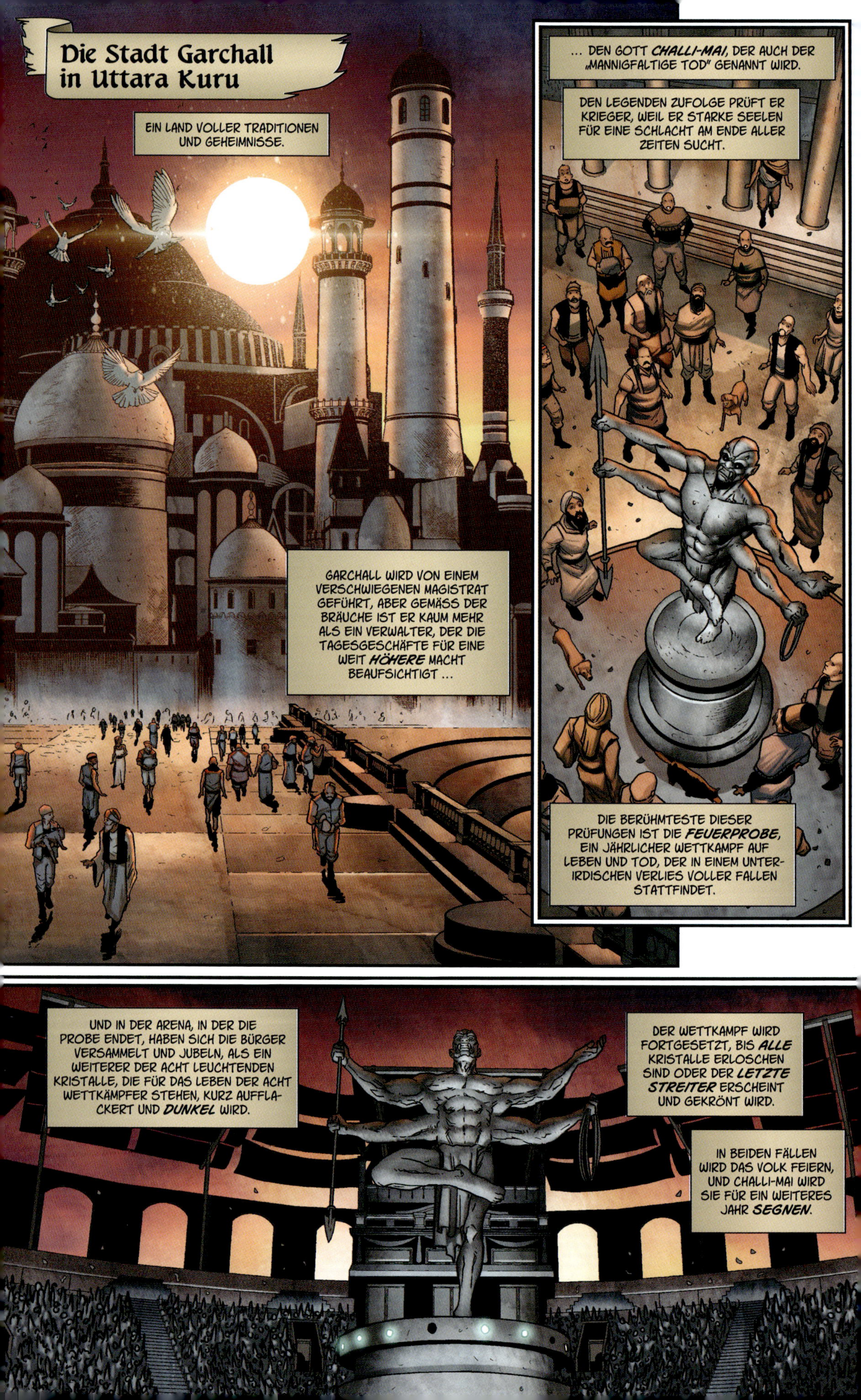

Die Stadt Garchall in Uttara Kuru

EIN LAND VOLLER TRADITIONEN UND GEHEIMNISSE.

GARCHALL WIRD VON EINEM VERSCHWIEGENEN MAGISTRAT GEFÜHRT, ABER GEMÄSS DER BRÄUCHE IST ER KAUM MEHR ALS EIN VERWALTER, DER DIE TAGESGESCHÄFTE FÜR EINE WEIT ***HÖHERE*** MACHT BEAUFSICHTIGT ...

... DEN GOTT ***CHALLI-MAI***, DER AUCH DER „MANNIGFALTIGE TOD" GENANNT WIRD.

DEN LEGENDEN ZUFOLGE PRÜFT ER KRIEGER, WEIL ER STARKE SEELEN FÜR EINE SCHLACHT AM ENDE ALLER ZEITEN SUCHT.

DIE BERÜHMTESTE DIESER PRÜFUNGEN IST DIE ***FEUERPROBE***, EIN JÄHRLICHER WETTKAMPF AUF LEBEN UND TOD, DER IN EINEM UNTERIRDISCHEN VERLIES VOLLER FALLEN STATTFINDET.

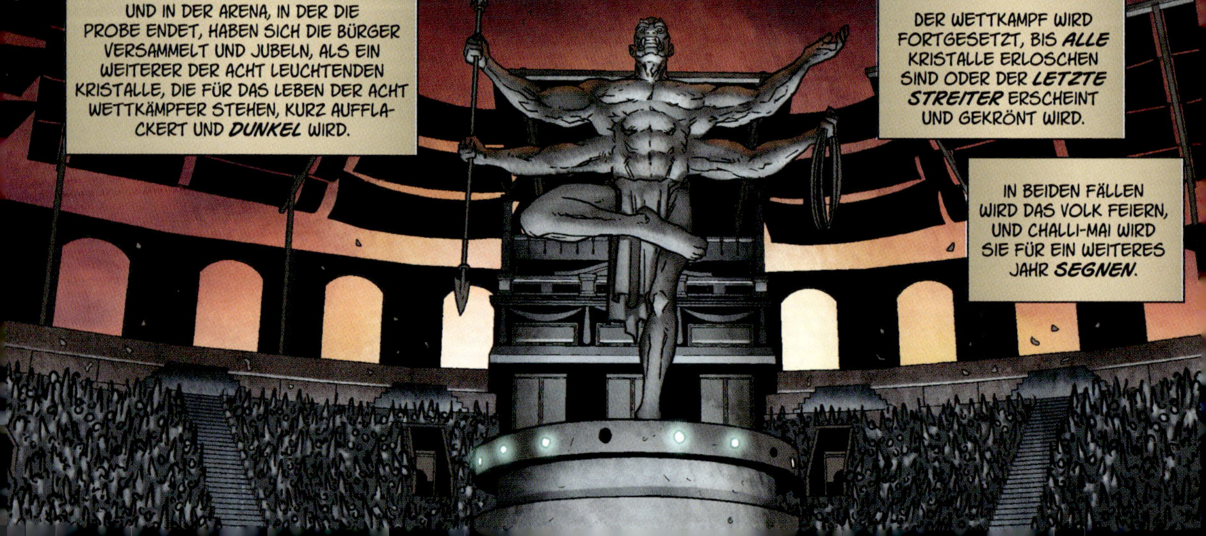

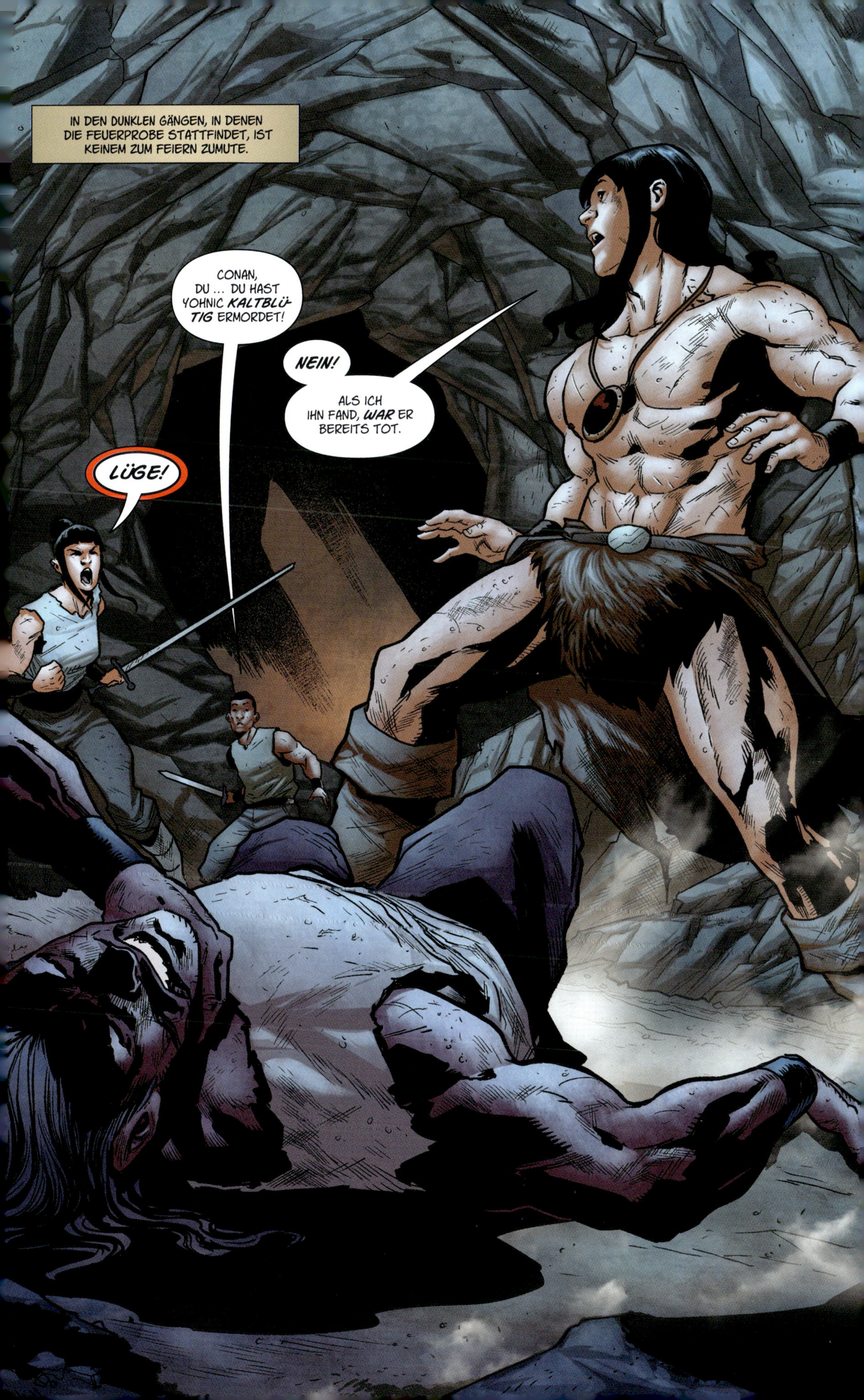
IN DEN DUNKLEN GÄNGEN, IN DENEN DIE FEUERPROBE STATTFINDET, IST KEINEM ZUM FEIERN ZUMUTE.
CONAN, DU ... DU HAST YOHNIC KALTBLÜTIG ERMORDET!
NEIN!
ALS ICH IHN FAND, WAR ER BEREITS TOT.
LÜGE!

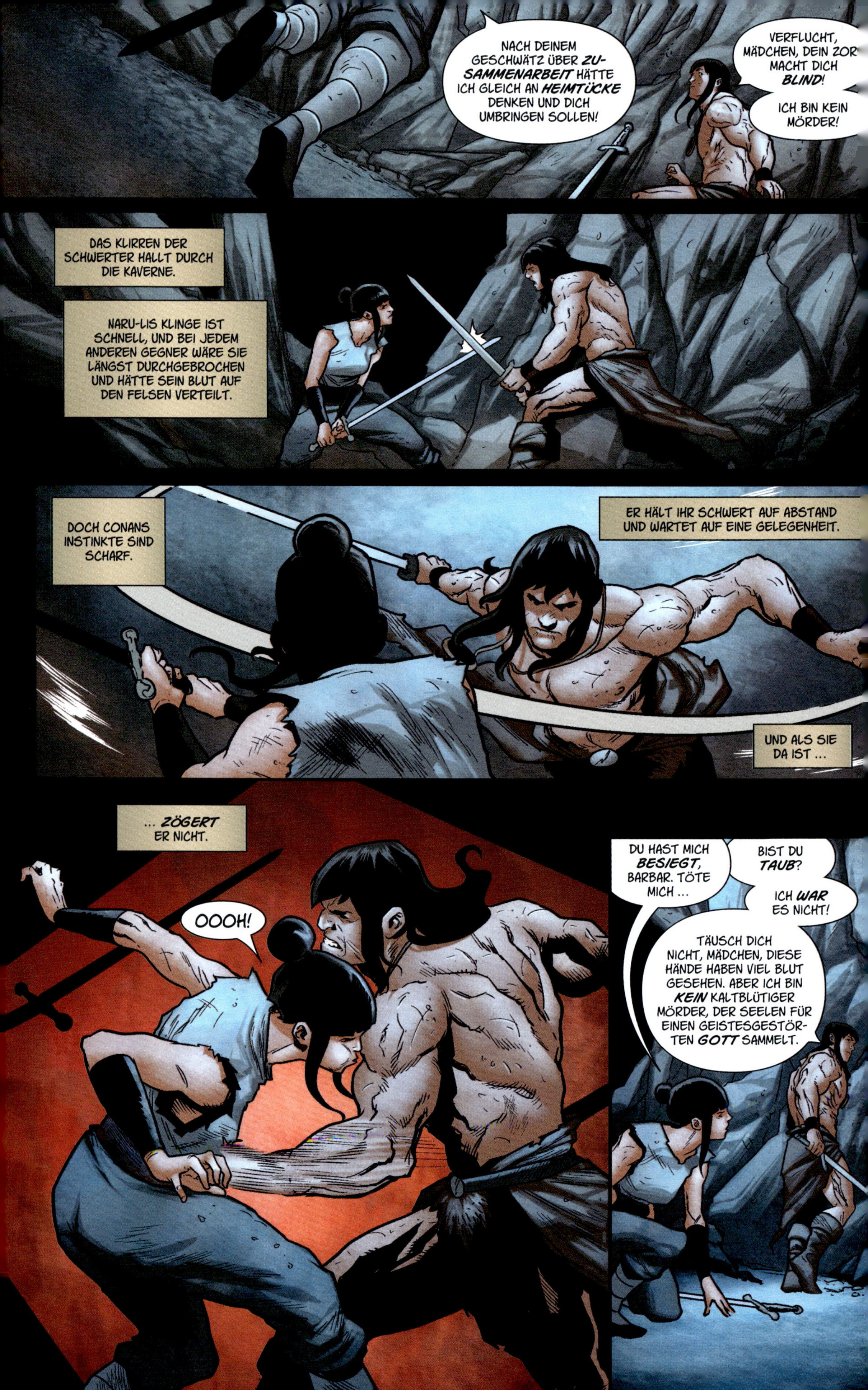
NACH DEINEM GESCHWÄTZ ÜBER ZUSAMMENARBEIT HÄTTE ICH GLEICH AN HEIMTÜCKE DENKEN UND DICH UMBRINGEN SOLLEN!
VERFLUCHT, MÄDCHEN, DEIN ZORN MACHT DICH BLIND!
ICH BIN KEIN MÖRDER!
DAS KLIRREN DER SCHWERTER HALLT DURCH DIE KAVERNE.
NARU-LIS KLINGE IST SCHNELL, UND BEI JEDEM ANDEREN GEGNER WÄRE SIE LÄNGST DURCHGEBROCHEN UND HÄTTE SEIN BLUT AUF DEN FELSEN VERTEILT.
DOCH CONANS INSTINKTE SIND SCHARF.
ER HÄLT IHR SCHWERT AUF ABSTAND UND WARTET AUF EINE GELEGENHEIT.
UND ALS SIE DA IST ...
... ZÖGERT ER NICHT.
OOOH!
DU HAST MICH BESIEGT, BARBAR. TÖTE MICH ...
BIST DU TAUB?
ICH WAR ES NICHT!
TÄUSCH DICH NICHT, MÄDCHEN, DIESE HÄNDE HABEN VIEL BLUT GESEHEN. ABER ICH BIN KEIN KALTBLÜTIGER MÖRDER, DER SEELEN FÜR EINEN GEISTESGESTÖRTEN GOTT SAMMELT.

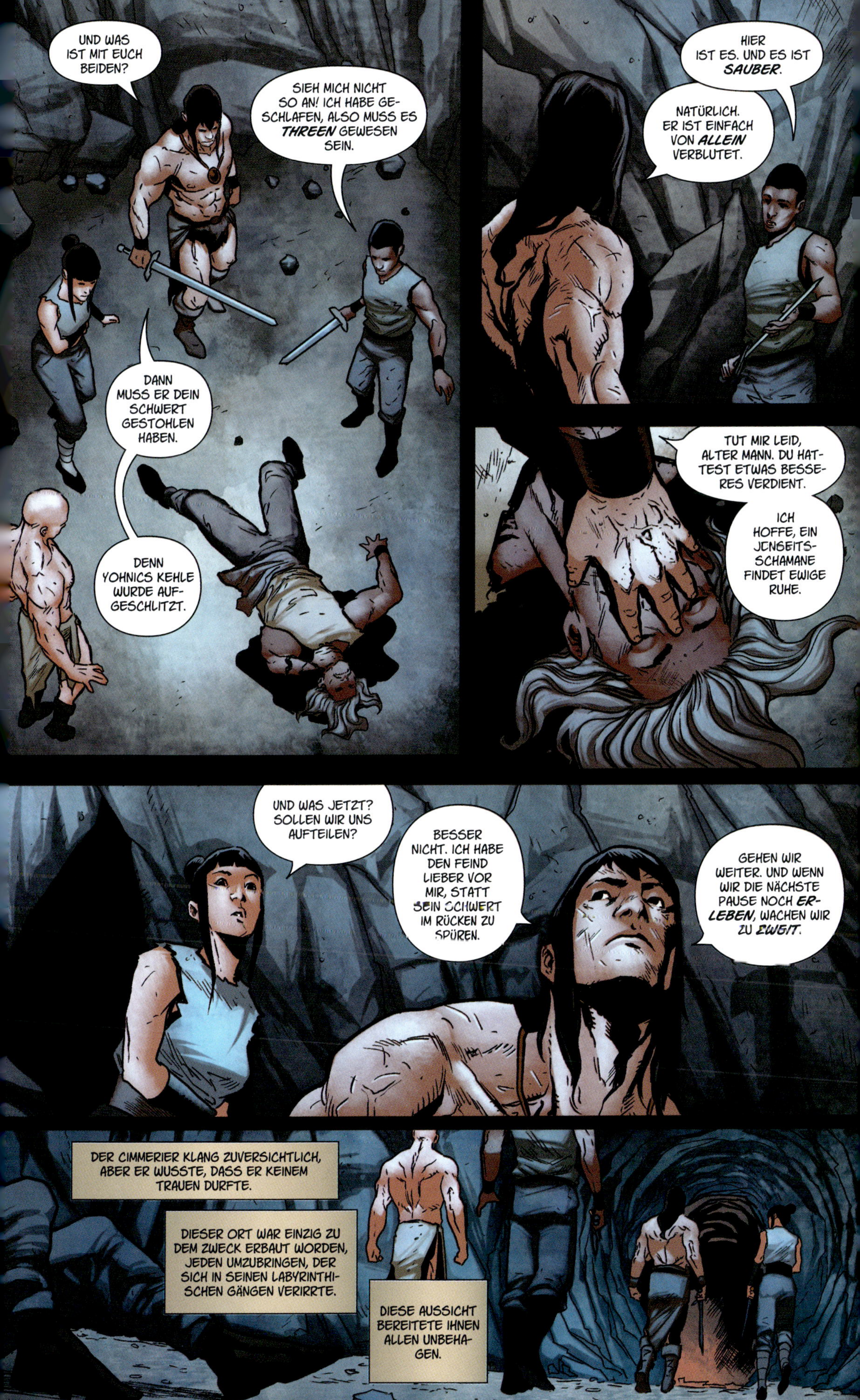
UND WAS IST MIT EUCH BEIDEN?
SIEH MICH NICHT SO AN! ICH HABE GESCHLAFEN, ALSO MUSS ES THREEN GEWESEN SEIN.
DANN MUSS ER DEIN SCHWERT GESTOHLEN HABEN.
DENN YOHNICS KEHLE WURDE AUFGESCHLITZT.
HIER IST ES. UND ES IST SAUBER.
NATÜRLICH. ER IST EINFACH VON ALLEIN VERBLUTET.
TUT MIR LEID, ALTER MANN. DU HATTEST ETWAS BESSERES VERDIENT.
ICH HOFFE, EIN JENSEITS-SCHAMANE FINDET EWIGE RUHE.
UND WAS JETZT? SOLLEN WIR UNS AUFTEILEN?
BESSER NICHT. ICH HABE DEN FEIND LIEBER VOR MIR, STATT SEIN SCHWERT IM RÜCKEN ZU SPÜREN.
GEHEN WIR WEITER. UND WENN WIR DIE NÄCHSTE PAUSE NOCH ERLEBEN, WACHEN WIR ZU ZWEIT.
DER CIMMERIER KLANG ZUVERSICHTLICH, ABER ER WUSSTE, DASS ER KEINEM TRAUEN DURFTE.
DIESER ORT WAR EINZIG ZU DEM ZWECK ERBAUT WORDEN, JEDEN UMZUBRINGEN, DER SICH IN SEINEN LABYRINTHISCHEN GÄNGEN VERIRRTE.
DIESE AUSSICHT BEREITETE IHNEN ALLEN UNBEHAGEN.

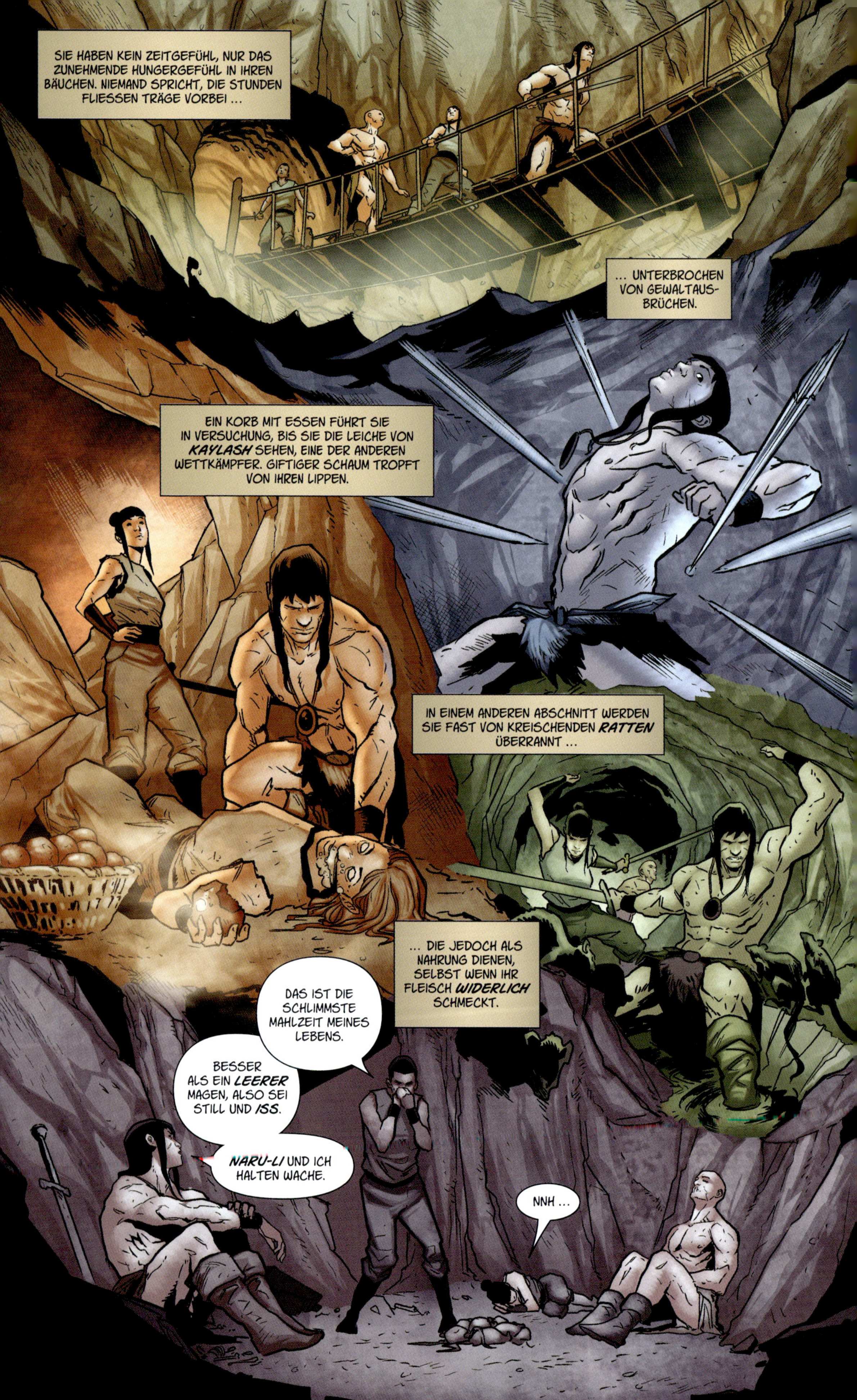

SIE HABEN KEIN ZEITGEFÜHL, NUR DAS ZUNEHMENDE HUNGERGEFÜHL IN IHREN BÄUCHEN. NIEMAND SPRICHT, DIE STUNDEN FLIESSEN TRÄGE VORBEI …
… UNTERBROCHEN VON GEWALTAUS-BRÜCHEN.
EIN KORB MIT ESSEN FÜHRT SIE IN VERSUCHUNG, BIS SIE DIE LEICHE VON KAYLASH SEHEN, EINE DER ANDEREN WETTKÄMPFER. GIFTIGER SCHAUM TROPFT VON IHREN LIPPEN.
IN EINEM ANDEREN ABSCHNITT WERDEN SIE FAST VON KREISCHENDEN RATTEN ÜBERRANNT …
… DIE JEDOCH ALS NAHRUNG DIENEN, SELBST WENN IHR FLEISCH WIDERLICH SCHMECKT.
DAS IST DIE SCHLIMMSTE MAHLZEIT MEINES LEBENS.
BESSER ALS EIN LEERER MAGEN, ALSO SEI STILL UND ISS.
NARU-LI UND ICH HALTEN WACHE.
NNH …

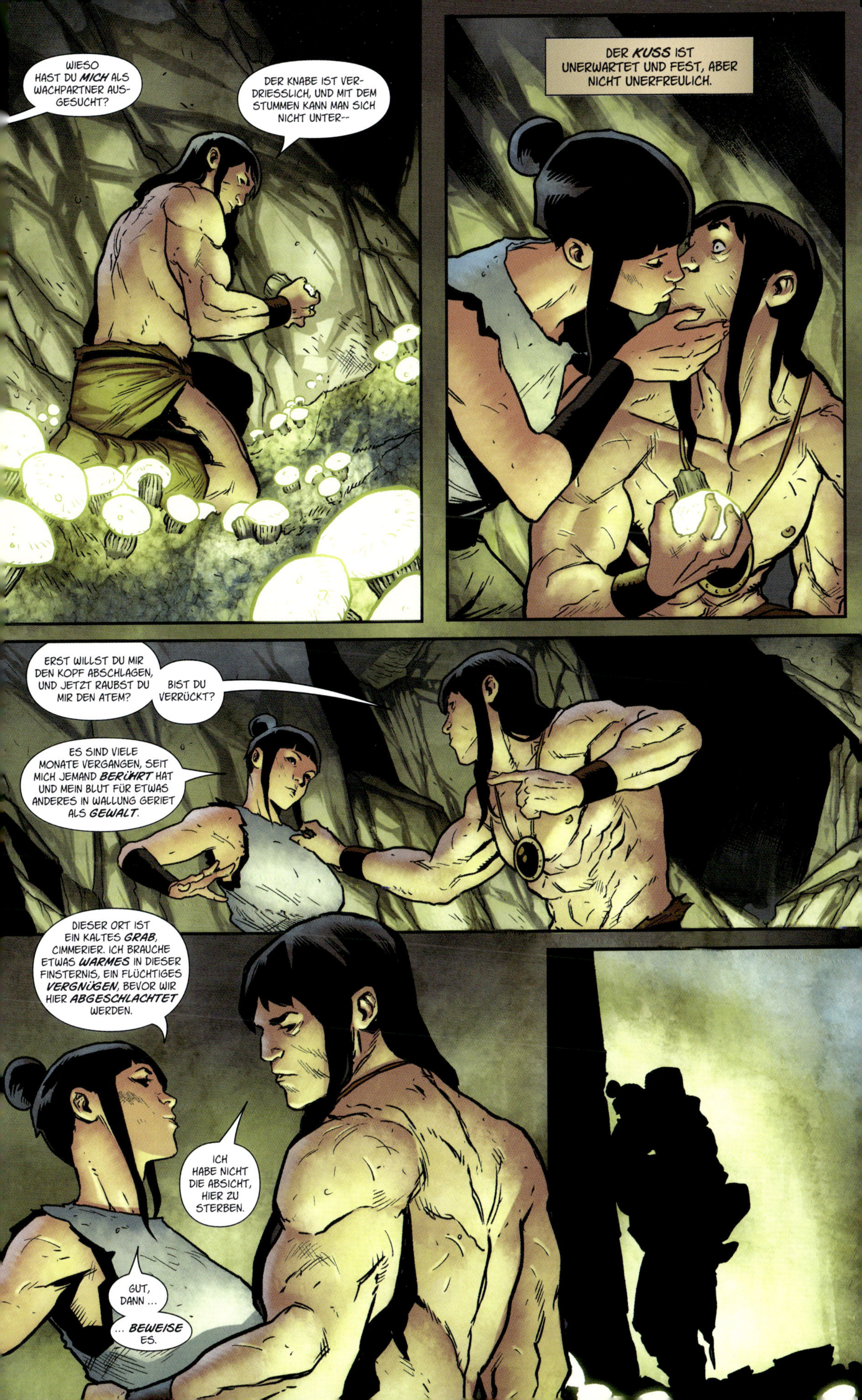
WIESO HAST DU MICH ALS WACHPARTNER AUSGESUCHT?
DER KNABE IST VERDRIESSLICH, UND MIT DEM STUMMEN KANN MAN SICH NICHT UNTER--
DER KUSS IST UNERWARTET UND FEST, ABER NICHT UNERFREULICH.
ERST WILLST DU MIR DEN KOPF ABSCHLAGEN, UND JETZT RAUBST DU MIR DEN ATEM?
BIST DU VERRÜCKT?
ES SIND VIELE MONATE VERGANGEN, SEIT MICH JEMAND BERÜHRT HAT UND MEIN BLUT FÜR ETWAS ANDERES IN WALLUNG GERIET ALS GEWALT.
DIESER ORT IST EIN KALTES GRAB, CIMMERIER. ICH BRAUCHE ETWAS WARMES IN DIESER FINSTERNIS, EIN FLÜCHTIGES VERGNÜGEN, BEVOR WIR HIER ABGESCHLACHTET WERDEN.
ICH HABE NICHT DIE ABSICHT, HIER ZU STERBEN.
GUT, DANN ...
... BEWEISE ES.

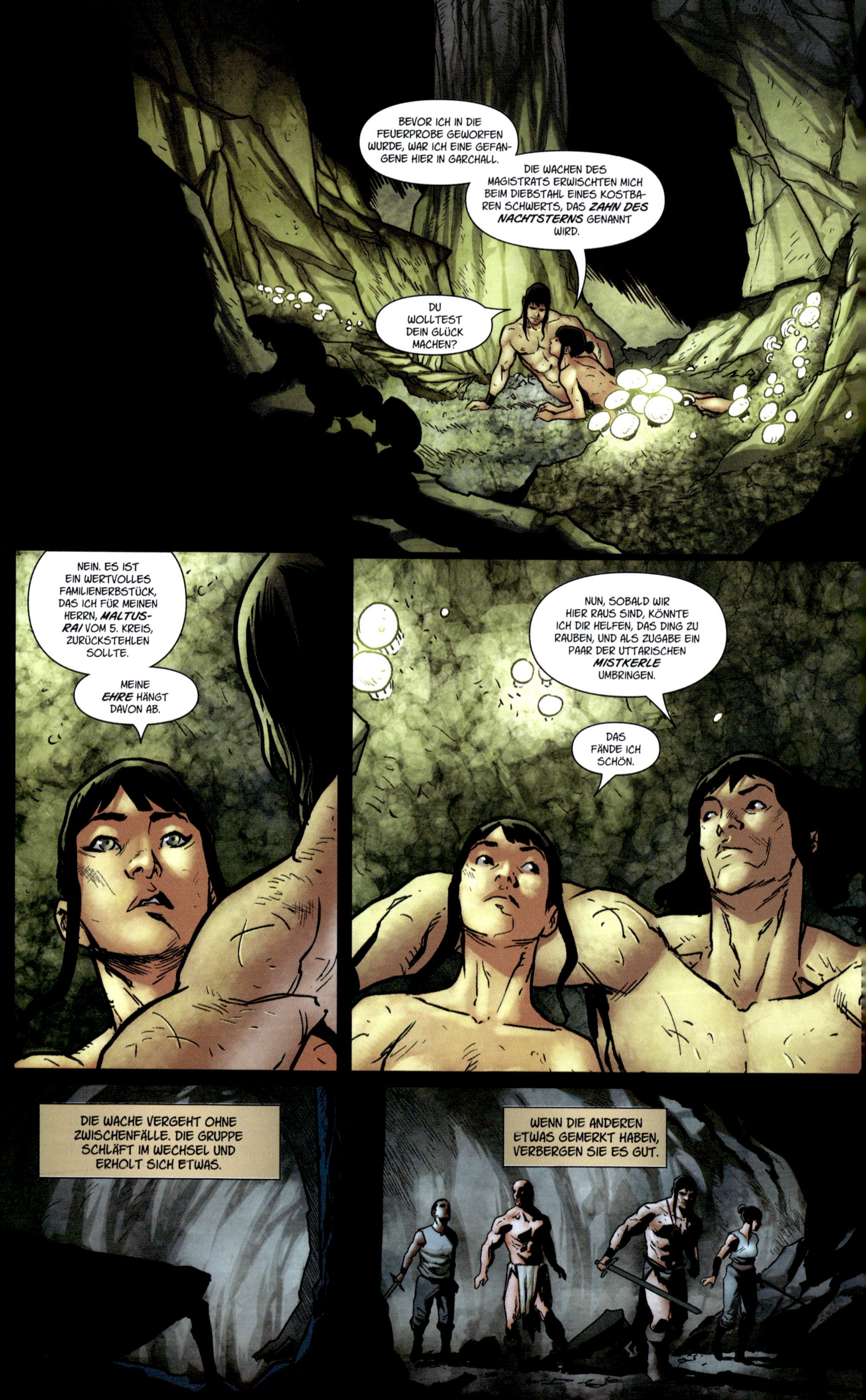
BEVOR ICH IN DIE FEUERPROBE GEWORFEN WURDE, WAR ICH EINE GEFAN-GENE HIER IN GARCHALL.
DIE WACHEN DES MAGISTRATS ERWISCHTEN MICH BEIM DIEBSTAHL EINES KOSTBA-REN SCHWERTS, DAS ZAHN DES NACHTSTERNS GENANNT WIRD.
DU WOLLTEST DEIN GLÜCK MACHEN?
NEIN. ES IST EIN WERTVOLLES FAMILIENERBSTÜCK, DAS ICH FÜR MEINEN HERRN, MALTUS-RAI VOM 5. KREIS, ZURÜCKSTEHLEN SOLLTE.
MEINE EHRE HÄNGT DAVON AB.
NUN, SOBALD WIR HIER RAUS SIND, KÖNNTE ICH DIR HELFEN, DAS DING ZU RAUBEN, UND ALS ZUGABE EIN PAAR DER UTTARISCHEN MISTKERLE UMBRINGEN.
DAS FÄNDE ICH SCHÖN.
DIE WACHE VERGEHT OHNE ZWISCHENFÄLLE. DIE GRUPPE SCHLÄFT IM WECHSEL UND ERHOLT SICH ETWAS.
WENN DIE ANDEREN ETWAS GEMERKT HABEN, VERBERGEN SIE ES GUT.

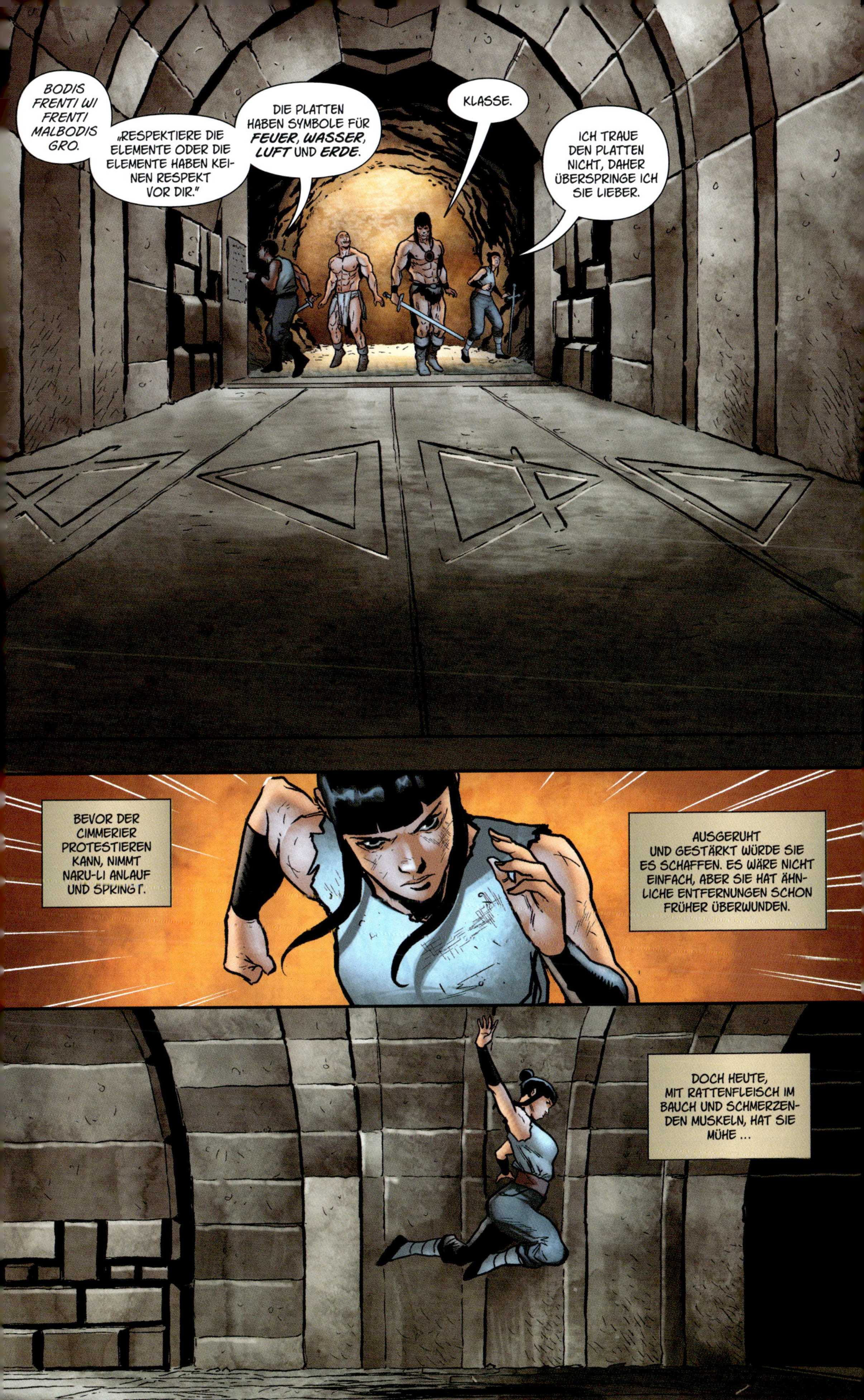
BODIS FRENTI WI FRENTI MALBODIS GRO.
„RESPEKTIERE DIE ELEMENTE ODER DIE ELEMENTE HABEN KEINEN RESPEKT VOR DIR."
DIE PLATTEN HABEN SYMBOLE FÜR FEUER, WASSER, LUFT UND ERDE.
KLASSE.
ICH TRAUE DEN PLATTEN NICHT, DAHER ÜBERSPRINGE ICH SIE LIEBER.
BEVOR DER CIMMERIER PROTESTIEREN KANN, NIMMT NARU-LI ANLAUF UND SPRINGT.
AUSGERUHT UND GESTÄRKT WÜRDE SIE ES SCHAFFEN. ES WÄRE NICHT EINFACH, ABER SIE HAT ÄHNLICHE ENTFERNUNGEN SCHON FRÜHER ÜBERWUNDEN.
DOCH HEUTE, MIT RATTENFLEISCH IM BAUCH UND SCHMERZENDEN MUSKELN, HAT SIE MÜHE ...

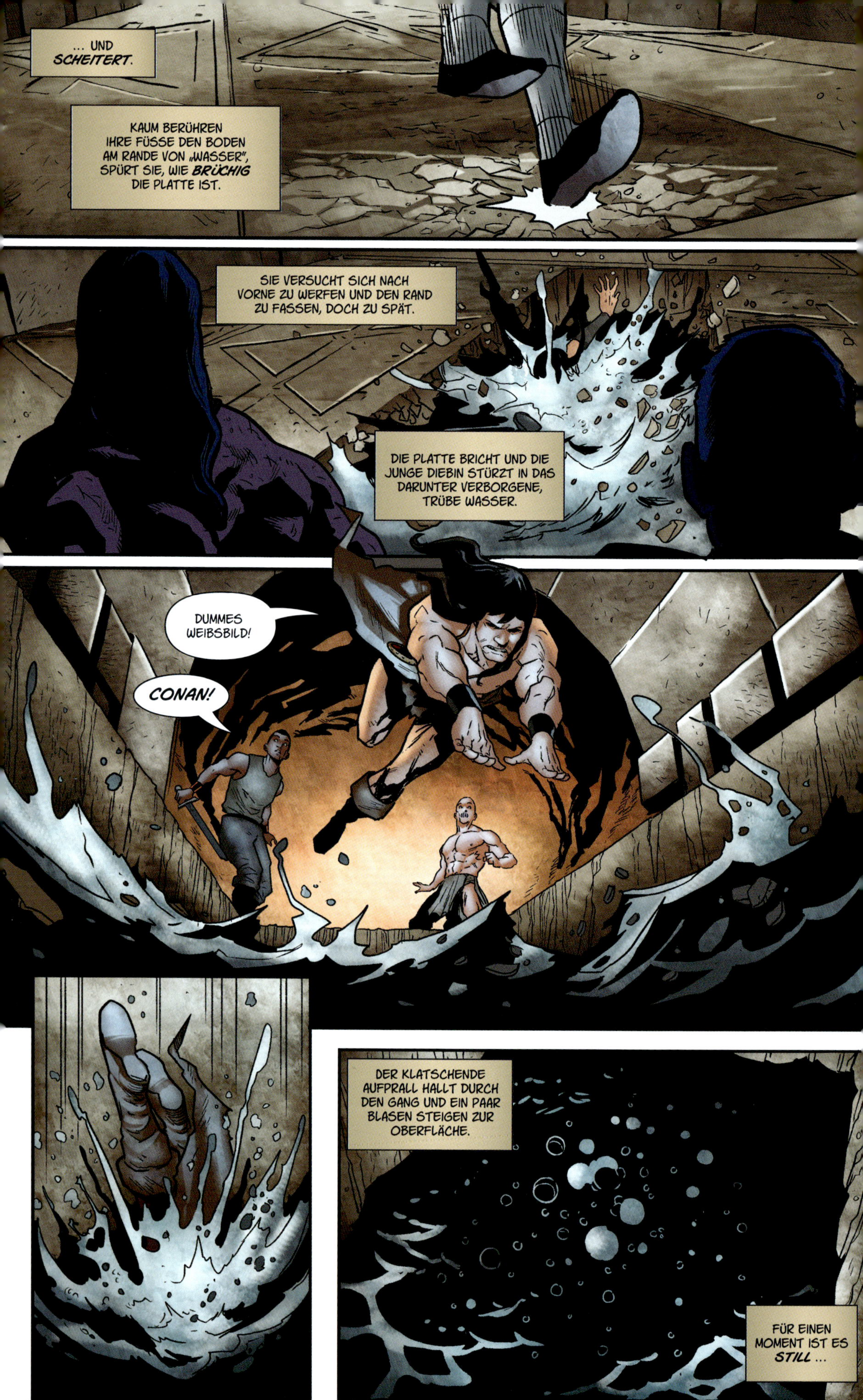
… UND SCHEITERT.
KAUM BERÜHREN IHRE FÜSSE DEN BODEN AM RANDE VON „WASSER", SPÜRT SIE, WIE BRÜCHIG DIE PLATTE IST.
SIE VERSUCHT SICH NACH VORNE ZU WERFEN UND DEN RAND ZU FASSEN, DOCH ZU SPÄT.
DIE PLATTE BRICHT UND DIE JUNGE DIEBIN STÜRZT IN DAS DARUNTER VERBORGENE, TRÜBE WASSER.
DUMMES WEIBSBILD!
CONAN!
DER KLATSCHENDE AUFPRALL HALLT DURCH DEN GANG UND EIN PAAR BLASEN STEIGEN ZUR OBERFLÄCHE.
FÜR EINEN MOMENT IST ES STILL …

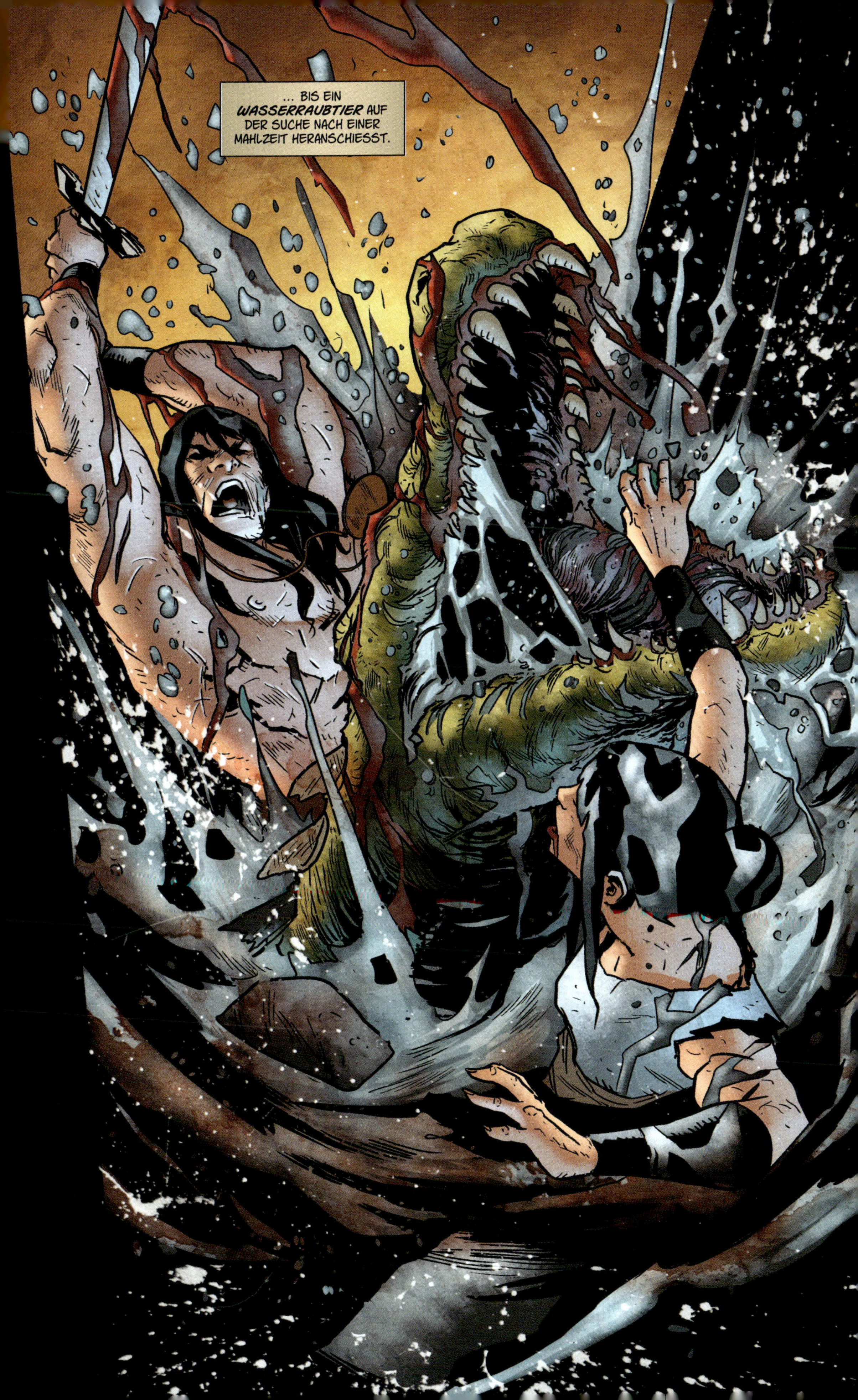
... BIS EIN WASSERRAUBTIER AUF DER SUCHE NACH EINER MAHLZEIT HERANSCHIESST.

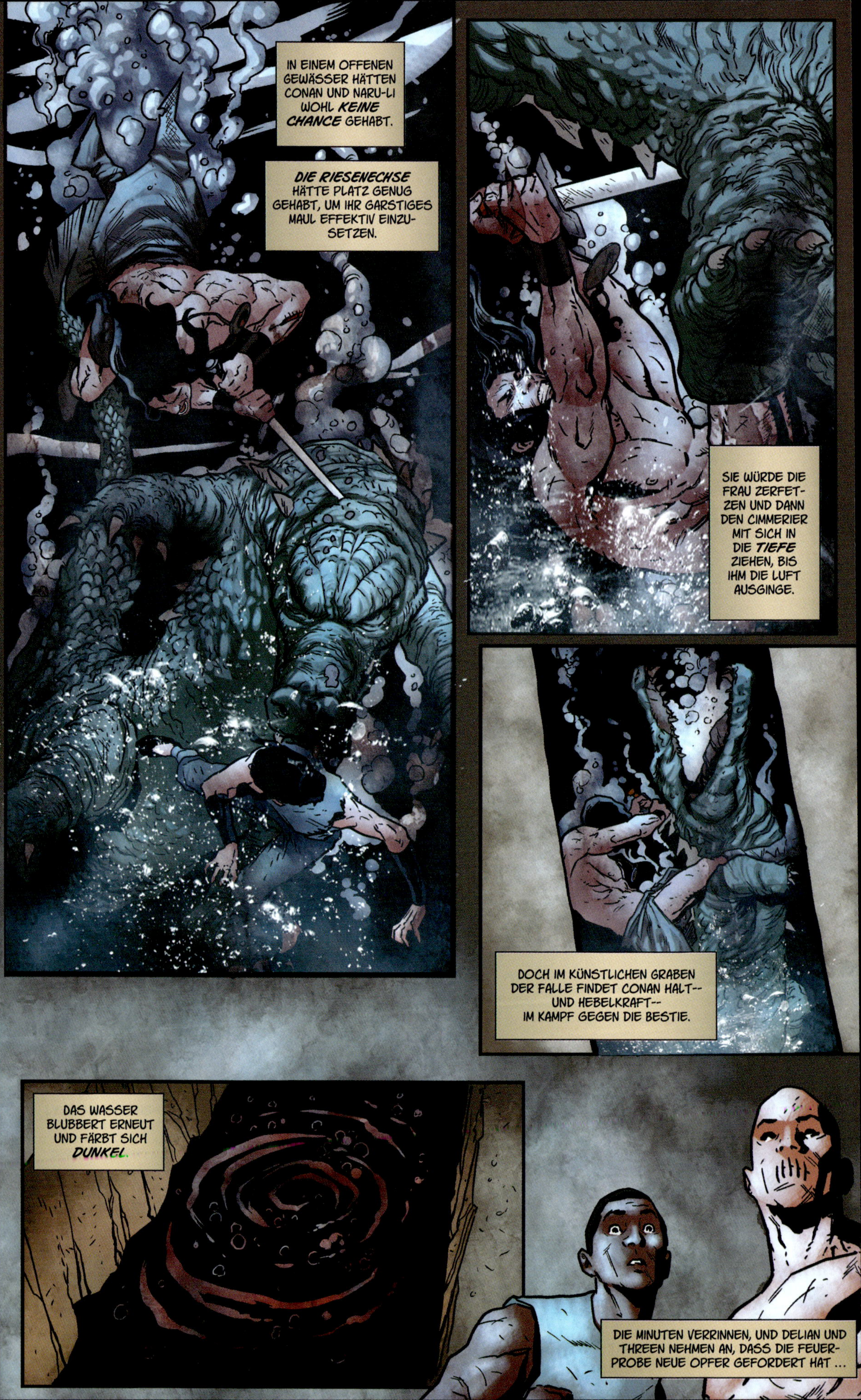

IN EINEM OFFENEN GEWÄSSER HÄTTEN CONAN UND NARU-LI WOHL ***KEINE CHANCE*** GEHABT.

DIE RIESENECHSE HÄTTE PLATZ GENUG GEHABT, UM IHR GARSTIGES MAUL EFFEKTIV EINZU-SETZEN.

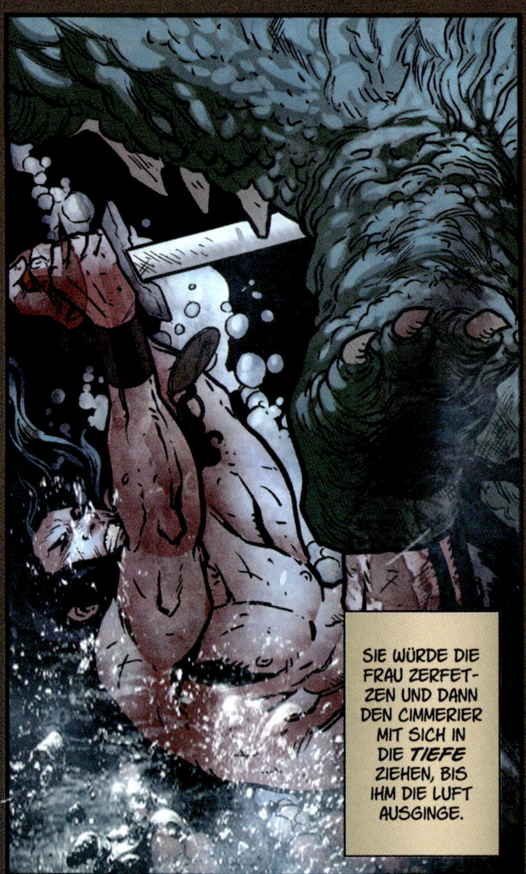

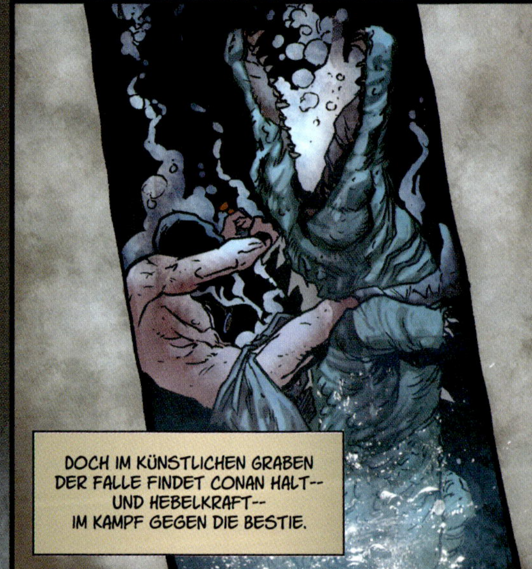

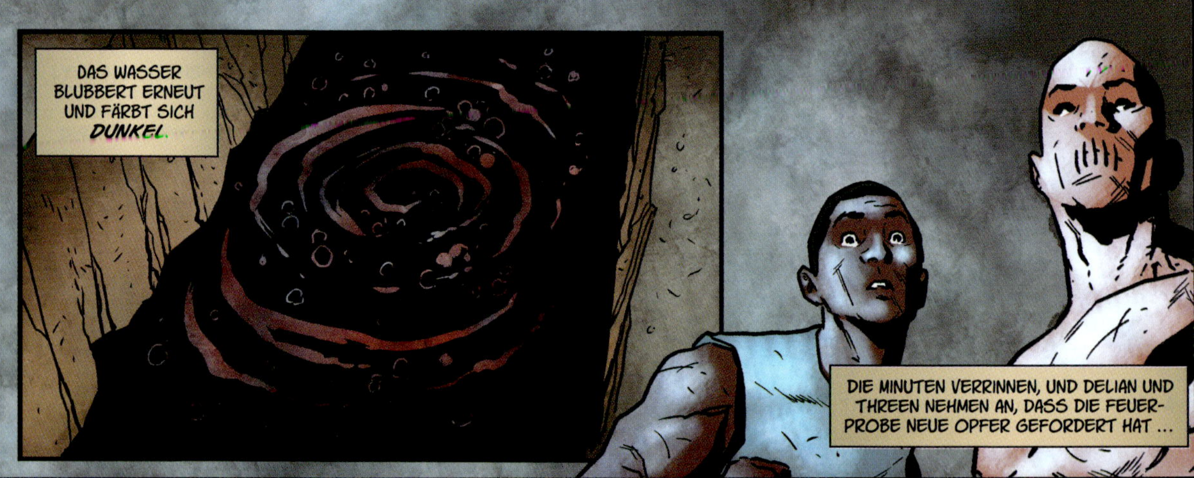

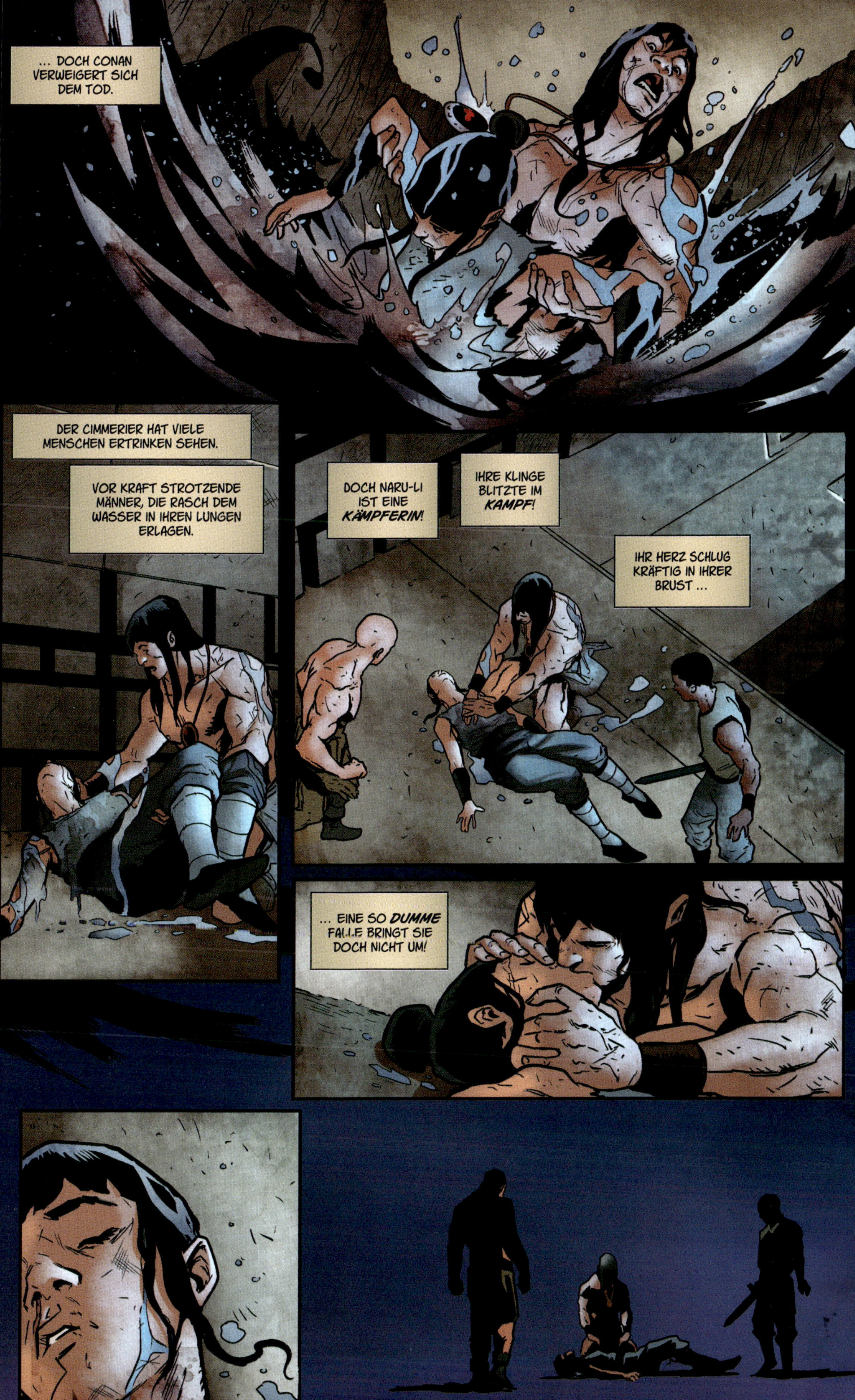
… DOCH CONAN VERWEIGERT SICH DEM TOD.
DER CIMMERIER HAT VIELE MENSCHEN ERTRINKEN SEHEN.
VOR KRAFT STROTZENDE MÄNNER, DIE RASCH DEM WASSER IN IHREN LUNGEN ERLAGEN.
DOCH NARU-LI IST EINE *KÄMPFERIN*!
IHRE KLINGE BLITZTE IM *KAMPF*!
IHR HERZ SCHLUG KRÄFTIG IN IHRER BRUST …
… EINE SO *DUMME* FALLE BRINGT SIE DOCH NICHT UM!

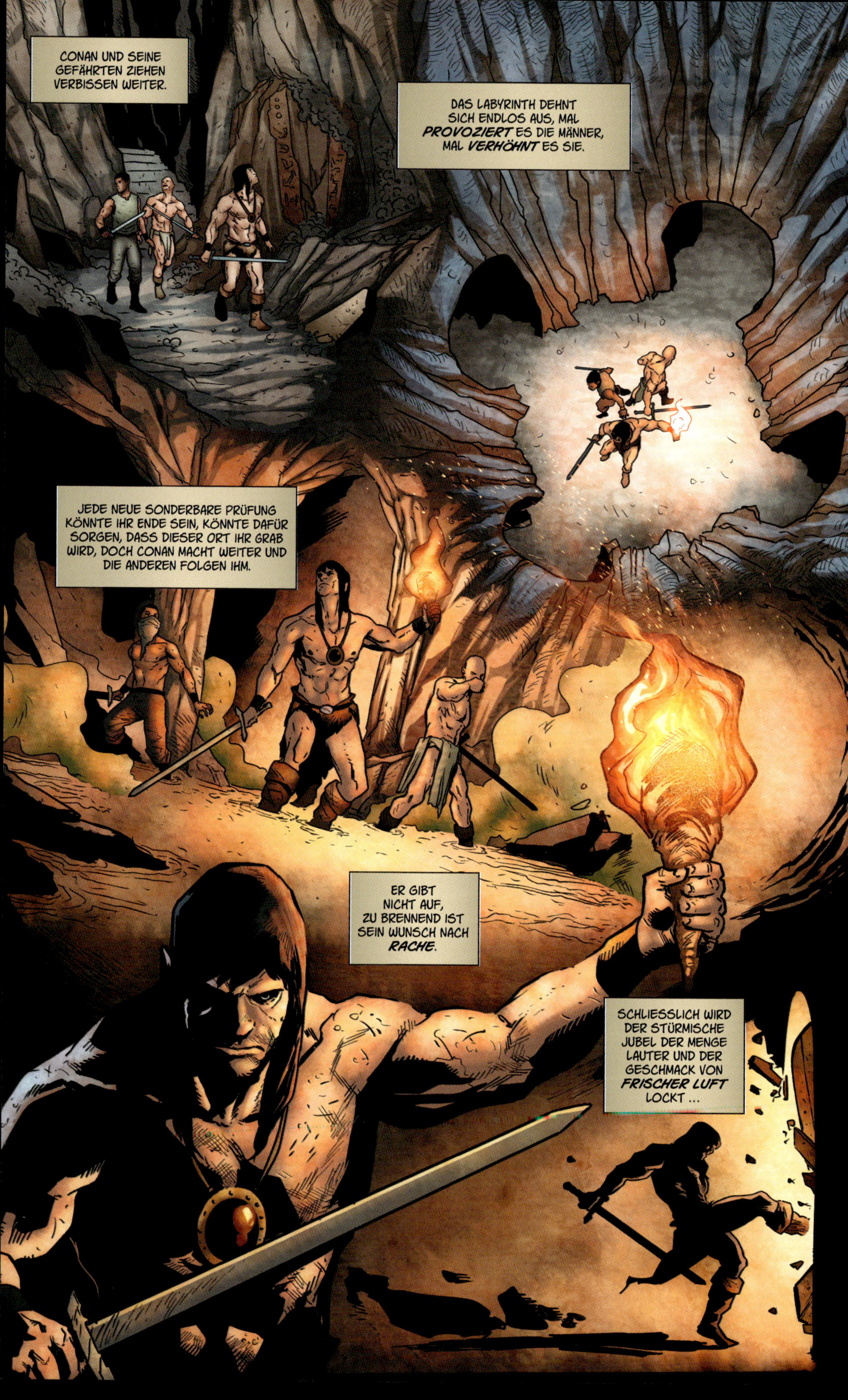
CONAN UND SEINE GEFÄHRTEN ZIEHEN VERBISSEN WEITER.
DAS LABYRINTH DEHNT SICH ENDLOS AUS, MAL *PROVOZIERT* ES DIE MÄNNER, MAL *VERHÖHNT* ES SIE.
JEDE NEUE SONDERBARE PRÜFUNG KÖNNTE IHR ENDE SEIN, KÖNNTE DAFÜR SORGEN, DASS DIESER ORT IHR GRAB WIRD, DOCH CONAN MACHT WEITER UND DIE ANDEREN FOLGEN IHM.
ER GIBT NICHT AUF, ZU BRENNEND IST SEIN WUNSCH NACH *RACHE*.
SCHLIESSLICH WIRD DER STÜRMISCHE JUBEL DER MENGE LAUTER UND DER GESCHMACK VON *FRISCHER LUFT* LOCKT …

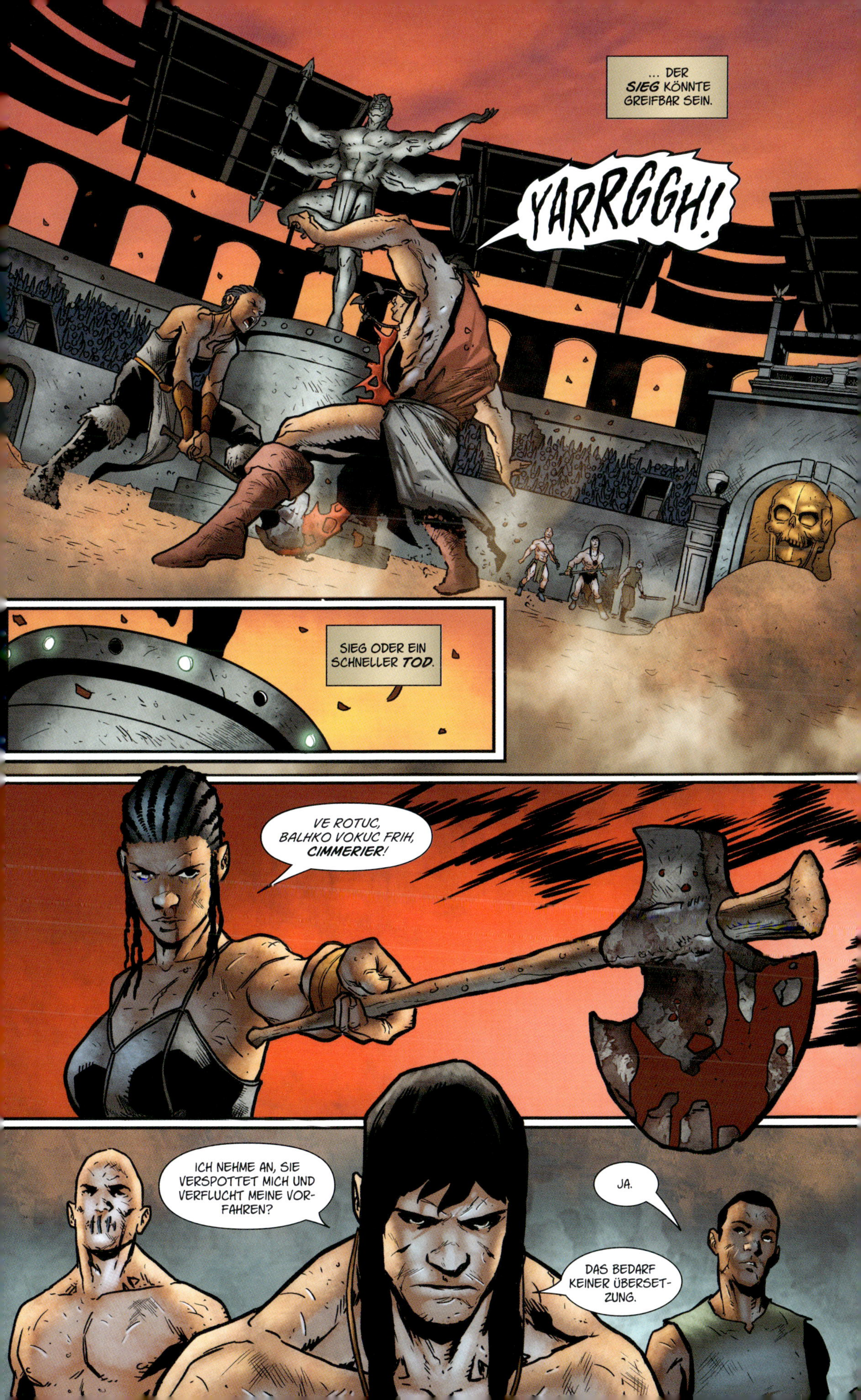

... DER SIEG KÖNNTE GREIFBAR SEIN.
YARRGGH!
SIEG ODER EIN SCHNELLER TOD.
VE ROTUC, BALHKO VOKUC FRIH, CIMMERIER!
ICH NEHME AN, SIE VERSPOTTET MICH UND VERFLUCHT MEINE VORFAHREN?
JA.
DAS BEDARF KEINER ÜBERSETZUNG.

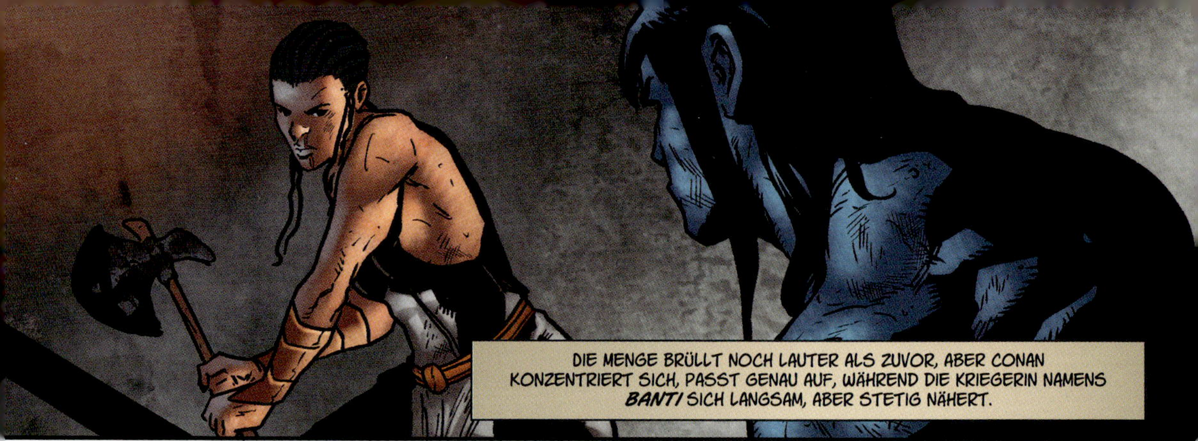
DIE MENGE BRÜLLT NOCH LAUTER ALS ZUVOR, ABER CONAN KONZENTRIERT SICH, PASST GENAU AUF, WÄHREND DIE KRIEGERIN NAMENS *BANTI* SICH LANGSAM, ABER STETIG NÄHERT.

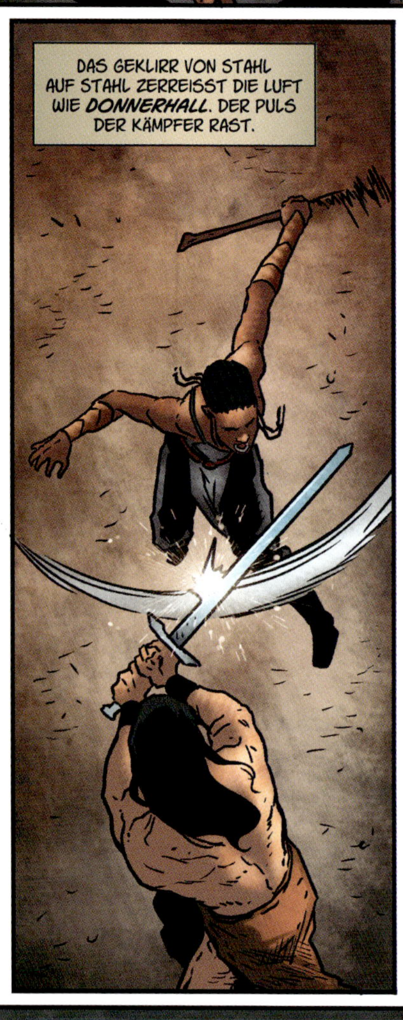
DAS GEKLIRR VON STAHL AUF STAHL ZERREISST DIE LUFT WIE ***DONNERHALL***. DER PULS DER KÄMPFER RAST.

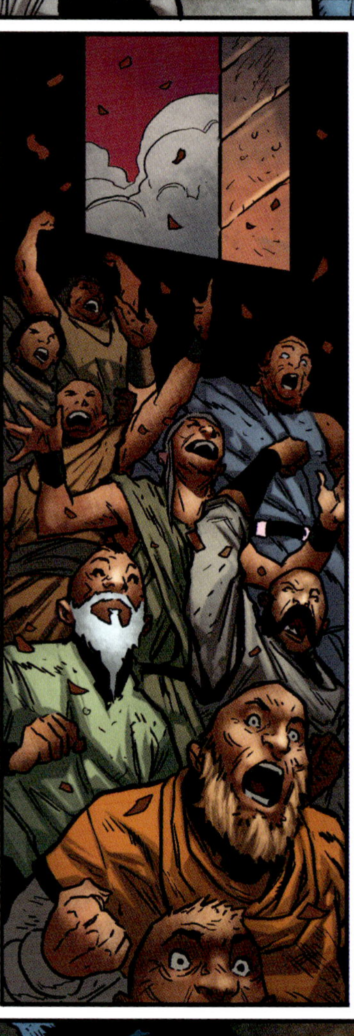

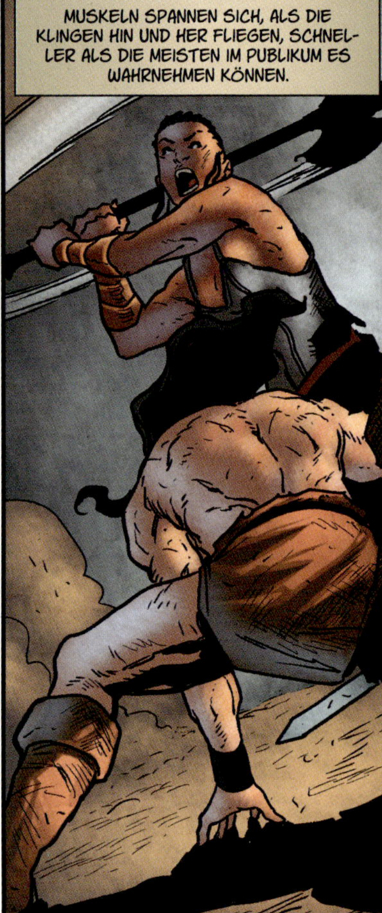
MUSKELN SPANNEN SICH, ALS DIE KLINGEN HIN UND HER FLIEGEN, SCHNELLER ALS DIE MEISTEN IM PUBLIKUM ES WAHRNEHMEN KÖNNEN.

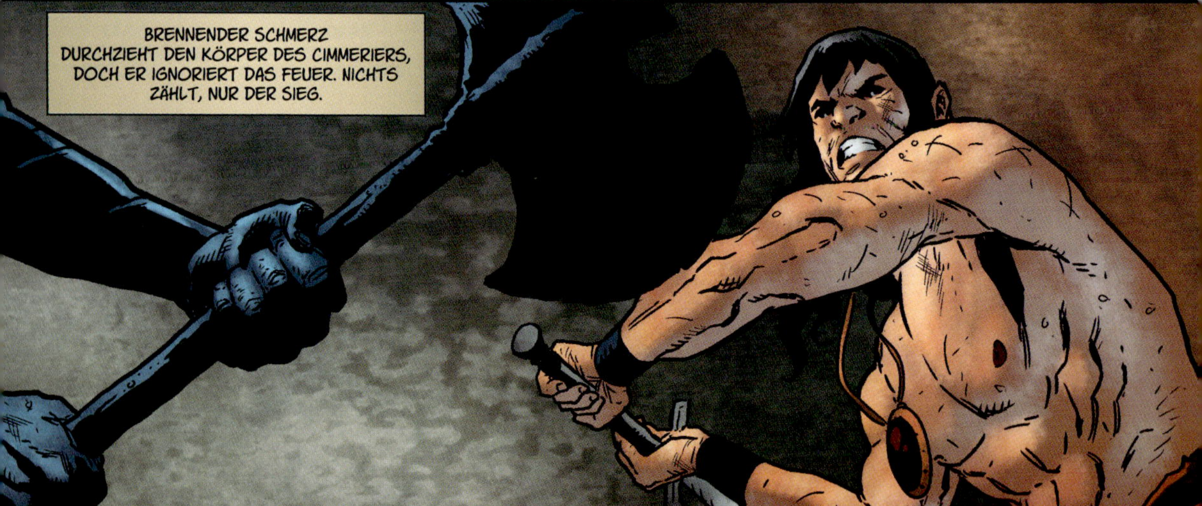
BRENNENDER SCHMERZ DURCHZIEHT DEN KÖRPER DES CIMMERIERS, DOCH ER IGNORIERT DAS FEUER. NICHTS ZÄHLT, NUR DER SIEG.

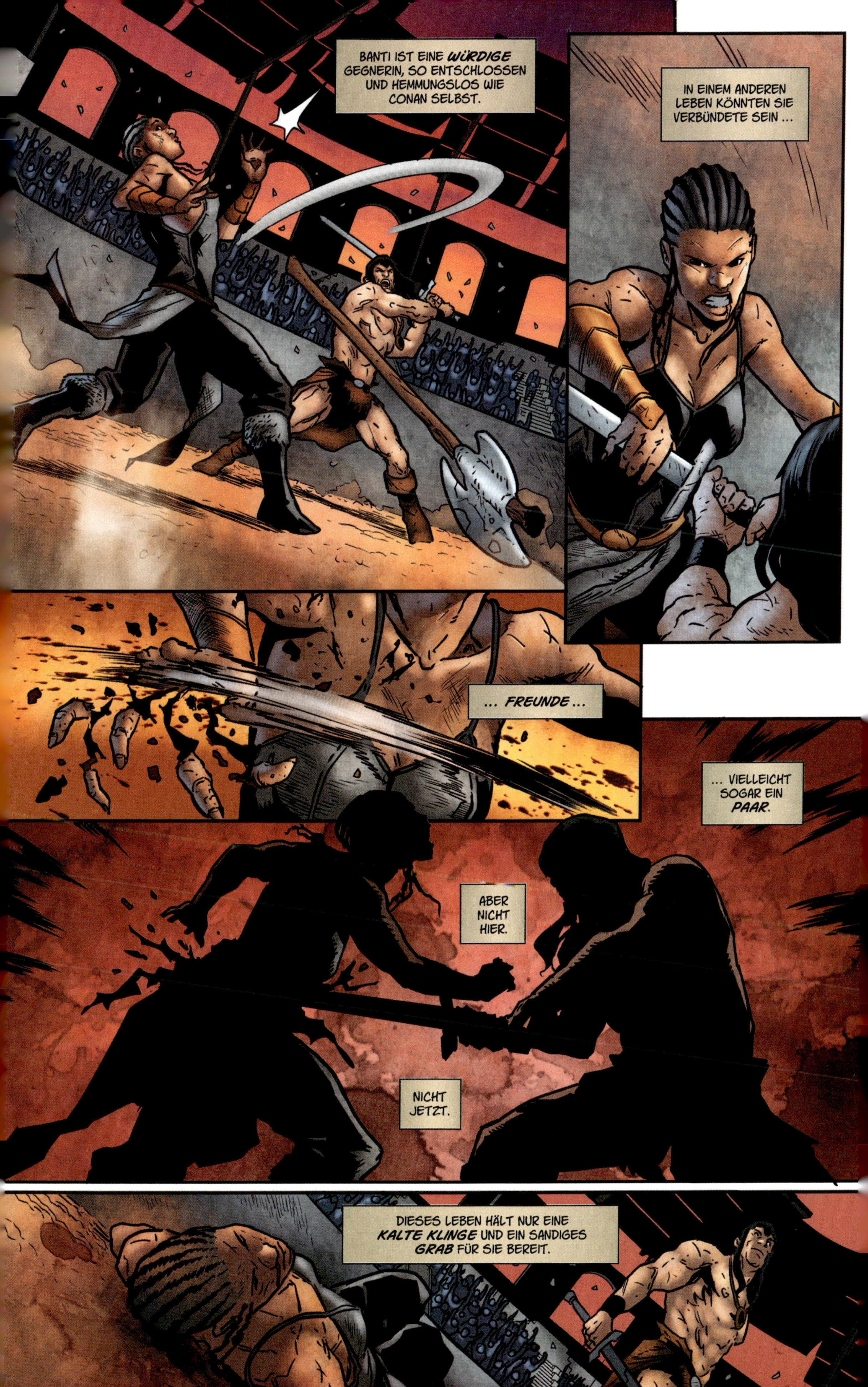
BANTI IST EINE *WÜRDIGE* GEGNERIN, SO ENTSCHLOSSEN UND HEMMUNGSLOS WIE CONAN SELBST.
IN EINEM ANDEREN LEBEN KÖNNTEN SIE VERBÜNDETE SEIN ...
... *FREUNDE* ...
... VIELLEICHT SOGAR EIN *PAAR*.
ABER NICHT HIER.
NICHT JETZT.
DIESES LEBEN HÄLT NUR EINE *KALTE KLINGE* UND EIN SANDIGES *GRAB* FÜR SIE BEREIT.

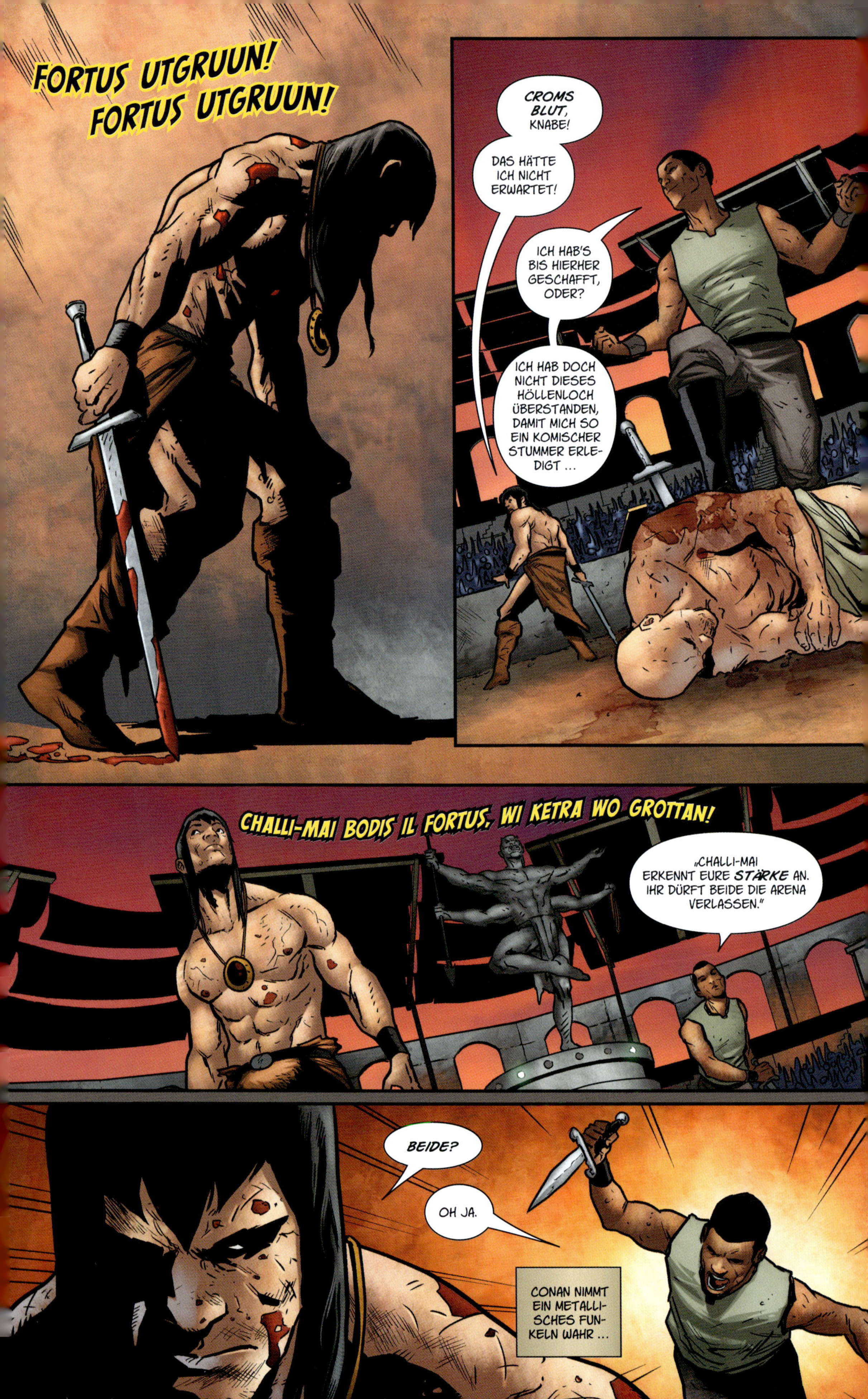
FORTUS UTGRUUN!
FORTUS UTGRUUN!
CROMS BLUT, KNABE!
DAS HÄTTE ICH NICHT ERWARTET!
ICH HAB'S BIS HIERHER GESCHAFFT, ODER?
ICH HAB DOCH NICHT DIESES HÖLLENLOCH ÜBERSTANDEN, DAMIT MICH SO EIN KOMISCHER STUMMER ERLE-DIGT ...
CHALLI-MAI BODIS IL FORTUS, WI KETRA WO GROTTAN!
„CHALLI-MAI ERKENNT EURE STÄRKE AN. IHR DÜRFT BEIDE DIE ARENA VERLASSEN."
BEIDE?
OH JA.
CONAN NIMMT EIN METALLI-SCHES FUN-KELN WAHR ...

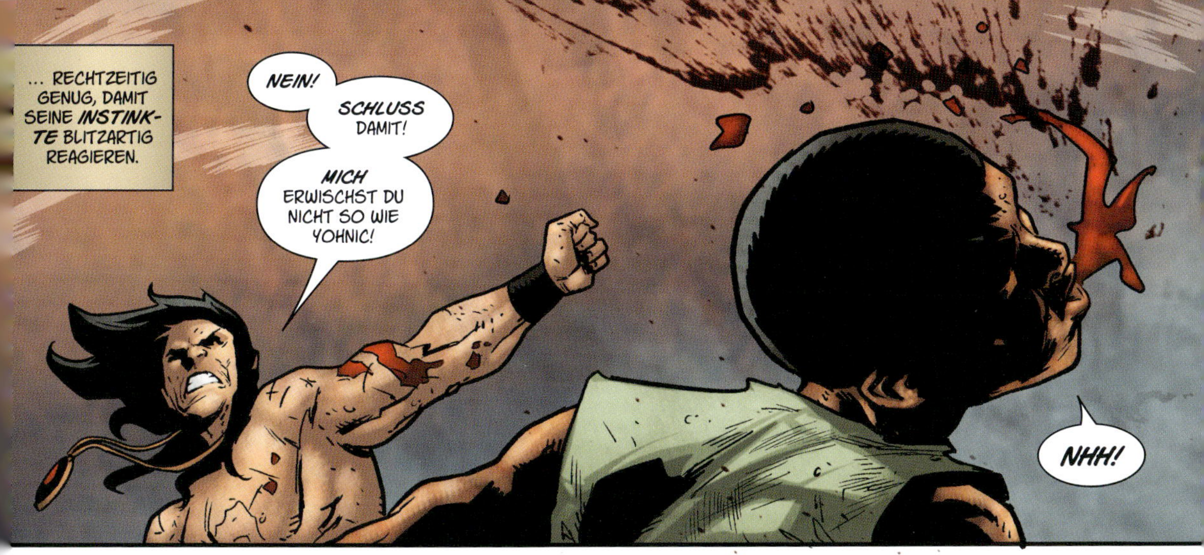
… RECHTZEITIG GENUG, DAMIT SEINE INSTINKTE BLITZARTIG REAGIEREN.
NEIN!
SCHLUSS DAMIT!
MICH ERWISCHST DU NICHT SO WIE YOHNIC!
NHH!

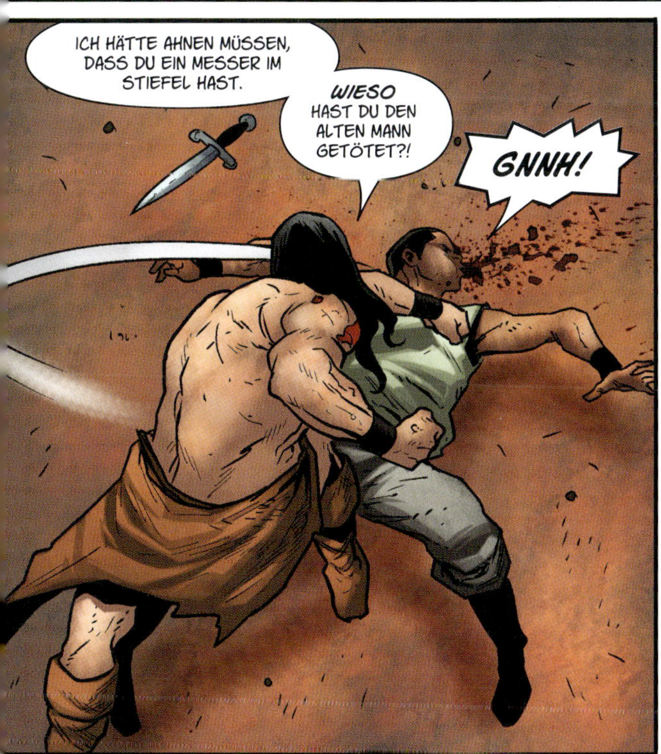
ICH HÄTTE AHNEN MÜSSEN, DASS DU EIN MESSER IM STIEFEL HAST.
WIESO HAST DU DEN ALTEN MANN GETÖTET?!
GNNH!

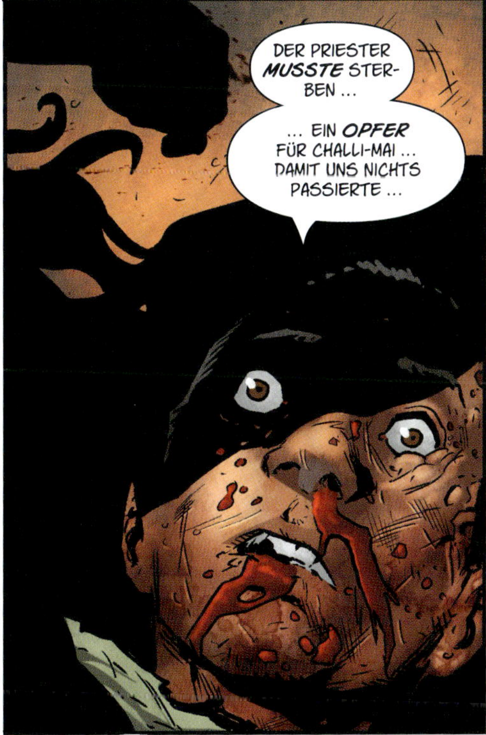
DER PRIESTER MUSSTE STERBEN …
… EIN OPFER FÜR CHALLI-MAI … DAMIT UNS NICHTS PASSIERTE …

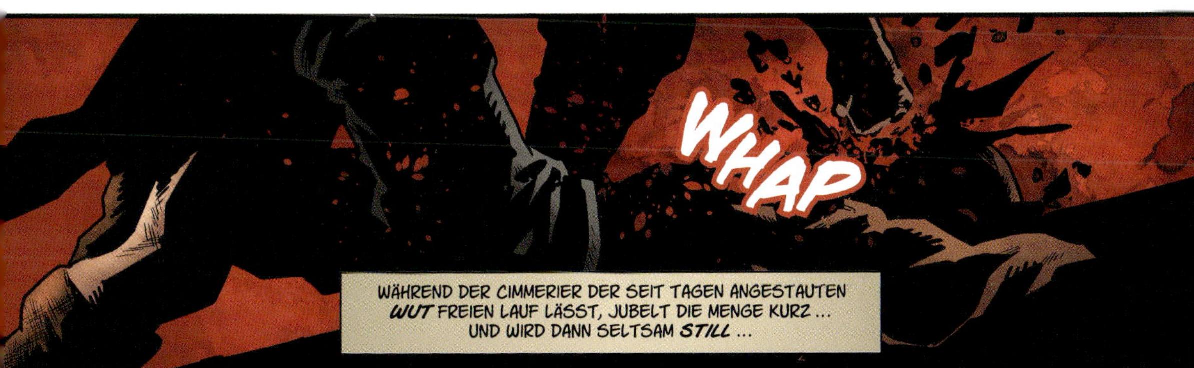
WHAP
WÄHREND DER CIMMERIER DER SEIT TAGEN ANGESTAUTEN WUT FREIEN LAUF LÄSST, JUBELT DIE MENGE KURZ … UND WIRD DANN SELTSAM STILL …

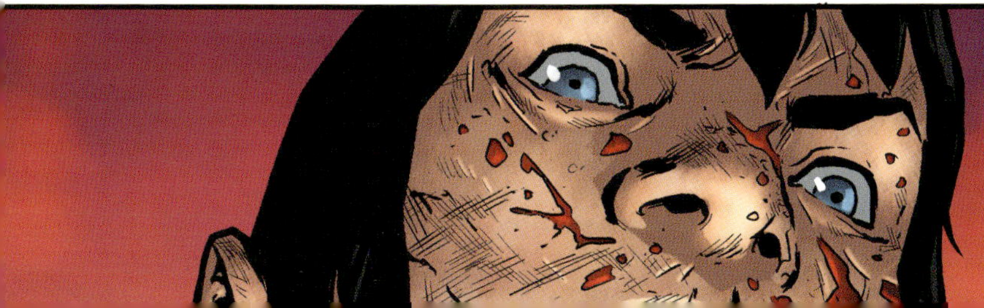
HIER GIBT ES KEINE EHRE UNTER GLADIATOREN, KEIN FESTLICHES SPIEL ZUM VERGNÜGEN DES PUBLIKUMS …
… NUR BRECHENDE KNOCHEN UND BLUTVERGIESSEN.

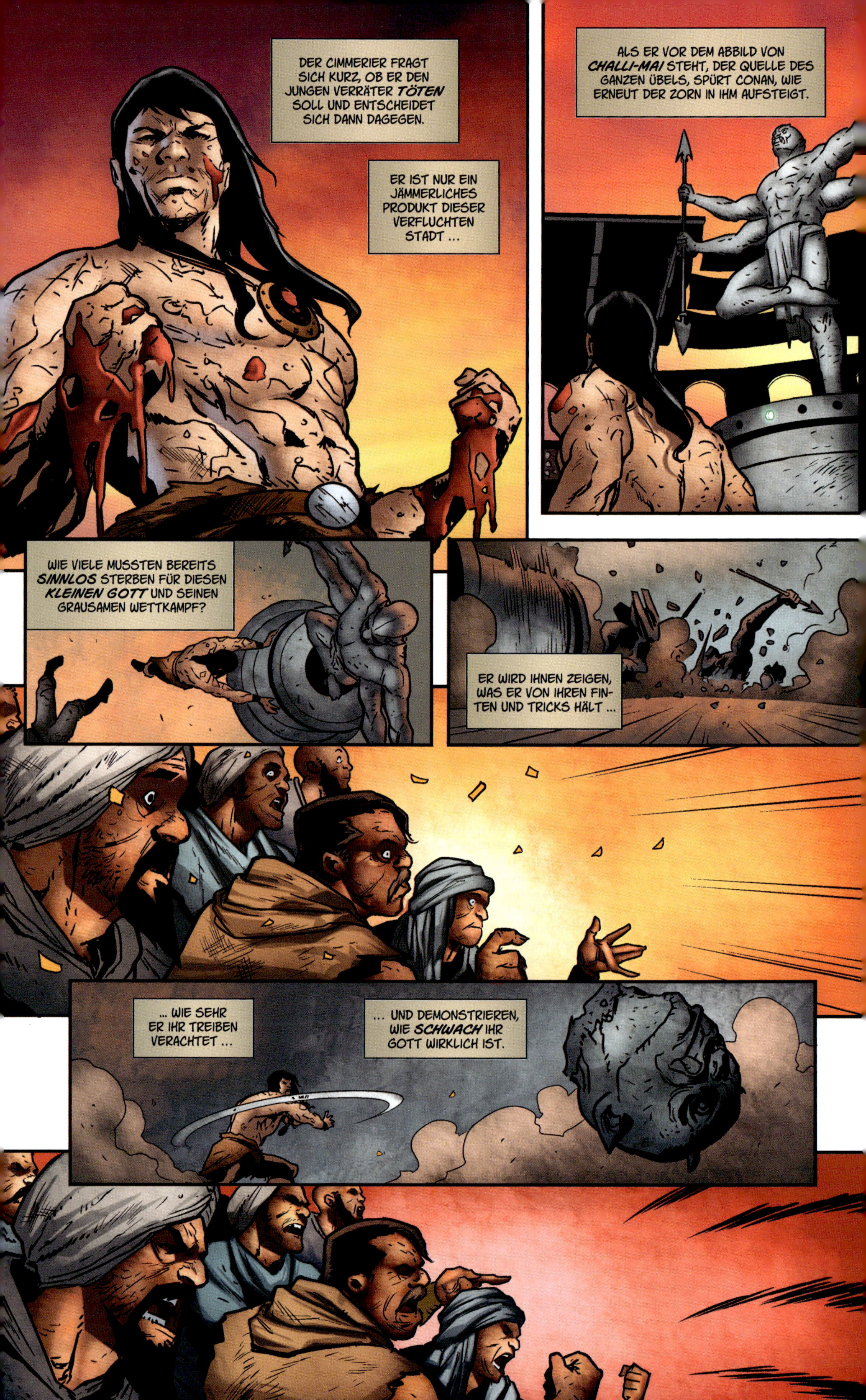
DER CIMMERIER FRAGT SICH KURZ, OB ER DEN JUNGEN VERRÄTER TÖTEN SOLL UND ENTSCHEIDET SICH DANN DAGEGEN.
ER IST NUR EIN JÄMMERLICHES PRODUKT DIESER VERFLUCHTEN STADT ...
ALS ER VOR DEM ABBILD VON CHALLI-MAI STEHT, DER QUELLE DES GANZEN ÜBELS, SPÜRT CONAN, WIE ERNEUT DER ZORN IN IHM AUFSTEIGT.
WIE VIELE MUSSTEN BEREITS SINNLOS STERBEN FÜR DIESEN KLEINEN GOTT UND SEINEN GRAUSAMEN WETTKAMPF?
ER WIRD IHNEN ZEIGEN, WAS ER VON IHREN FINTEN UND TRICKS HÄLT ...
... WIE SEHR ER IHR TREIBEN VERACHTET ...
... UND DEMONSTRIEREN, WIE SCHWACH IHR GOTT WIRKLICH IST.

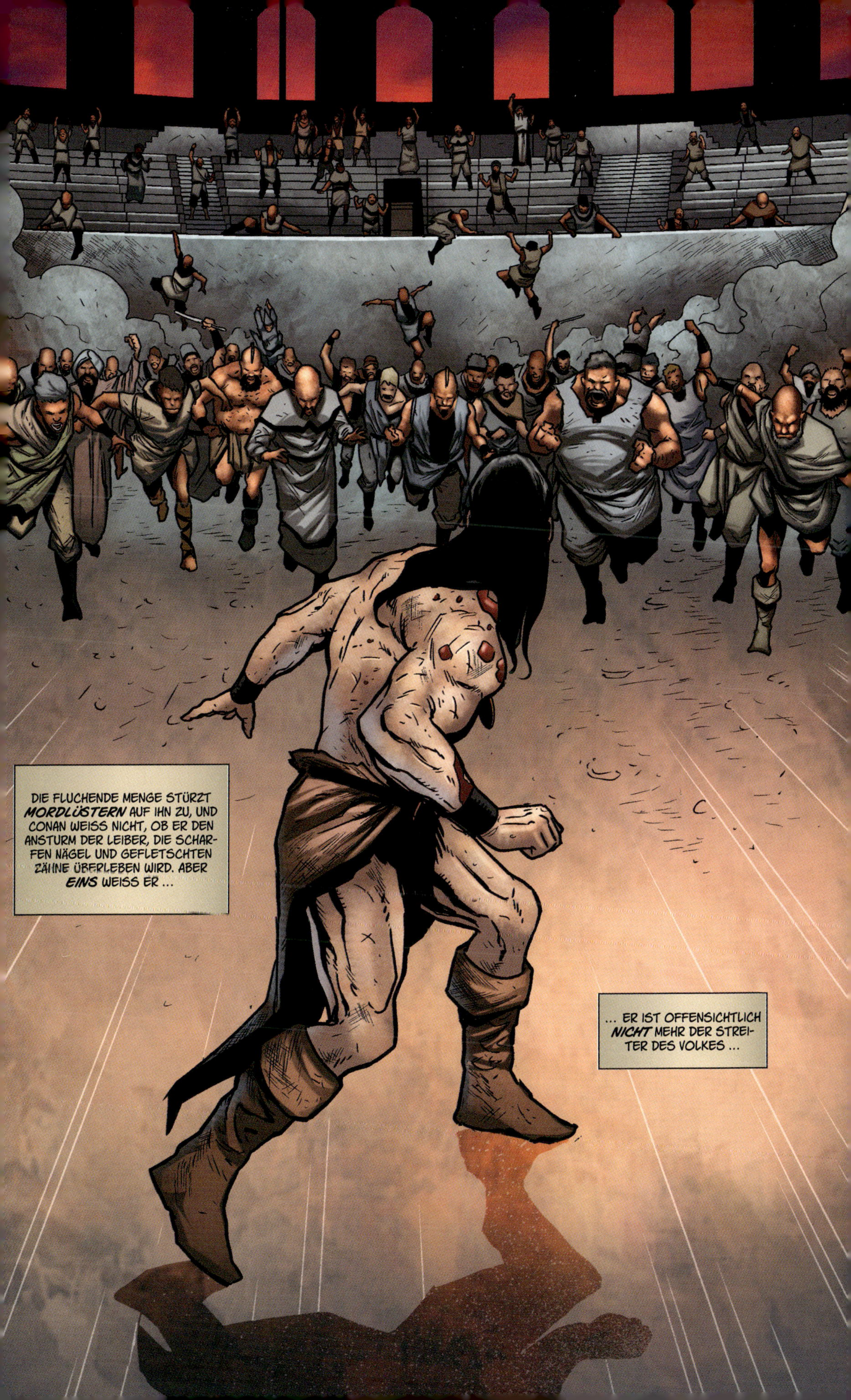
DIE FLUCHENDE MENGE STÜRZT MORDLÜSTERN AUF IHN ZU, UND CONAN WEISS NICHT, OB ER DEN ANSTURM DER LEIBER, DIE SCHARFEN NÄGEL UND GEFLETSCHTEN ZÄHNE ÜBERLEBEN WIRD. ABER EINS WEISS ER ...
... ER IST OFFENSICHTLICH NICHT MEHR DER STREITER DES VOLKES ...

DIE FEUERPROBE, TEIL 4: WAHRE LÜGEN

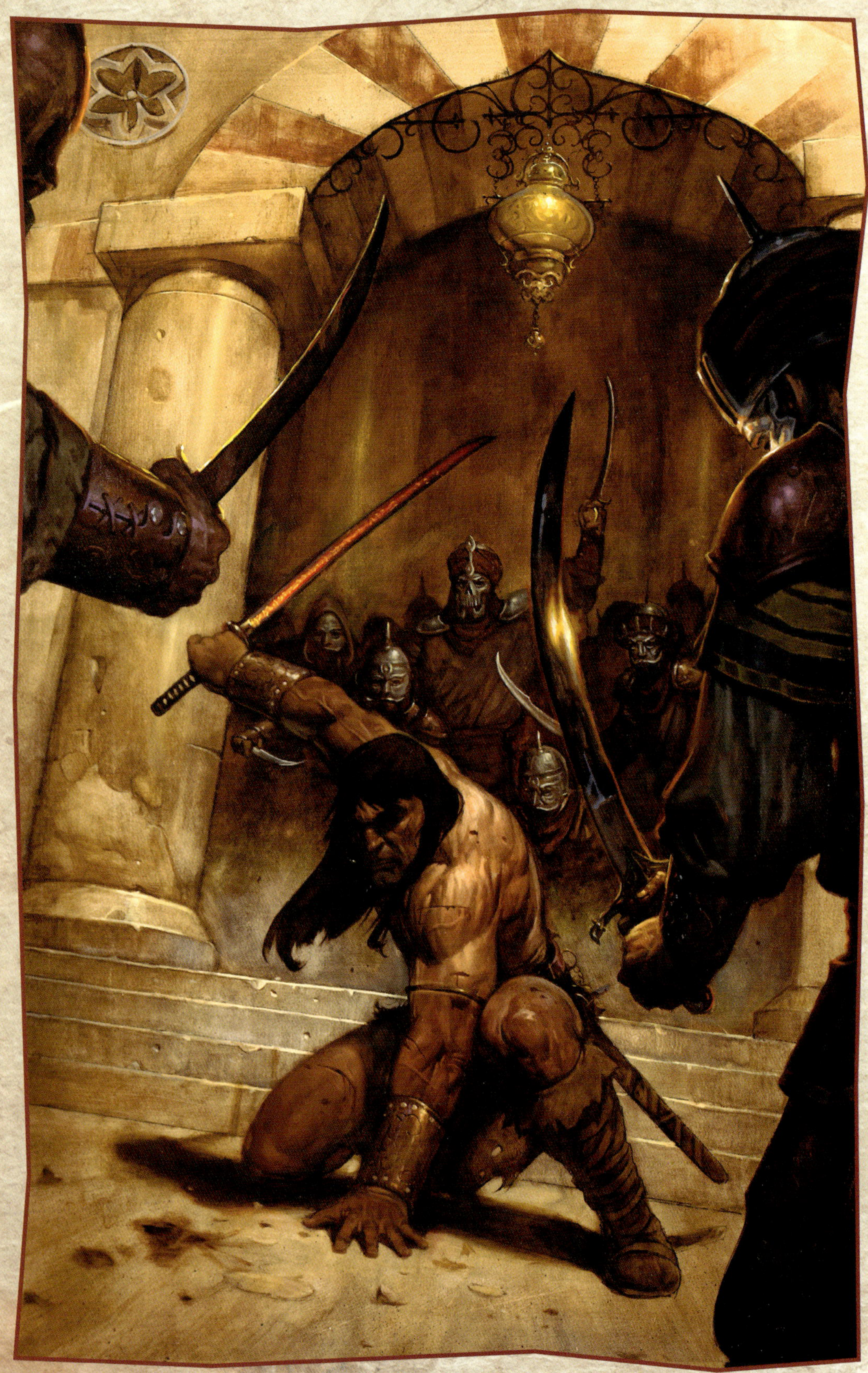

Conan the Barbarian (2019) 16
Cover von **E. M. GIST**

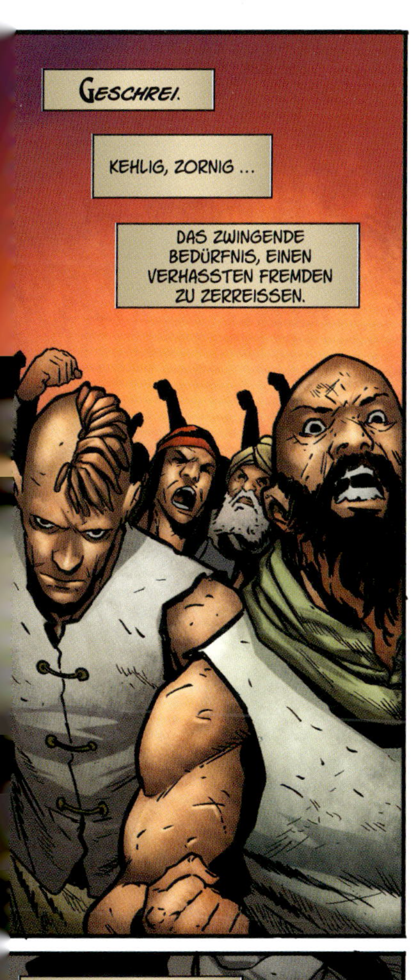
GESCHREI.
KEHLIG, ZORNIG ...
DAS ZWINGENDE BEDÜRFNIS, EINEN VERHASSTEN FREMDEN ZU ZERREISSEN.

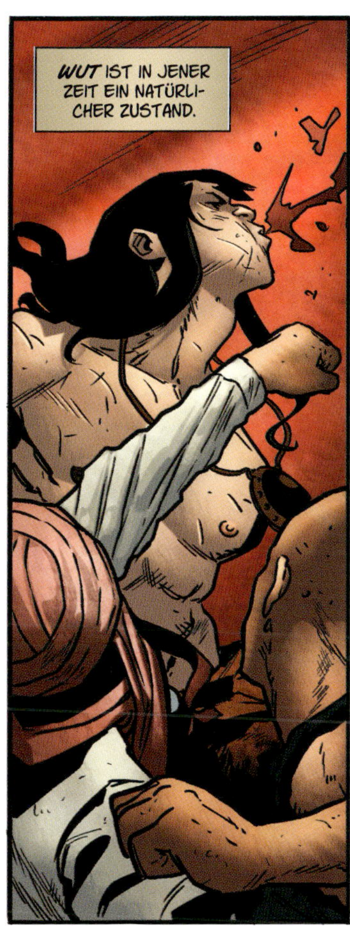
WUT IST IN JENER ZEIT EIN NATÜRLICHER ZUSTAND.

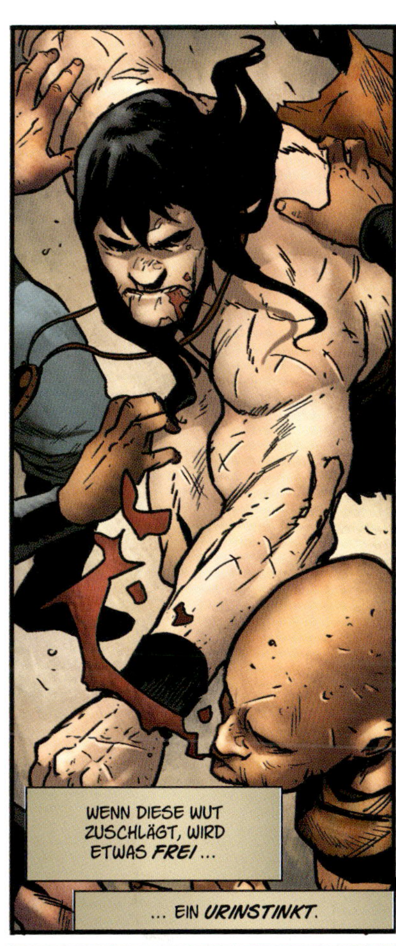
WENN DIESE WUT ZUSCHLÄGT, WIRD ETWAS FREI ...
... EIN URINSTINKT.

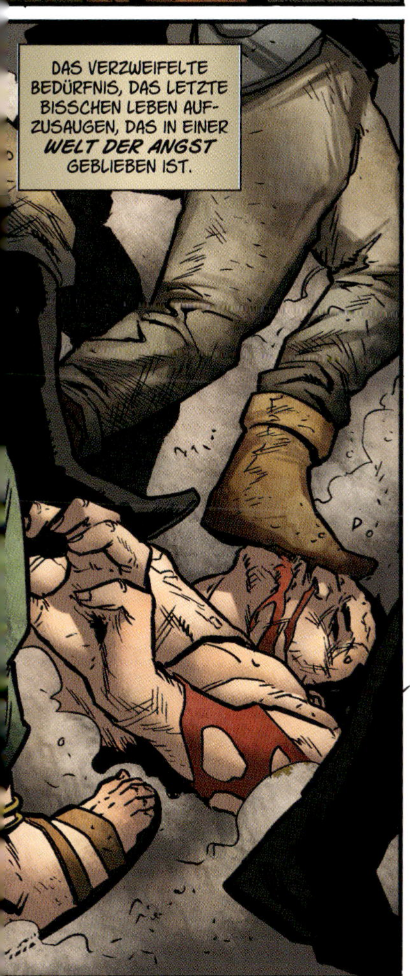
DAS VERZWEIFELTE BEDÜRFNIS, DAS LETZTE BISSCHEN LEBEN AUFZUSAUGEN, DAS IN EINER WELT DER ANGST GEBLIEBEN IST.

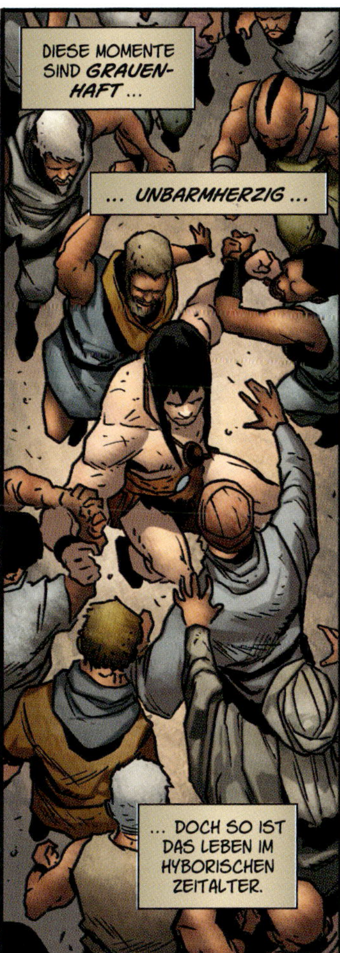
DIESE MOMENTE SIND GRAUENHAFT ...
... UNBARMHERZIG ...
... DOCH SO IST DAS LEBEN IM HYBORISCHEN ZEITALTER.

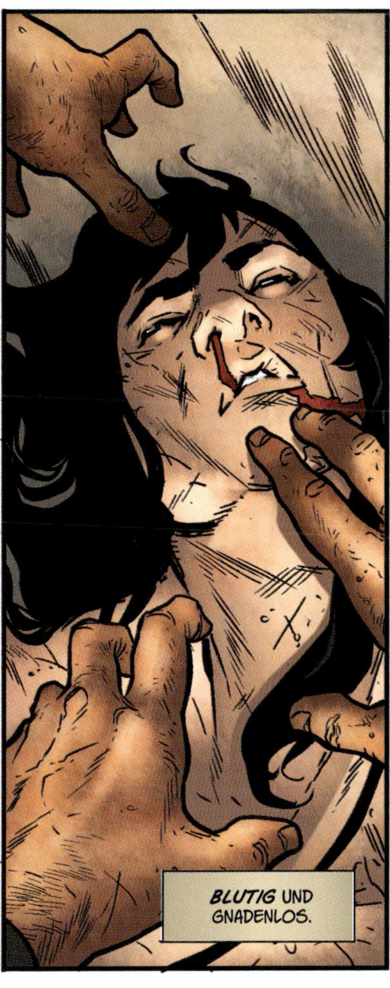
BLUTIG UND GNADENLOS.

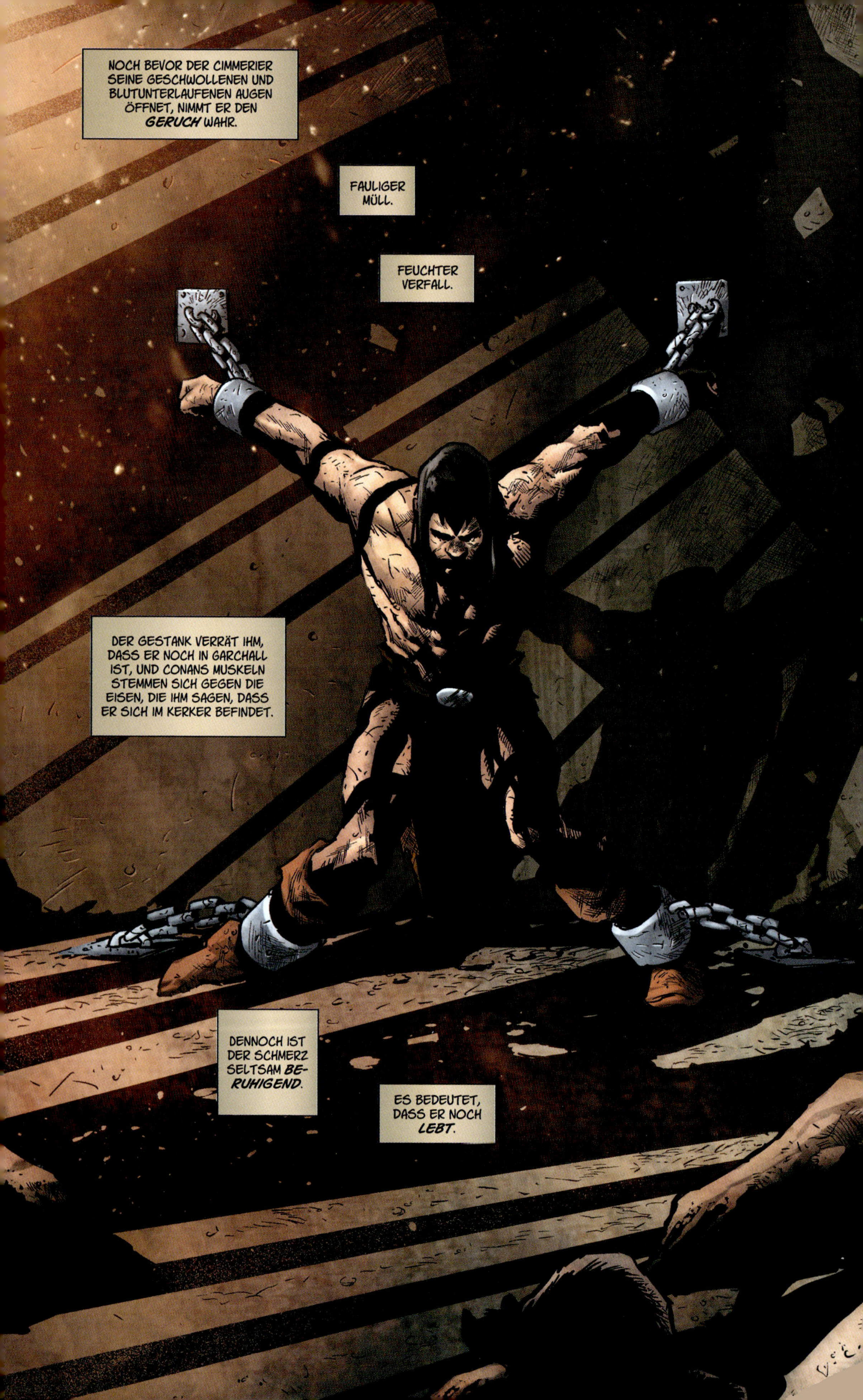
NOCH BEVOR DER CIMMERIER SEINE GESCHWOLLENEN UND BLUTUNTERLAUFENEN AUGEN ÖFFNET, NIMMT ER DEN GERUCH WAHR.
FAULIGER MÜLL.
FEUCHTER VERFALL.
DER GESTANK VERRÄT IHM, DASS ER NOCH IN GARCHALL IST, UND CONANS MUSKELN STEMMEN SICH GEGEN DIE EISEN, DIE IHM SAGEN, DASS ER SICH IM KERKER BEFINDET.
DENNOCH IST DER SCHMERZ SELTSAM BE-RUHIGEND.
ES BEDEUTET, DASS ER NOCH LEBT.

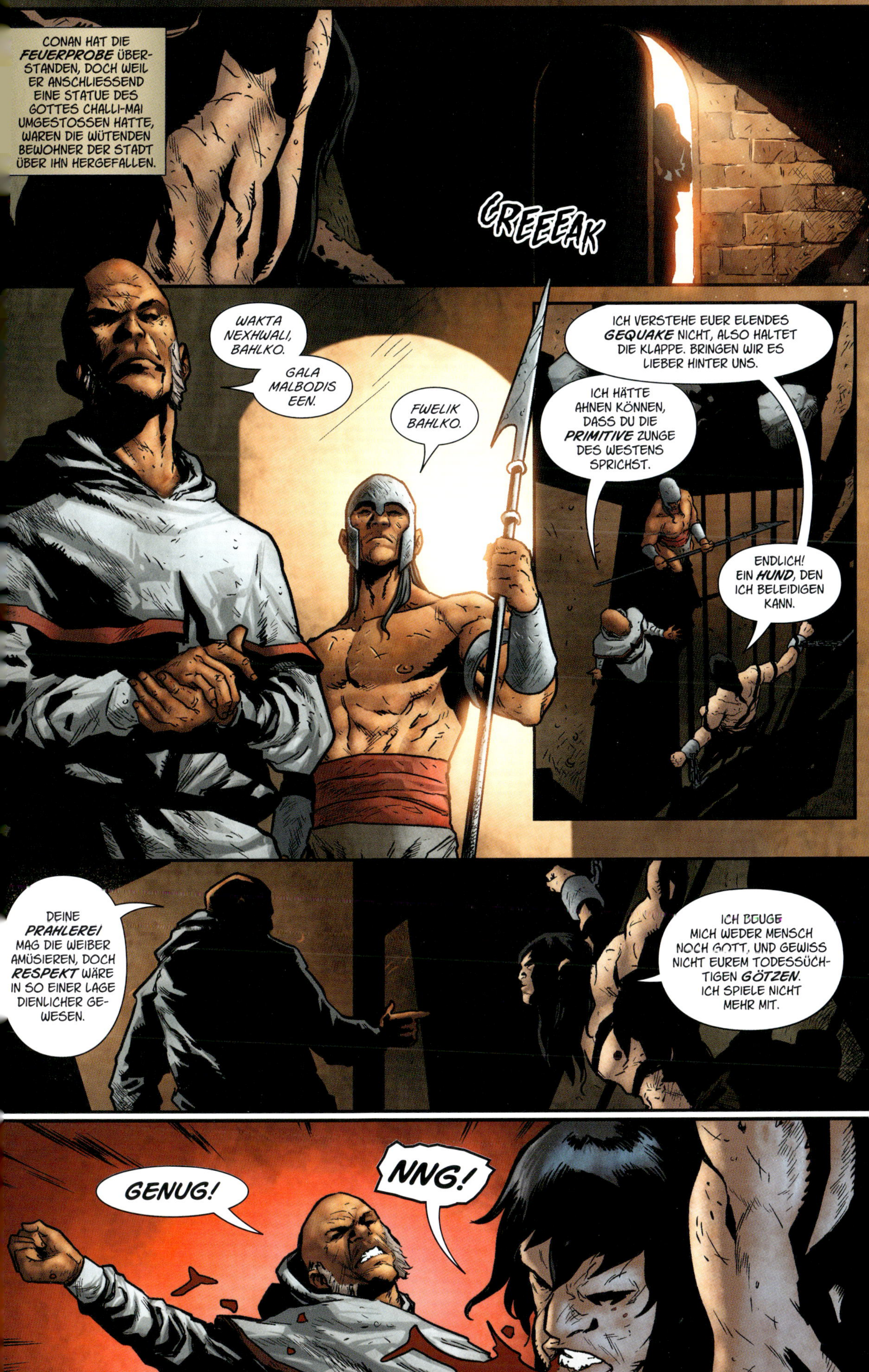
CONAN HAT DIE FEUERPROBE ÜBERSTANDEN, DOCH WEIL ER ANSCHLIESSEND EINE STATUE DES GOTTES CHALLI-MAI UMGESTOSSEN HATTE, WAREN DIE WÜTENDEN BEWOHNER DER STADT ÜBER IHN HERGEFALLEN.
CREEEAK
WAKTA NEXHWALI, BAHLKO.
GALA MALBODIS EEN.
FWELIK BAHLKO.
ICH VERSTEHE EUER ELENDES GEQUAKE NICHT, ALSO HALTET DIE KLAPPE. BRINGEN WIR ES LIEBER HINTER UNS.
ICH HÄTTE AHNEN KÖNNEN, DASS DU DIE PRIMITIVE ZUNGE DES WESTENS SPRICHST.
ENDLICH! EIN HUND, DEN ICH BELEIDIGEN KANN.
DEINE PRAHLEREI MAG DIE WEIBER AMÜSIEREN, DOCH RESPEKT WÄRE IN SO EINER LAGE DIENLICHER GEWESEN.
ICH BEUGE MICH WEDER MENSCH NOCH GOTT, UND GEWISS NICHT EUREM TODESSÜCHTIGEN GÖTZEN. ICH SPIELE NICHT MEHR MIT.
GENUG!
NNG!

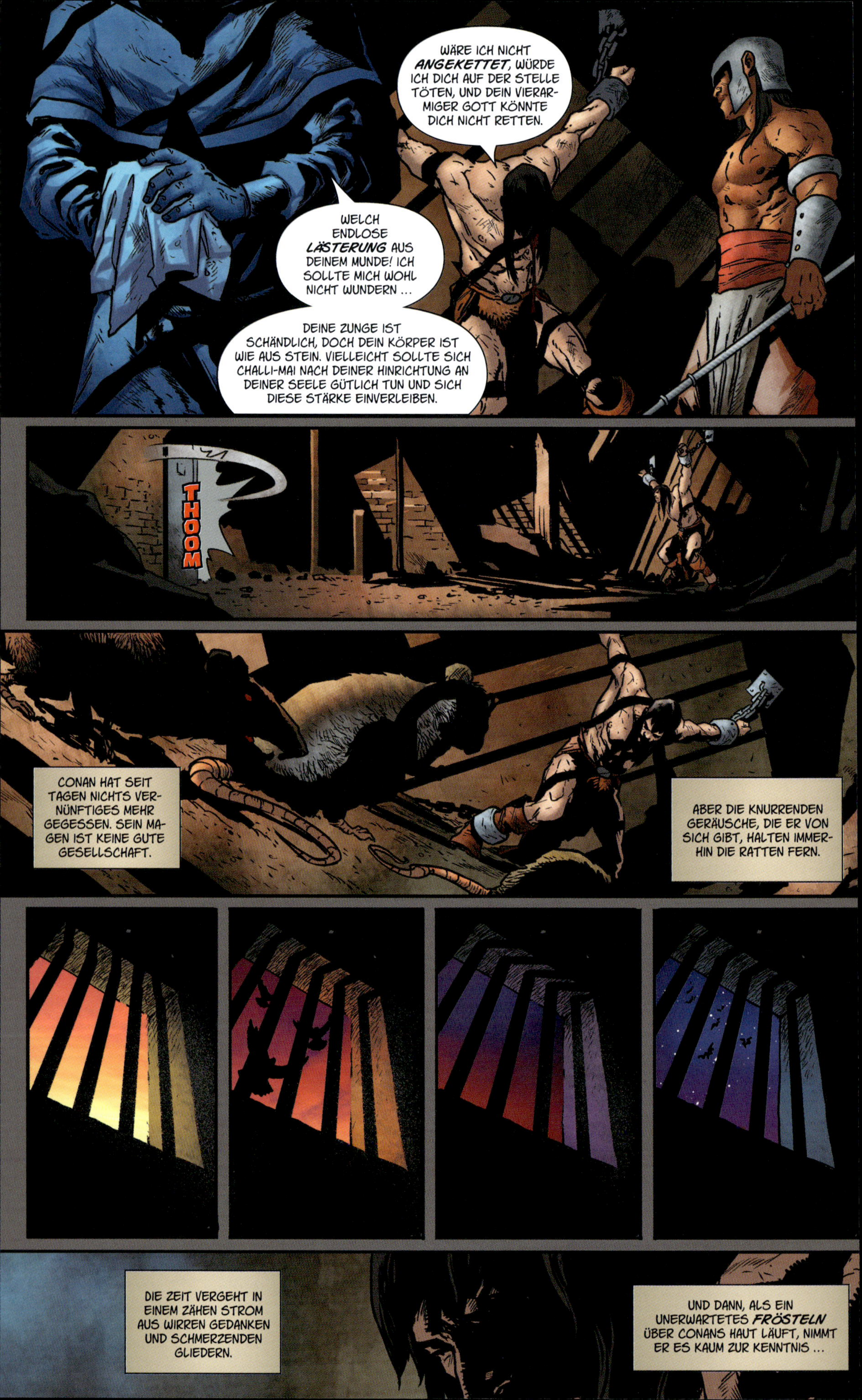

WÄRE ICH NICHT *ANGEKETTET*, WÜRDE ICH DICH AUF DER STELLE TÖTEN, UND DEIN VIERARMIGER GOTT KÖNNTE DICH NICHT RETTEN.

WELCH ENDLOSE *LÄSTERUNG* AUS DEINEM MUNDE! ICH SOLLTE MICH WOHL NICHT WUNDERN …

DEINE ZUNGE IST SCHÄNDLICH, DOCH DEIN KÖRPER IST WIE AUS STEIN. VIELLEICHT SOLLTE SICH CHALLI-MAI NACH DEINER HINRICHTUNG AN DEINER SEELE GÜTLICH TUN UND SICH DIESE STÄRKE EINVERLEIBEN.

THOOM

CONAN HAT SEIT TAGEN NICHTS VERNÜNFTIGES MEHR GEGESSEN. SEIN MAGEN IST KEINE GUTE GESELLSCHAFT.

ABER DIE KNURRENDEN GERÄUSCHE, DIE ER VON SICH GIBT, HALTEN IMMERHIN DIE RATTEN FERN.

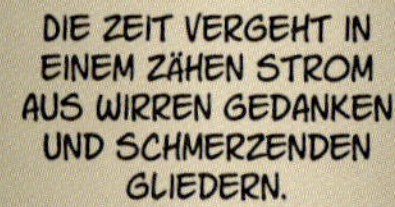

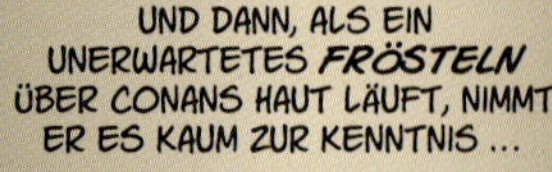

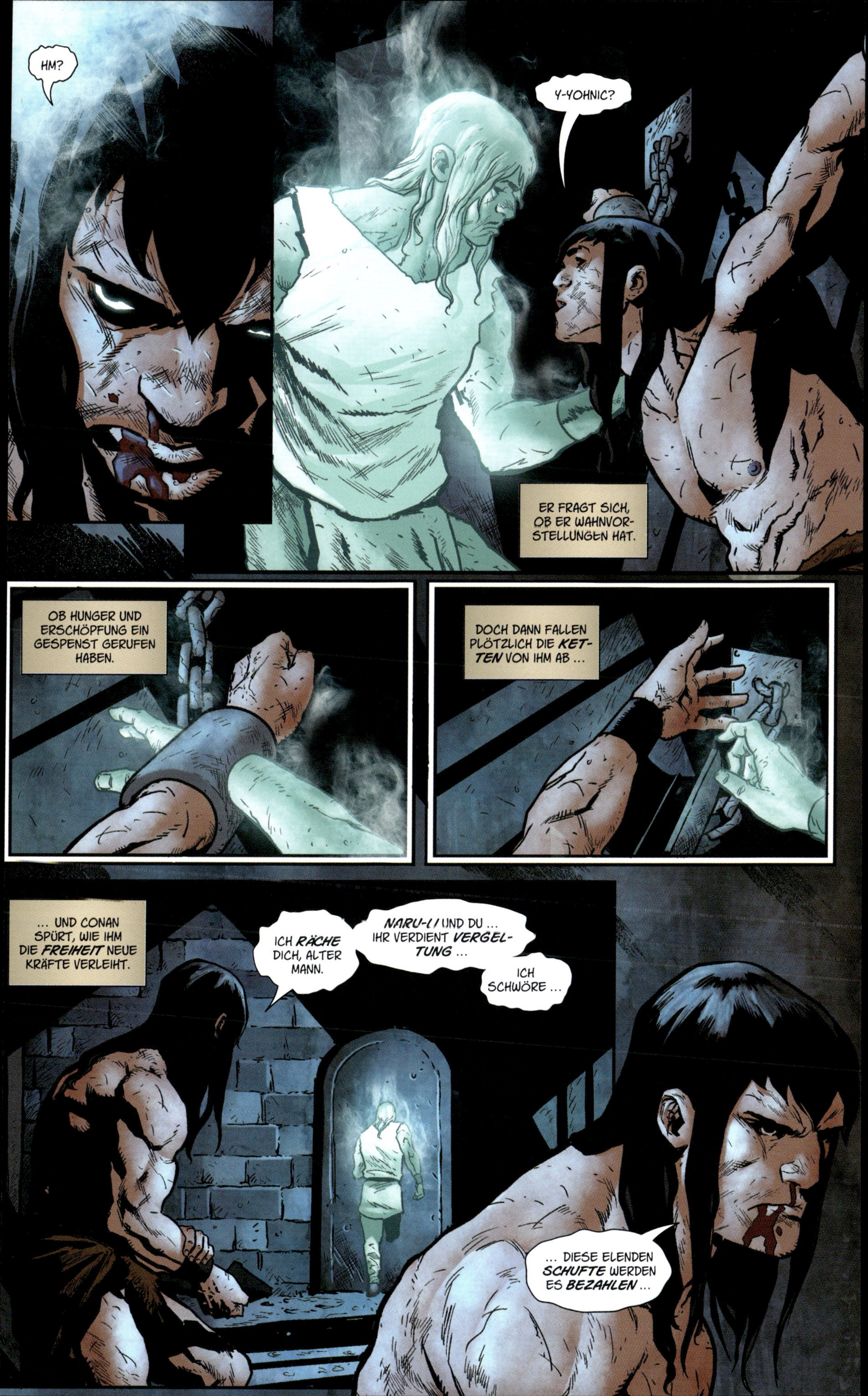

HM?
Y-YOHNIC?
ER FRAGT SICH, OB ER WAHNVORSTELLUNGEN HAT.
OB HUNGER UND ERSCHÖPFUNG EIN GESPENST GERUFEN HABEN.
DOCH DANN FALLEN PLÖTZLICH DIE *KETTEN* VON IHM AB …
… UND CONAN SPÜRT, WIE IHM DIE *FREIHEIT* NEUE KRÄFTE VERLEIHT.
ICH *RÄCHE* DICH, ALTER MANN.
NARU-LI UND DU … IHR VERDIENT *VERGELTUNG* …
ICH SCHWÖRE …
… DIESE ELENDEN *SCHUFTE* WERDEN ES *BEZAHLEN* …

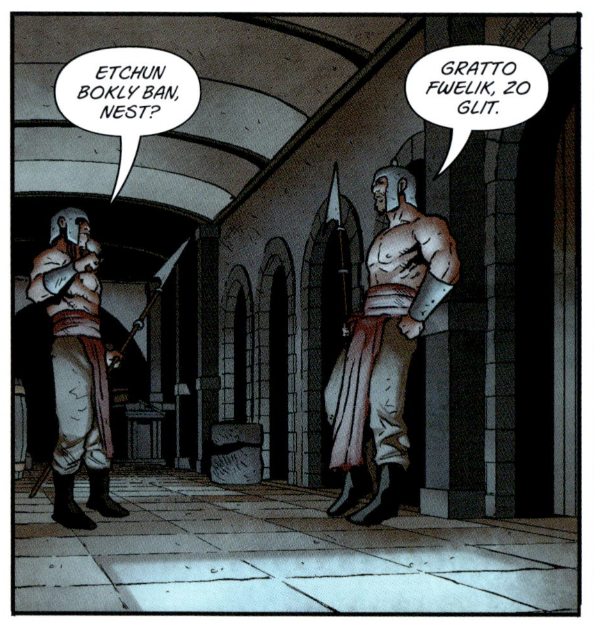
ETCHUN BOKLY BAN, NEST?
GRATTO FWELIK, ZO GLIT.

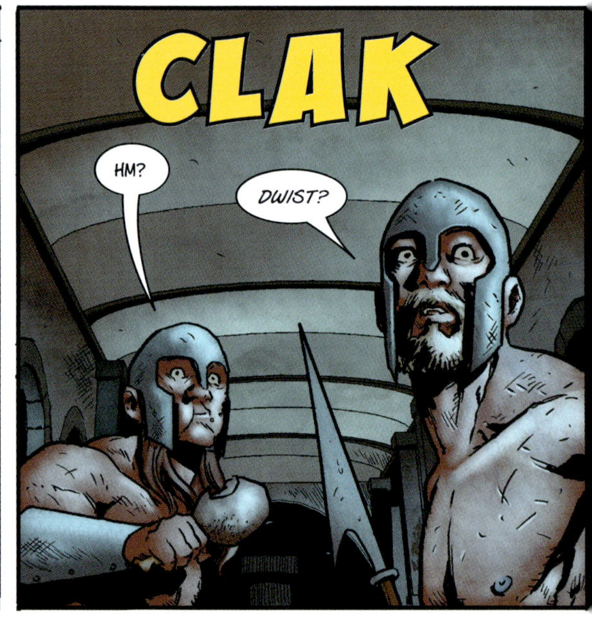
CLAK
HM?
DWIST?

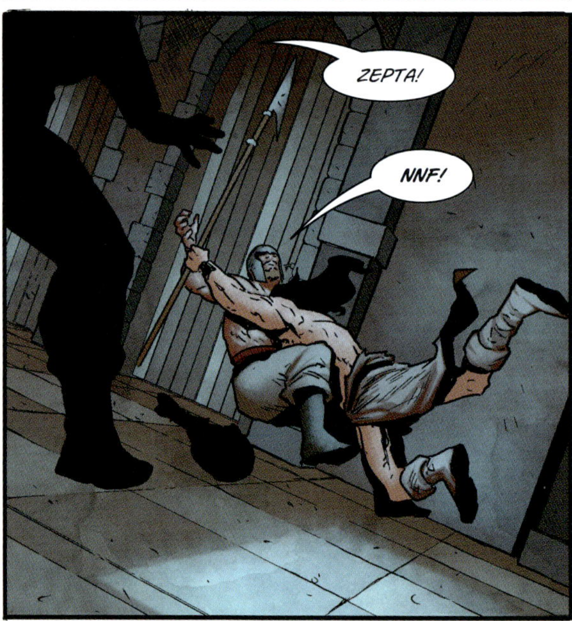
ZEPTA!
NNF!

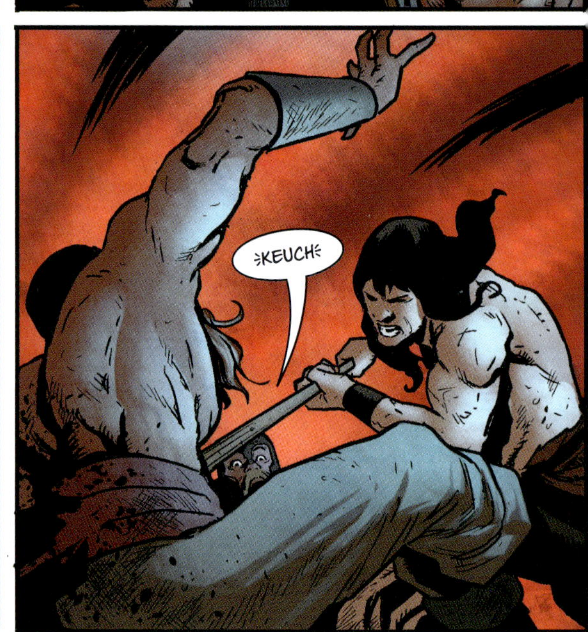
KEUCH

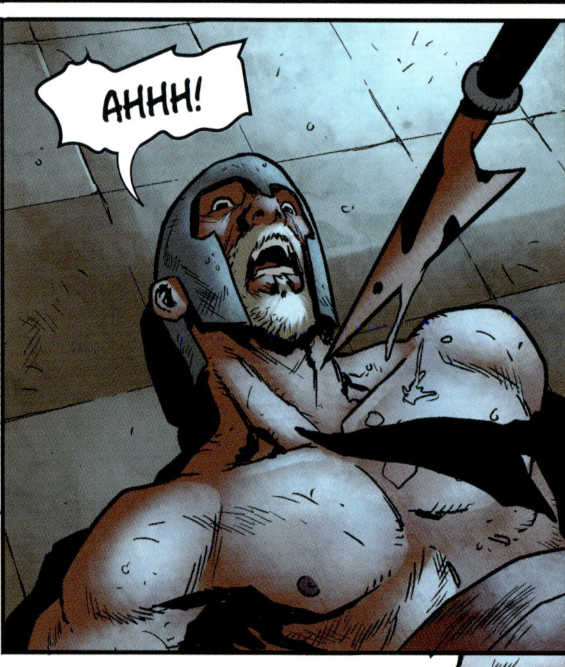
AHHH!

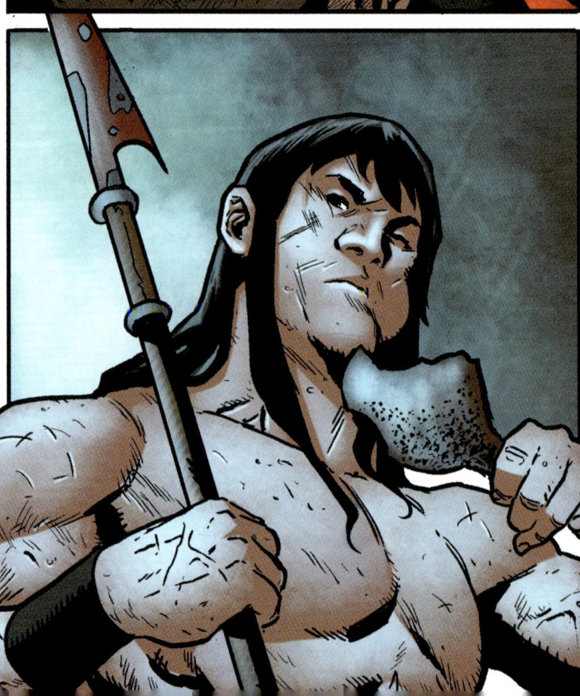

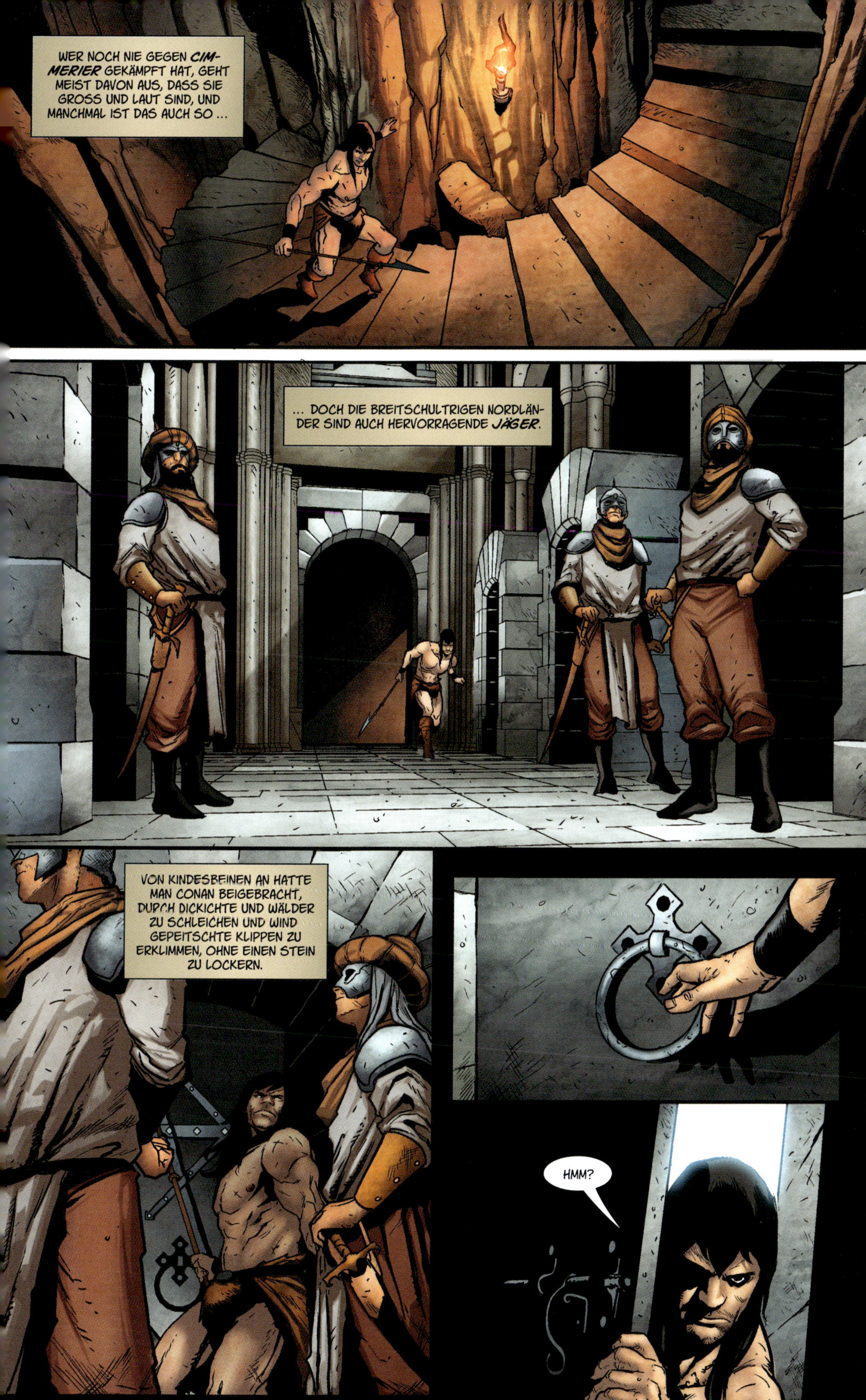
WER NOCH NIE GEGEN CIMMERIER GEKÄMPFT HAT, GEHT MEIST DAVON AUS, DASS SIE GROSS UND LAUT SIND, UND MANCHMAL IST DAS AUCH SO ...
... DOCH DIE BREITSCHULTRIGEN NORDLÄNDER SIND AUCH HERVORRAGENDE JÄGER.
VON KINDESBEINEN AN HATTE MAN CONAN BEIGEBRACHT, DURCH DICKICHTE UND WÄLDER ZU SCHLEICHEN UND WINDGEPEITSCHTE KLIPPEN ZU ERKLIMMEN, OHNE EINEN STEIN ZU LOCKERN.
HMM?

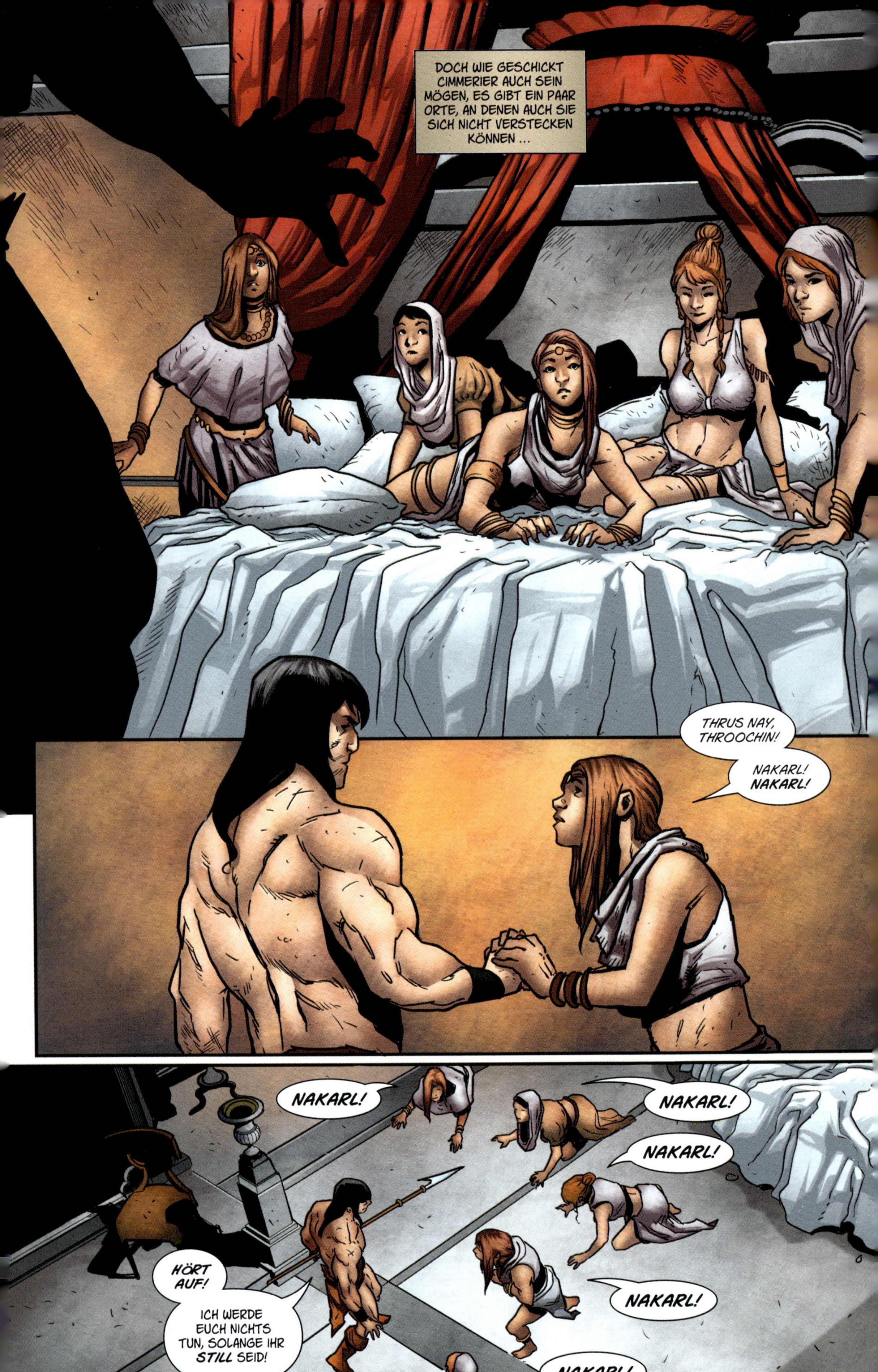
DOCH WIE GESCHICKT CIMMERIER AUCH SEIN MÖGEN, ES GIBT EIN PAAR ORTE, AN DENEN AUCH SIE SICH NICHT VERSTECKEN KÖNNEN ...
THRUS NAY, THROOCHIN!
NAKARL! NAKARL!
NAKARL!
NAKARL!
NAKARL!
HÖRT AUF!
ICH WERDE EUCH NICHTS TUN, SOLANGE IHR STILL SEID!
NAKARL!
NAKARL!

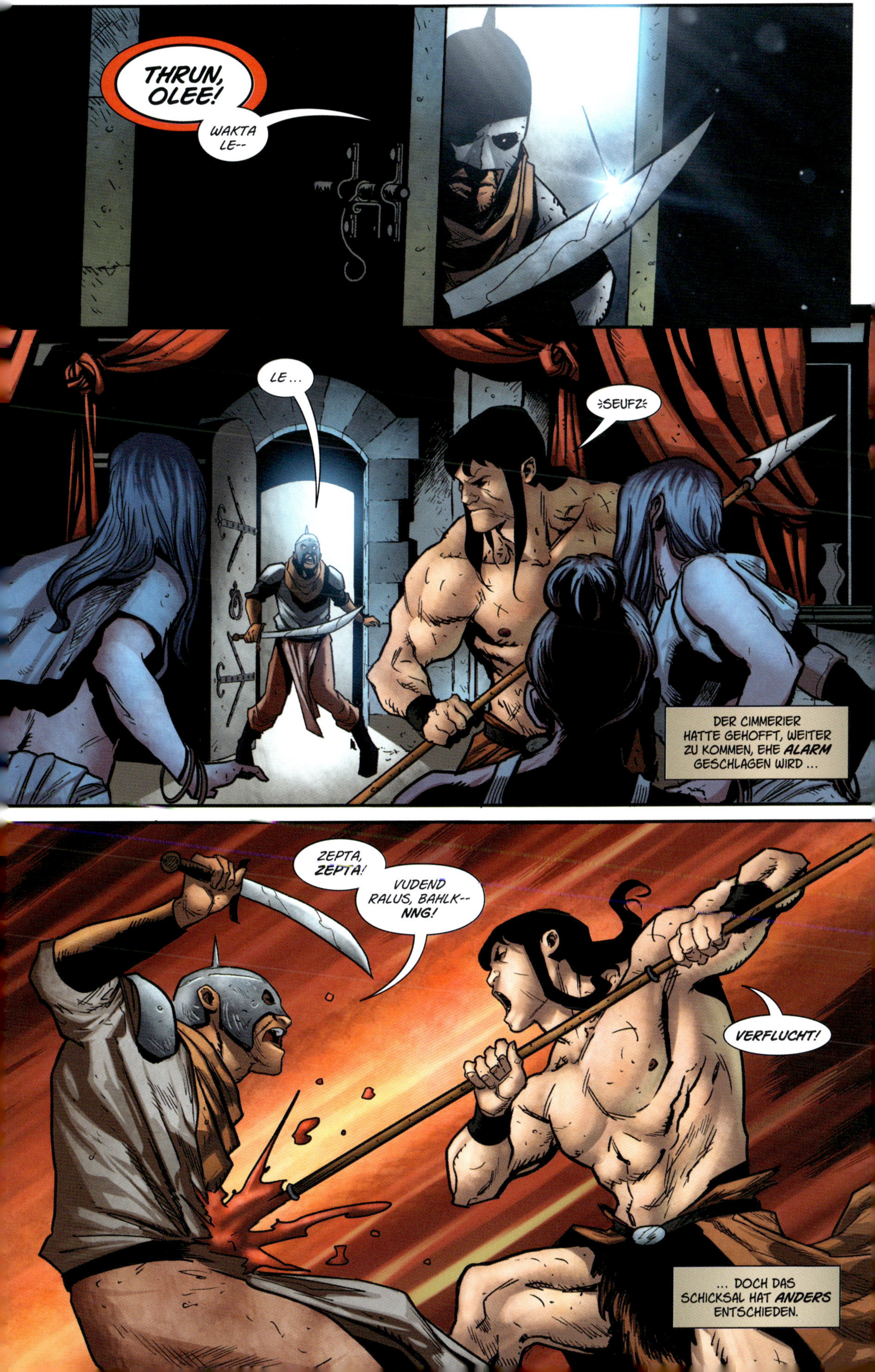

THRUN, OLEE!
WAKTA LE--
LE ...
»SEUFZ«
DER CIMMERIER HATTE GEHOFFT, WEITER ZU KOMMEN, EHE ***ALARM*** GESCHLAGEN WIRD ...
ZEPTA, ***ZEPTA!***
VUDEND RALUS, BAHLK-- ***NNG!***
VERFLUCHT!
... DOCH DAS SCHICKSAL HAT ***ANDERS*** ENTSCHIEDEN.

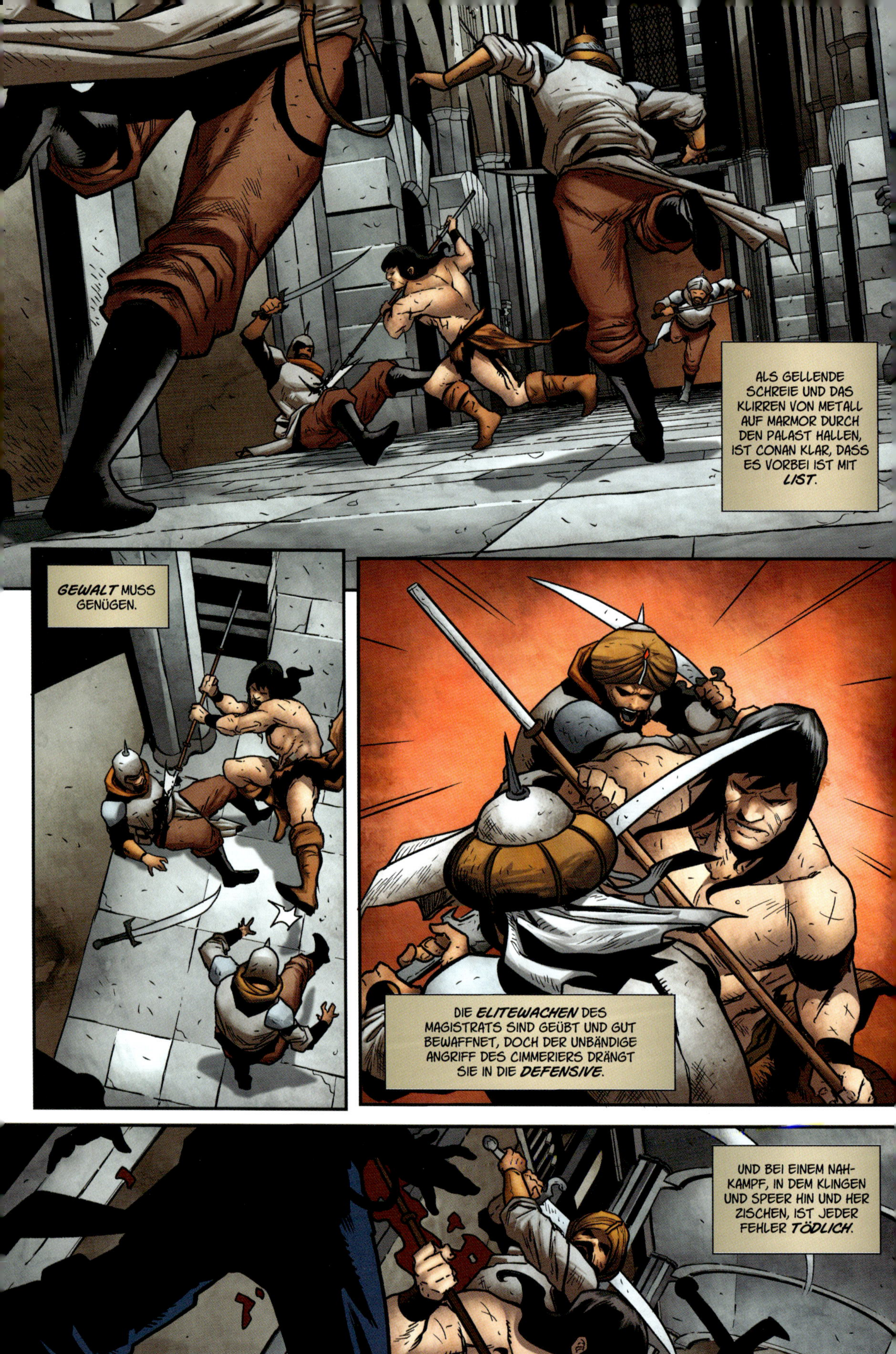

ALS GELLENDE SCHREIE UND DAS KLIRREN VON METALL AUF MARMOR DURCH DEN PALAST HALLEN, IST CONAN KLAR, DASS ES VORBEI IST MIT *LIST*.
GEWALT MUSS GENÜGEN.
DIE *ELITEWACHEN* DES MAGISTRATS SIND GEÜBT UND GUT BEWAFFNET, DOCH DER UNBÄNDIGE ANGRIFF DES CIMMERIERS DRÄNGT SIE IN DIE *DEFENSIVE*.
UND BEI EINEM NAH-KAMPF, IN DEM KLINGEN UND SPEER HIN UND HER ZISCHEN, IST JEDER FEHLER *TÖDLICH*.

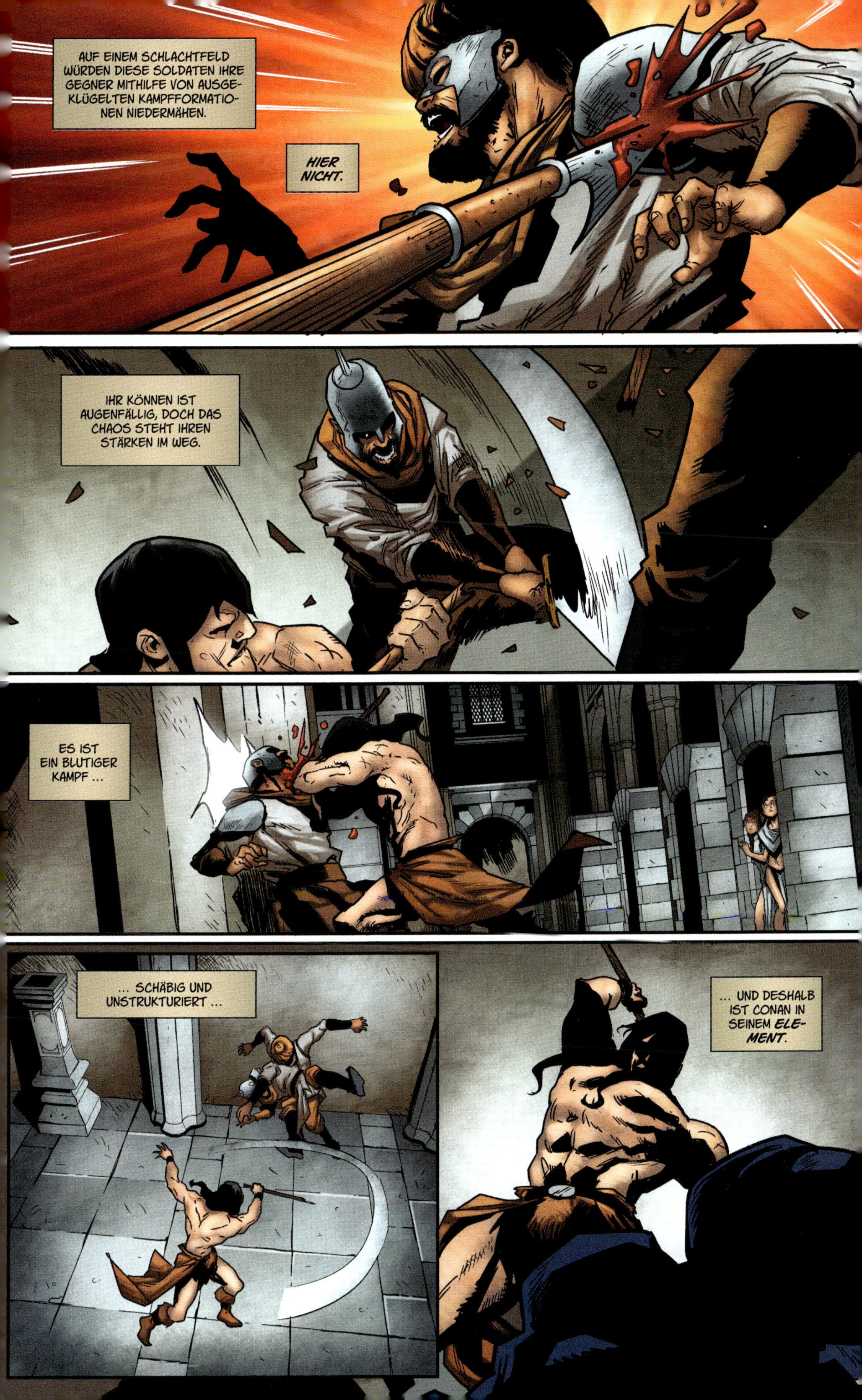

AUF EINEM SCHLACHTFELD WÜRDEN DIESE SOLDATEN IHRE GEGNER MITHILFE VON AUSGEKLÜGELTEN KAMPFFORMATIONEN NIEDERMÄHEN.

HIER NICHT.

IHR KÖNNEN IST AUGENFÄLLIG, DOCH DAS CHAOS STEHT IHREN STÄRKEN IM WEG.

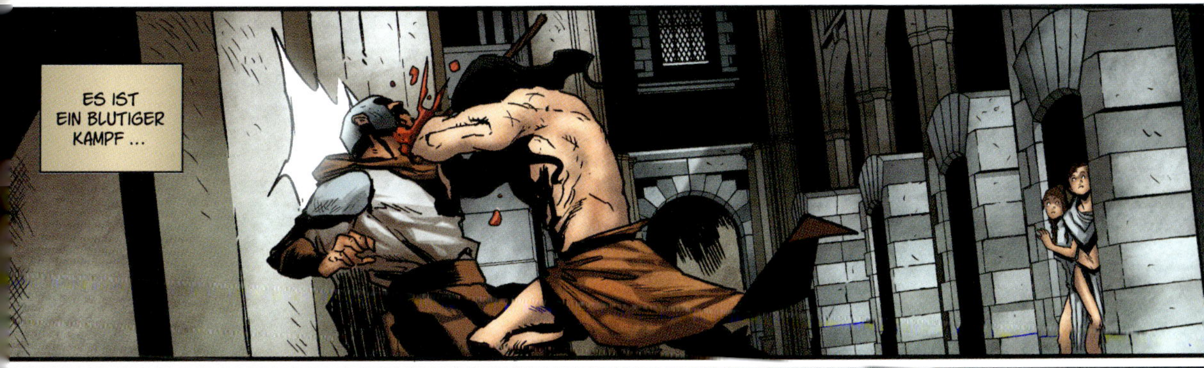

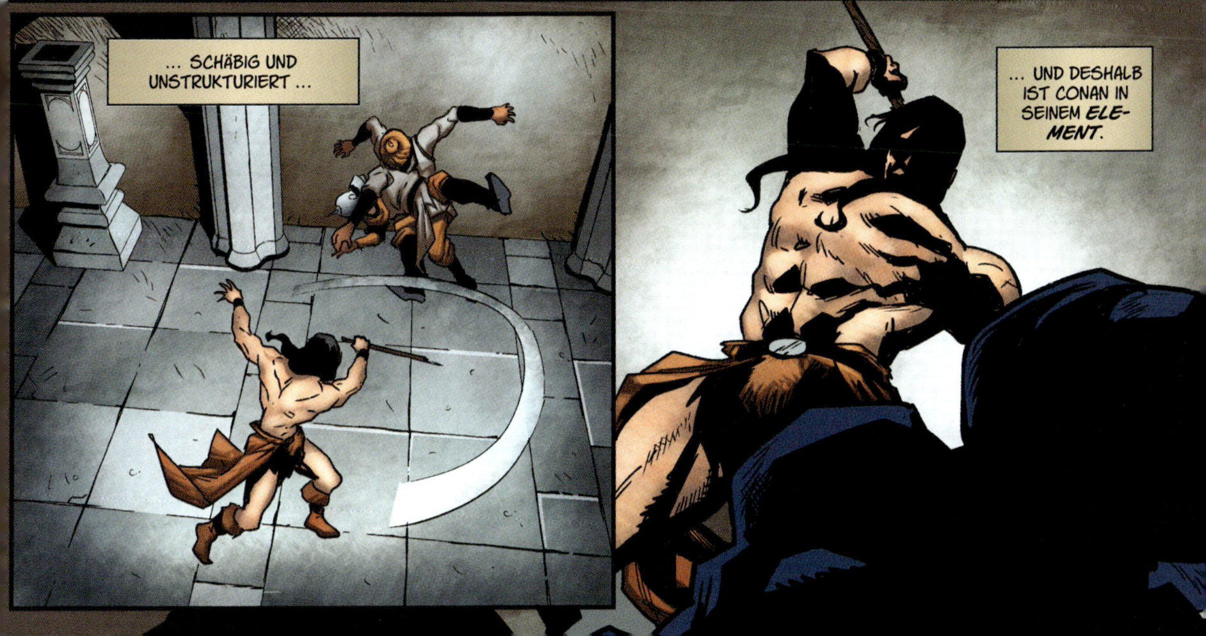

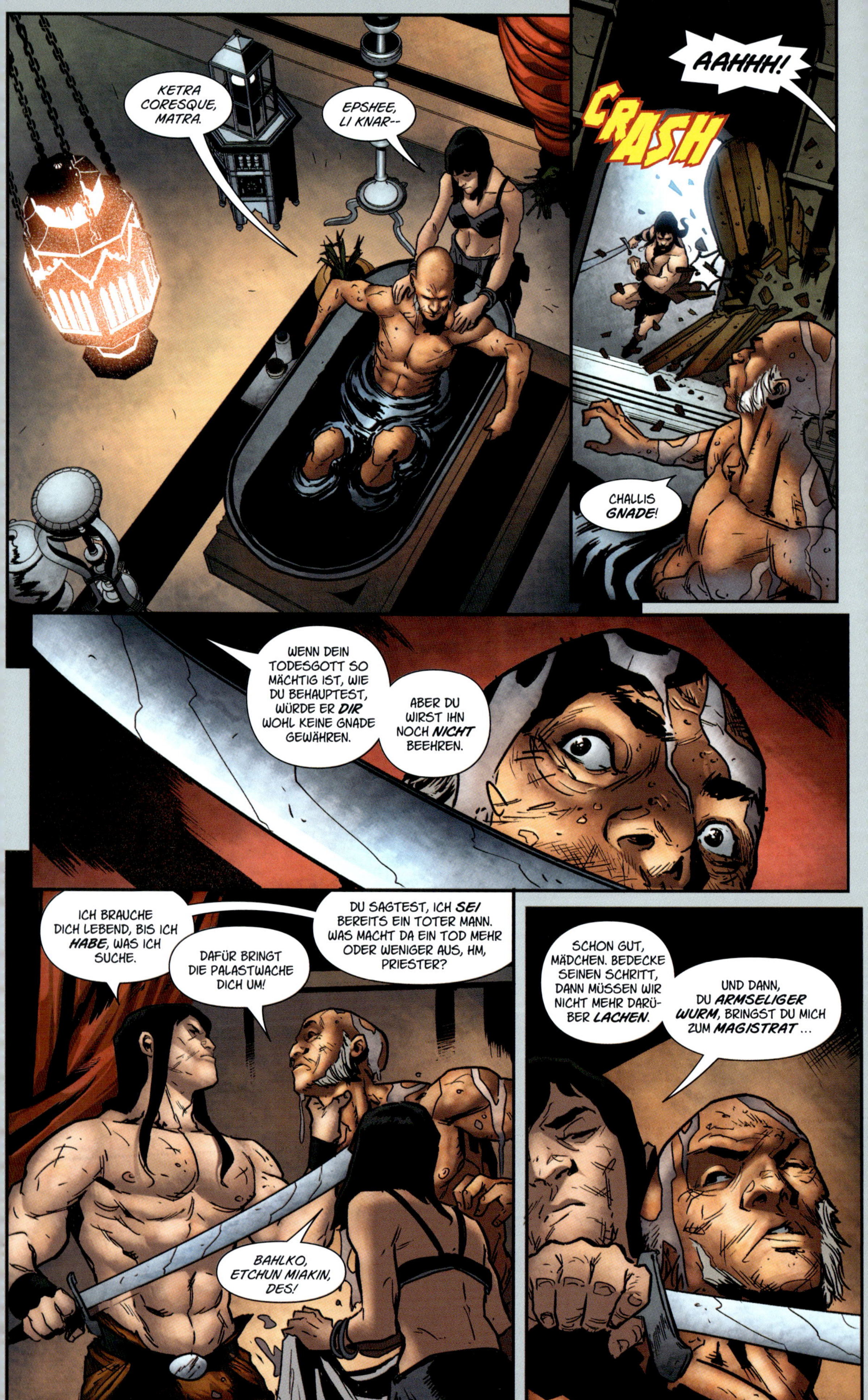
KETRA CORESQUE, MATRA.
EPSHEE, LI KNAR--
AAHHH!
CRASH
CHALLIS GNADE!
WENN DEIN TODESGOTT SO MÄCHTIG IST, WIE DU BEHAUPTEST, WÜRDE ER DIR WOHL KEINE GNADE GEWÄHREN.
ABER DU WIRST IHN NOCH NICHT BEEHREN.
ICH BRAUCHE DICH LEBEND, BIS ICH HABE, WAS ICH SUCHE.
DAFÜR BRINGT DIE PALASTWACHE DICH UM!
DU SAGTEST, ICH SEI BEREITS EIN TOTER MANN. WAS MACHT DA EIN TOD MEHR ODER WENIGER AUS, HM, PRIESTER?
BAHLKO, ETCHUN MIAKIN, DES!
SCHON GUT, MÄDCHEN. BEDECKE SEINEN SCHRITT, DANN MÜSSEN WIR NICHT MEHR DARÜBER LACHEN.
UND DANN, DU ARMSELIGER WURM, BRINGST DU MICH ZUM MAGISTRAT ...

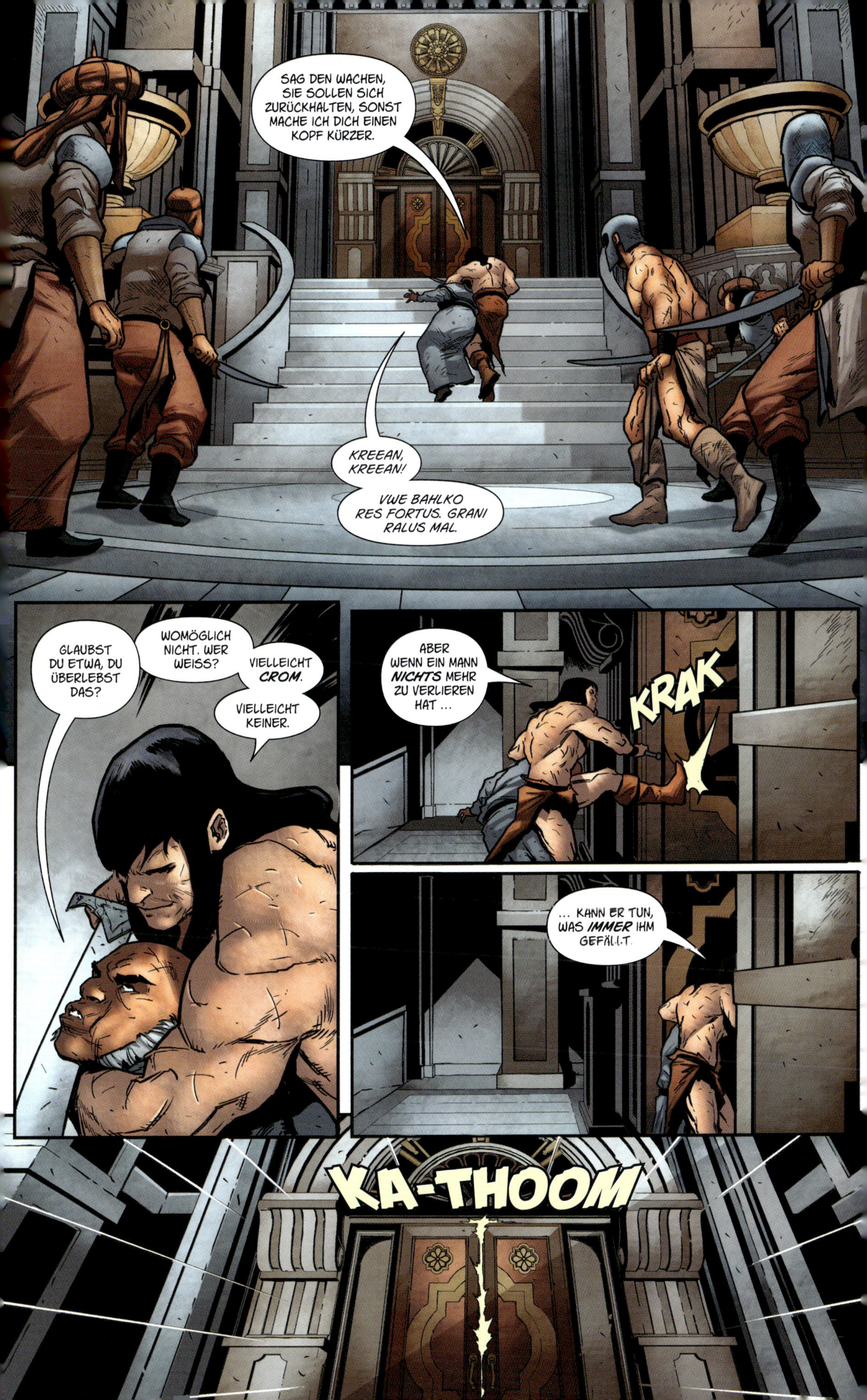

SAG DEN WACHEN, SIE SOLLEN SICH ZURÜCKHALTEN, SONST MACHE ICH DICH EINEN KOPF KÜRZER.
KREEAN, KREEAN!
VWE BAHLKO RES FORTUS. GRANI RALUS MAL.
GLAUBST DU ETWA, DU ÜBERLEBST DAS?
WOMÖGLICH NICHT. WER WEISS?
VIELLEICHT CROM.
VIELLEICHT KEINER.
ABER WENN EIN MANN NICHTS MEHR ZU VERLIEREN HAT ...
KRAK
... KANN ER TUN, WAS IMMER IHM GEFÄLLT.
KA-THOOM

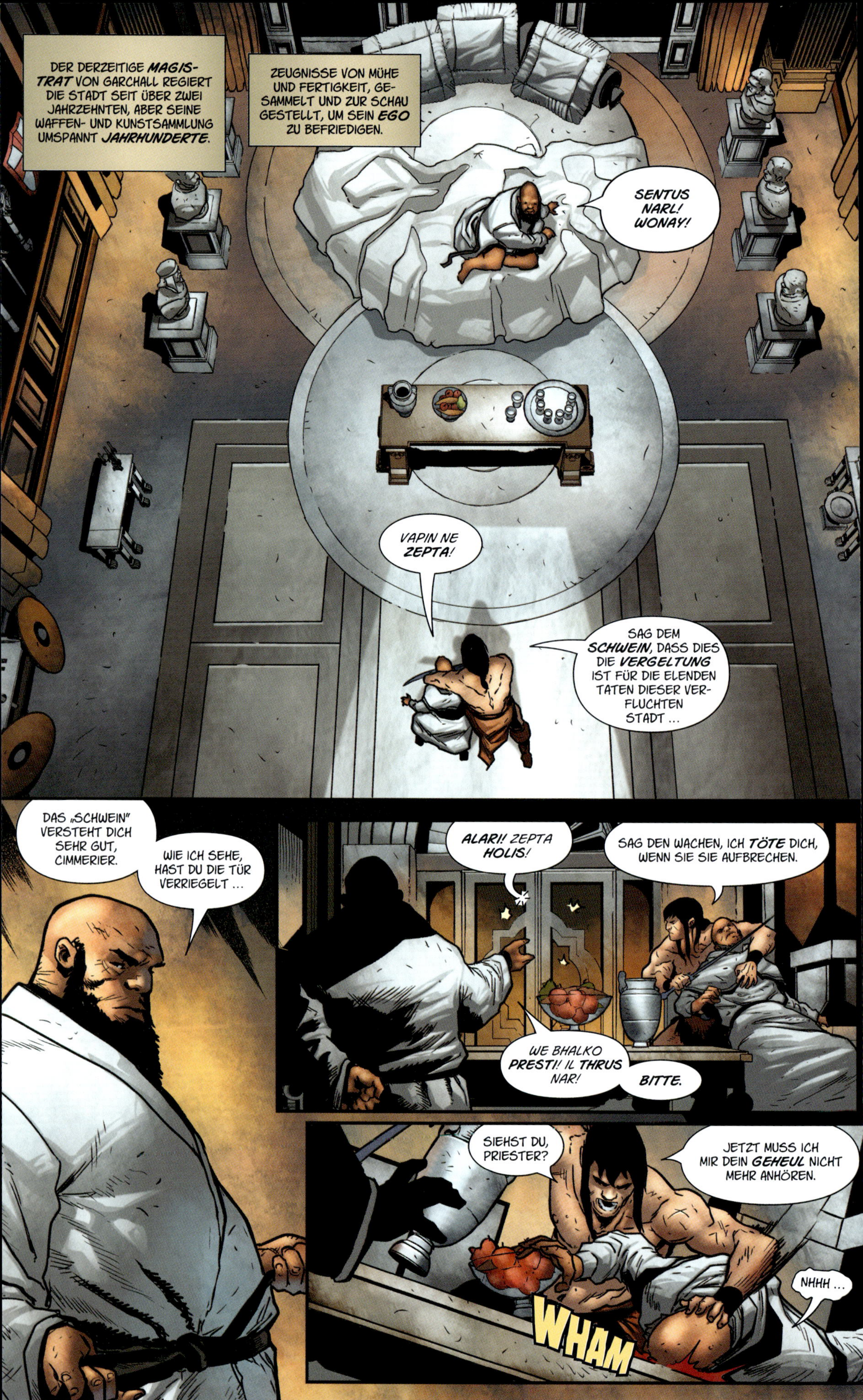

DER DERZEITIGE MAGISTRAT VON GARCHALL REGIERT DIE STADT SEIT ÜBER ZWEI JAHRZEHNTEN, ABER SEINE WAFFEN- UND KUNSTSAMMLUNG UMSPANNT JAHRHUNDERTE.
ZEUGNISSE VON MÜHE UND FERTIGKEIT, GESAMMELT UND ZUR SCHAU GESTELLT, UM SEIN EGO ZU BEFRIEDIGEN.
SENTUS NARL! WONAY!
VAPIN NE ZEPTA!
SAG DEM SCHWEIN, DASS DIES DIE VERGELTUNG IST FÜR DIE ELENDEN TATEN DIESER VERFLUCHTEN STADT …
DAS „SCHWEIN" VERSTEHT DICH SEHR GUT, CIMMERIER.
WIE ICH SEHE, HAST DU DIE TÜR VERRIEGELT …
ALARI! ZEPTA HOLIS!
SAG DEN WACHEN, ICH TÖTE DICH, WENN SIE SIE AUFBRECHEN.
WE BHALKO PRESTI! IL THRUS NAR!
BITTE.
SIEHST DU, PRIESTER?
JETZT MUSS ICH MIR DEIN GEHEUL NICHT MEHR ANHÖREN.
NHHH …
WHAM

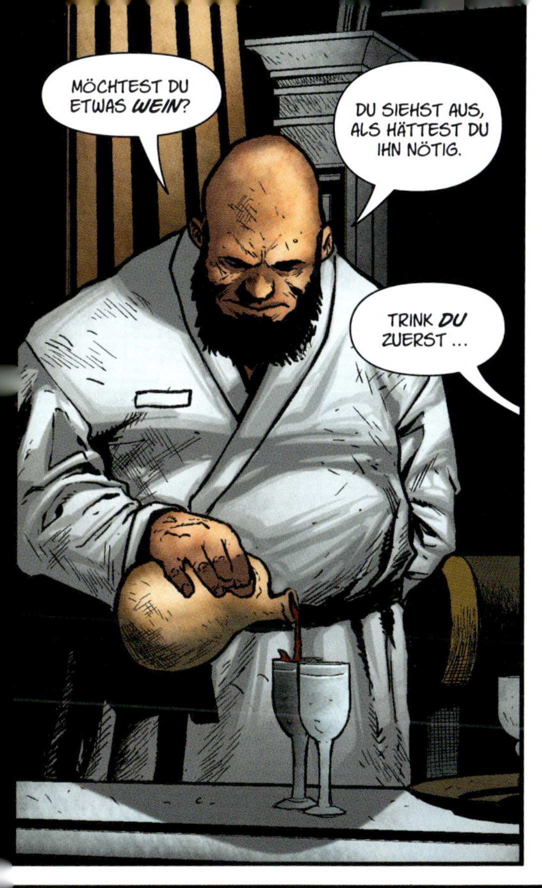
MÖCHTEST DU ETWAS WEIN?
DU SIEHST AUS, ALS HÄTTEST DU IHN NÖTIG.
TRINK DU ZUERST …

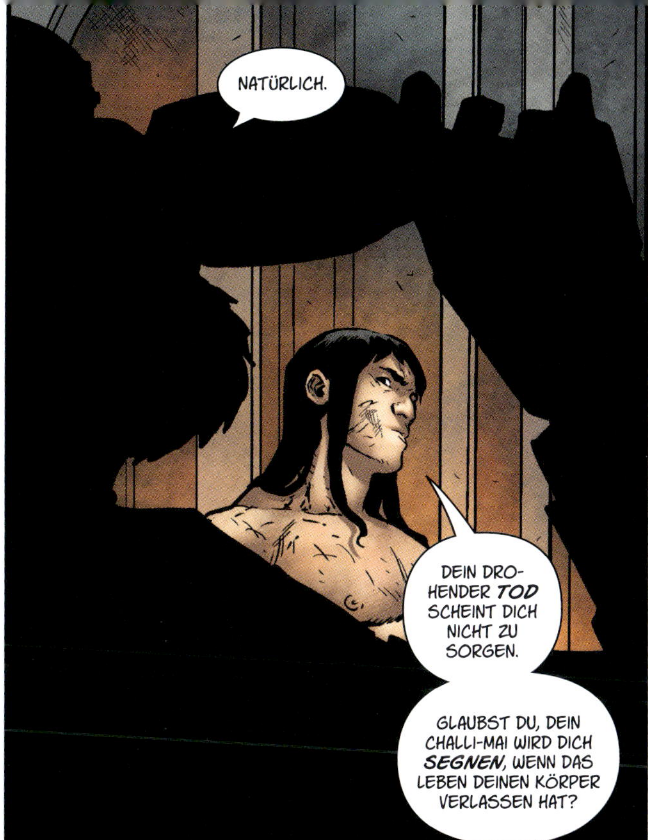
NATÜRLICH.
DEIN DROHENDER TOD SCHEINT DICH NICHT ZU SORGEN.
GLAUBST DU, DEIN CHALLI-MAI WIRD DICH SEGNEN, WENN DAS LEBEN DEINEN KÖRPER VERLASSEN HAT?

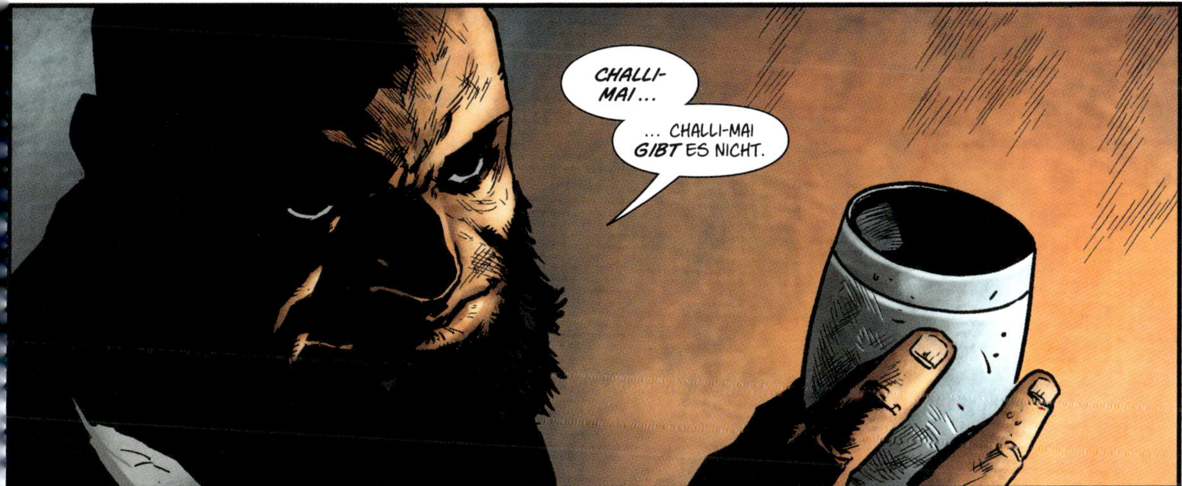
CHALLI-MAI …
… CHALLI-MAI GIBT ES NICHT.

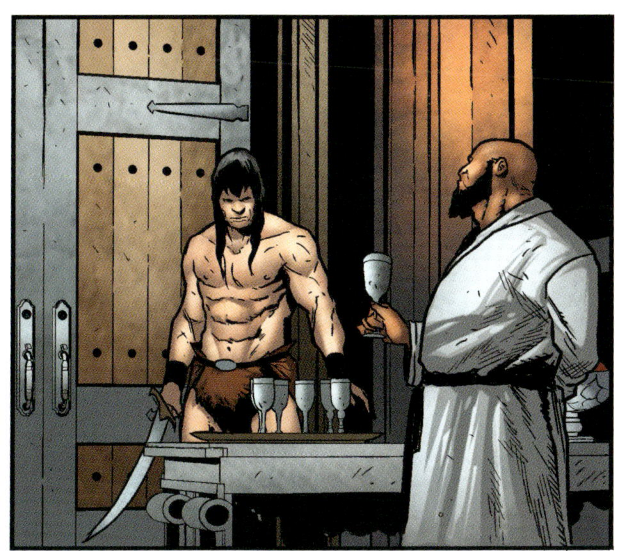

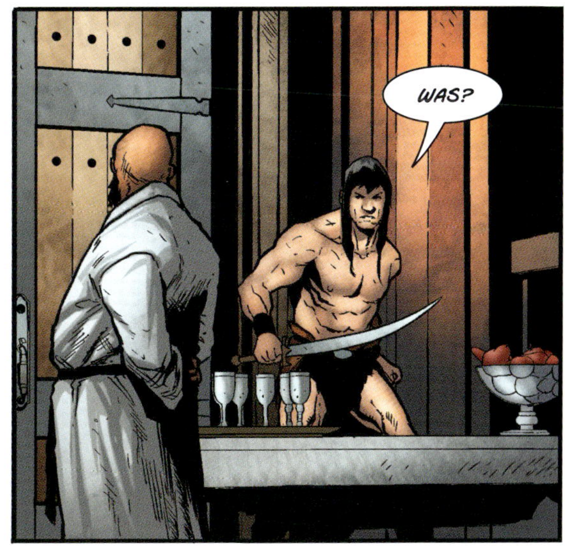
WAS?

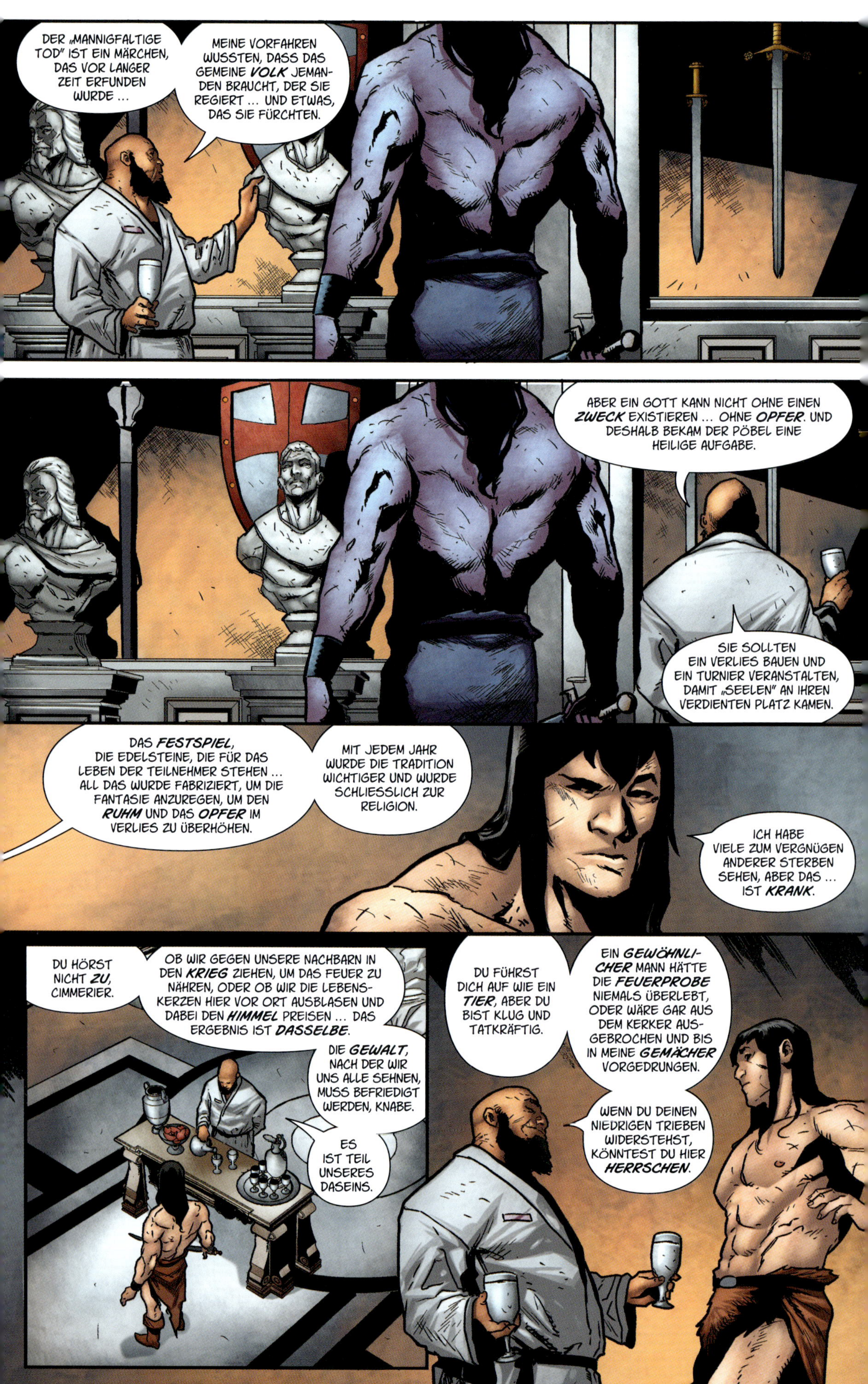
DER „MANNIGFALTIGE TOD" IST EIN MÄRCHEN, DAS VOR LANGER ZEIT ERFUNDEN WURDE …
MEINE VORFAHREN WUSSTEN, DASS DAS GEMEINE VOLK JEMANDEN BRAUCHT, DER SIE REGIERT … UND ETWAS, DAS SIE FÜRCHTEN.
ABER EIN GOTT KANN NICHT OHNE EINEN ZWECK EXISTIEREN … OHNE OPFER. UND DESHALB BEKAM DER PÖBEL EINE HEILIGE AUFGABE.
SIE SOLLTEN EIN VERLIES BAUEN UND EIN TURNIER VERANSTALTEN, DAMIT „SEELEN" AN IHREN VERDIENTEN PLATZ KAMEN.
DAS FESTSPIEL, DIE EDELSTEINE, DIE FÜR DAS LEBEN DER TEILNEHMER STEHEN … ALL DAS WURDE FABRIZIERT, UM DIE FANTASIE ANZUREGEN, UM DEN RUHM UND DAS OPFER IM VERLIES ZU ÜBERHÖHEN.
MIT JEDEM JAHR WURDE DIE TRADITION WICHTIGER UND WURDE SCHLIESSLICH ZUR RELIGION.
ICH HABE VIELE ZUM VERGNÜGEN ANDERER STERBEN SEHEN, ABER DAS … IST KRANK.
DU HÖRST NICHT ZU, CIMMERIER.
OB WIR GEGEN UNSERE NACHBARN IN DEN KRIEG ZIEHEN, UM DAS FEUER ZU NÄHREN, ODER OB WIR DIE LEBENSKERZEN HIER VOR ORT AUSBLASEN UND DABEI DEN HIMMEL PREISEN … DAS ERGEBNIS IST DASSELBE.
DIE GEWALT, NACH DER WIR UNS ALLE SEHNEN, MUSS BEFRIEDIGT WERDEN, KNABE.
ES IST TEIL UNSERES DASEINS.
DU FÜHRST DICH AUF WIE EIN TIER, ABER DU BIST KLUG UND TATKRÄFTIG.
EIN GEWÖHNLICHER MANN HÄTTE DIE FEUERPROBE NIEMALS ÜBERLEBT, ODER WÄRE GAR AUS DEM KERKER AUSGEBROCHEN UND BIS IN MEINE GEMÄCHER VORGEDRUNGEN.
WENN DU DEINEN NIEDRIGEN TRIEBEN WIDERSTEHST, KÖNNTEST DU HIER HERRSCHEN.

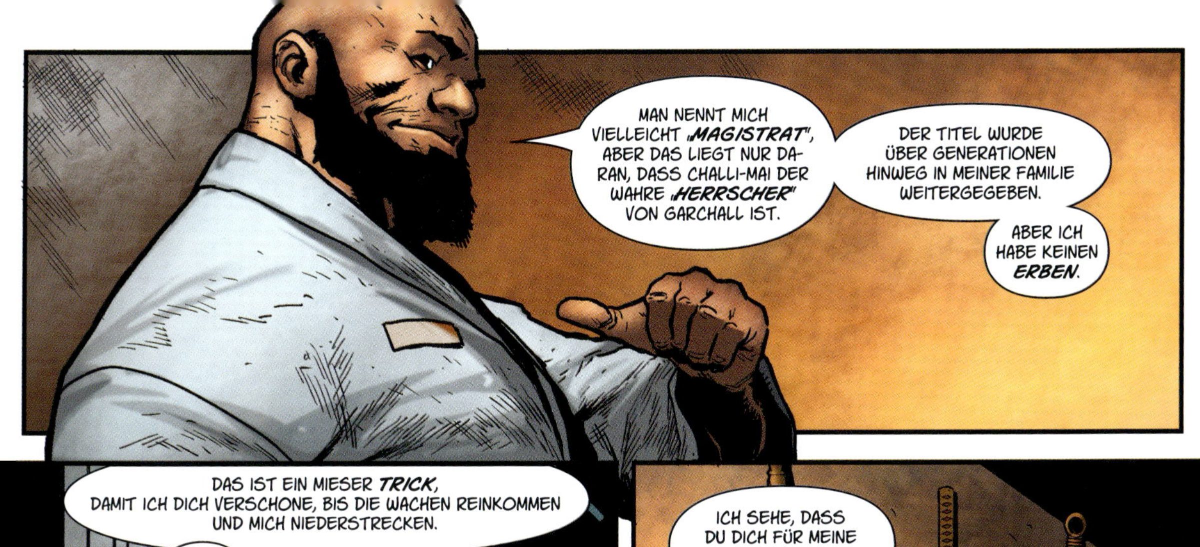
MAN NENNT MICH VIELLEICHT „MAGISTRAT“, ABER DAS LIEGT NUR DARAN, DASS CHALLI-MAI DER WAHRE „HERRSCHER“ VON GARCHALL IST.
DER TITEL WURDE ÜBER GENERATIONEN HINWEG IN MEINER FAMILIE WEITERGEGEBEN.
ABER ICH HABE KEINEN ERBEN.

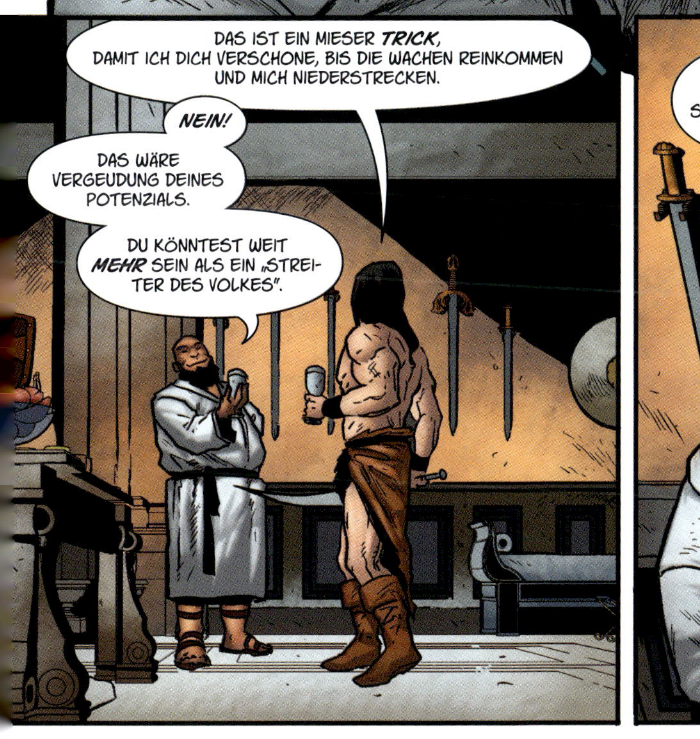
DAS IST EIN MIESER TRICK, DAMIT ICH DICH VERSCHONE, BIS DIE WACHEN REINKOMMEN UND MICH NIEDERSTRECKEN.
NEIN!
DAS WÄRE VERGEUDUNG DEINES POTENZIALS.
DU KÖNNTEST WEIT MEHR SEIN ALS EIN „STREITER DES VOLKES“.

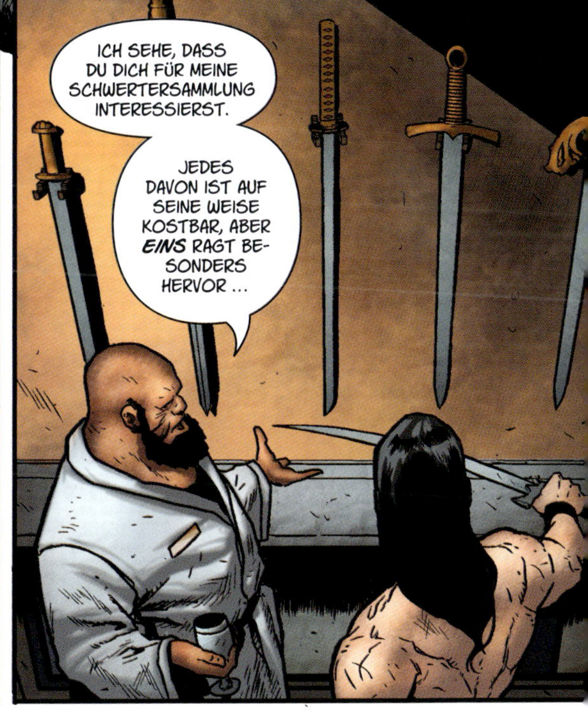
ICH SEHE, DASS DU DICH FÜR MEINE SCHWERTERSAMMLUNG INTERESSIERST.
JEDES DAVON IST AUF SEINE WEISE KOSTBAR, ABER EINS RAGT BESONDERS HERVOR …

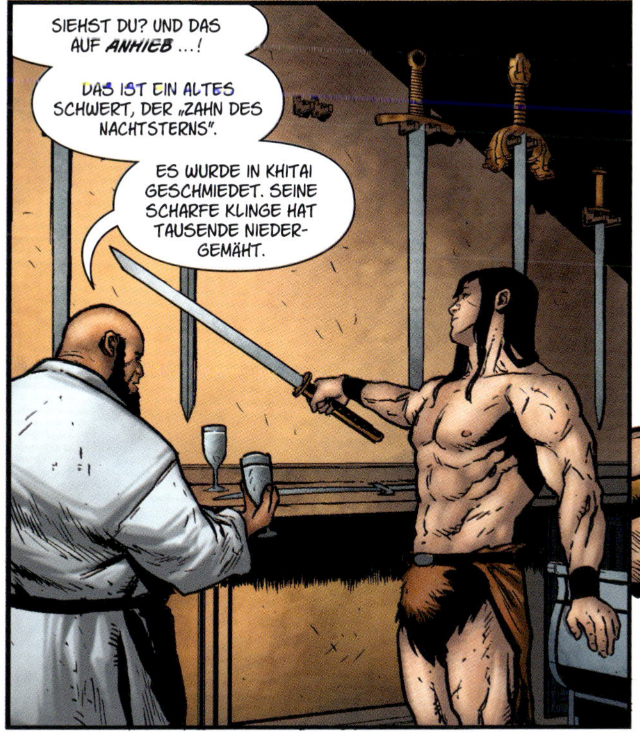
SIEHST DU? UND DAS AUF ANHIEB …!
DAS IST EIN ALTES SCHWERT, DER „ZAHN DES NACHTSTERNS“.
ES WURDE IN KHITAI GESCHMIEDET. SEINE SCHARFE KLINGE HAT TAUSENDE NIEDERGEMÄHT.

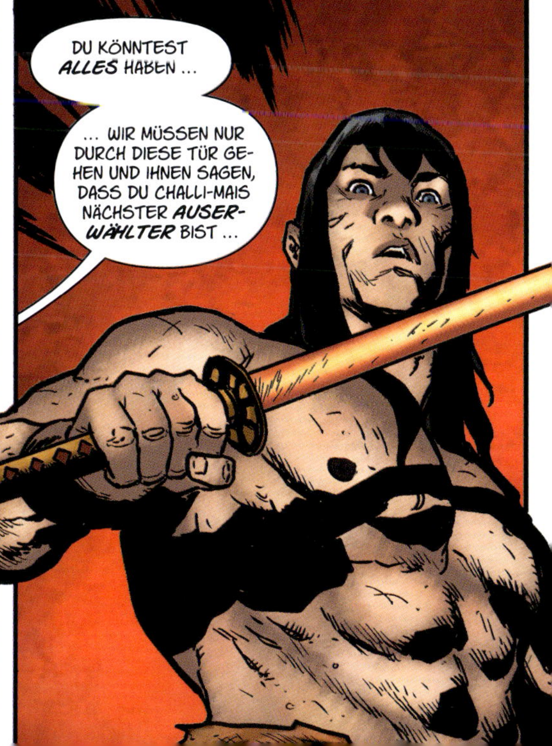
DU KÖNNTEST ALLES HABEN …
… WIR MÜSSEN NUR DURCH DIESE TÜR GEHEN UND IHNEN SAGEN, DASS DU CHALLI-MAIS NÄCHSTER AUSERWÄHLTER BIST …

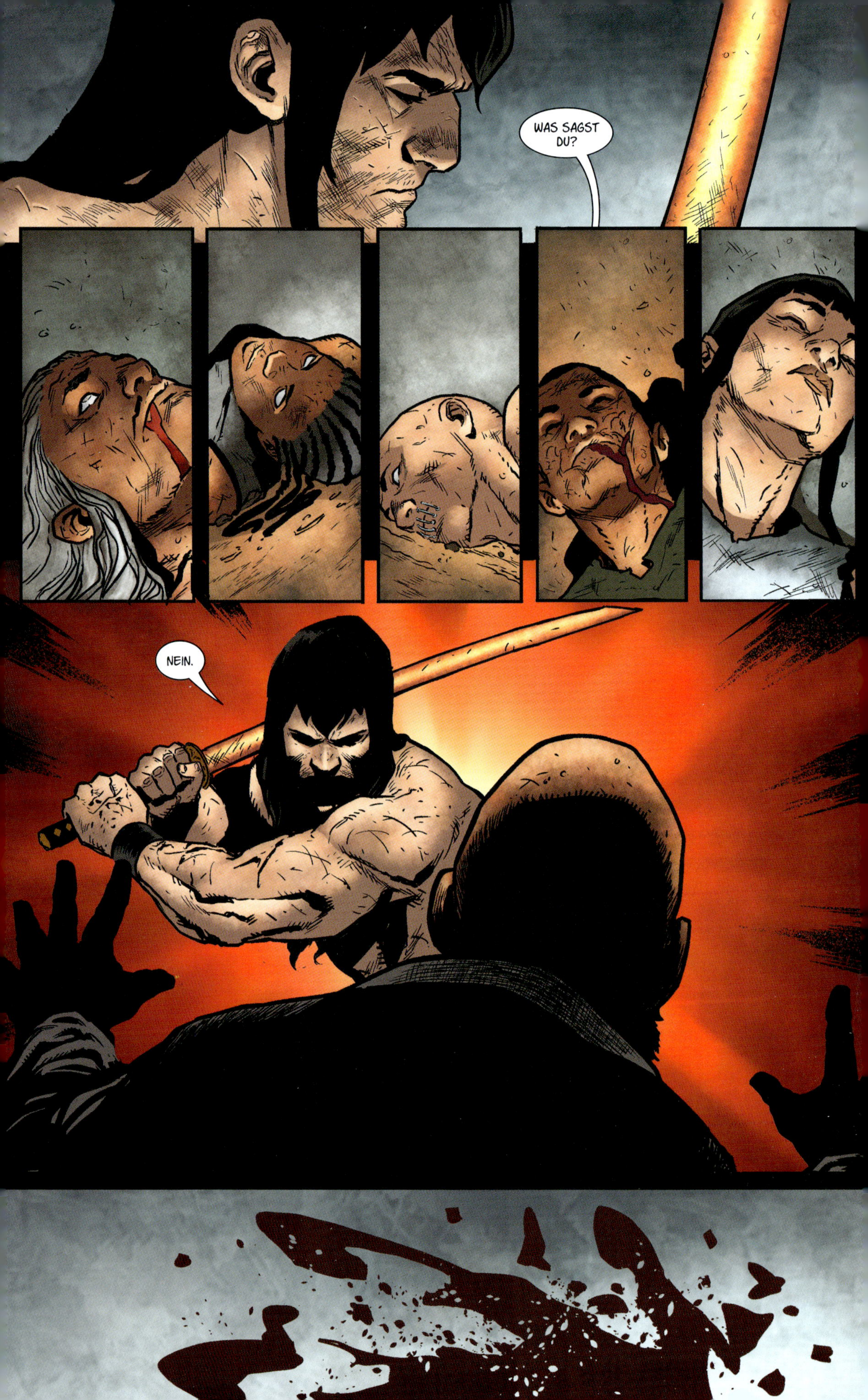
WAS SAGST DU?
NEIN.

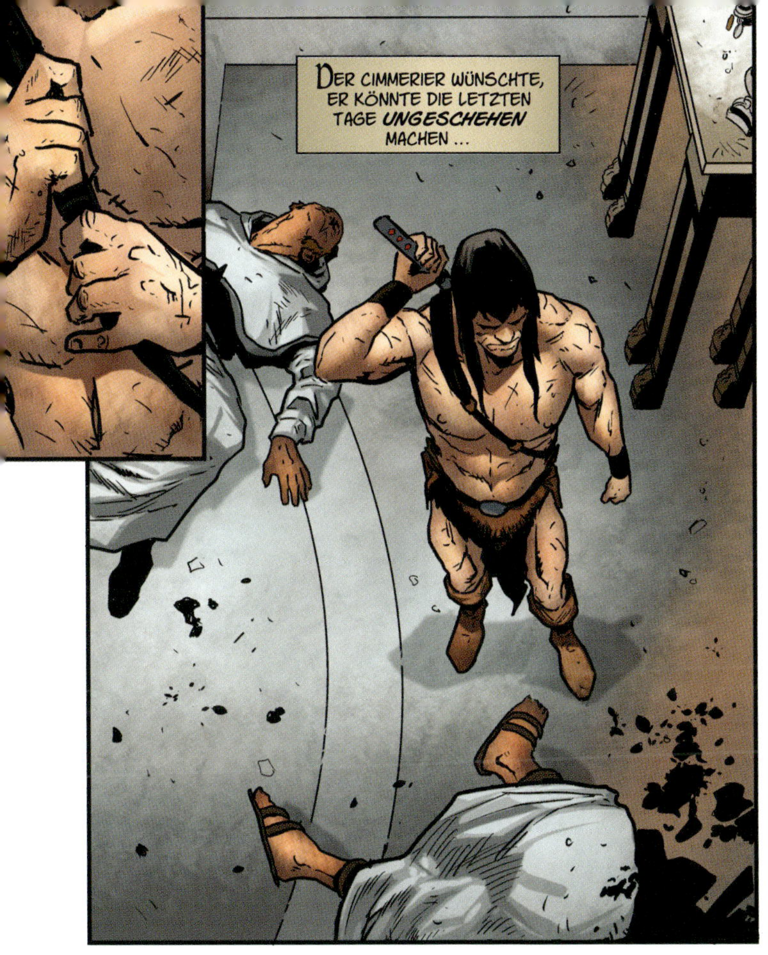
DER CIMMERIER WÜNSCHTE, ER KÖNNTE DIE LETZTEN TAGE *UNGESCHEHEN* MACHEN ...

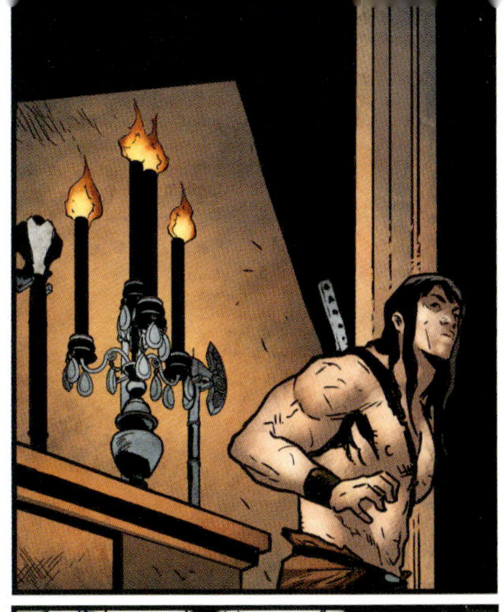

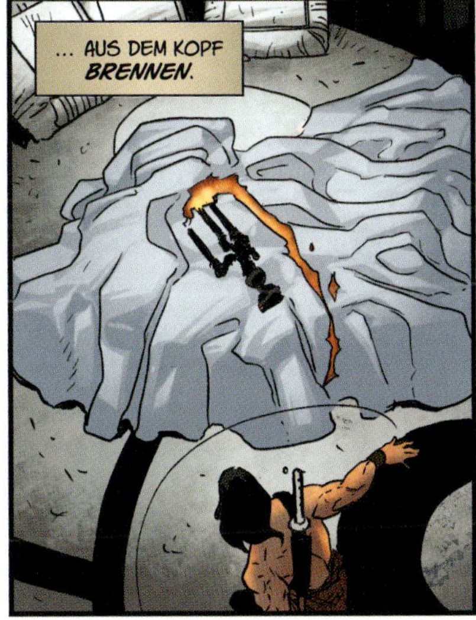
... AUS DEM KOPF *BRENNEN*.

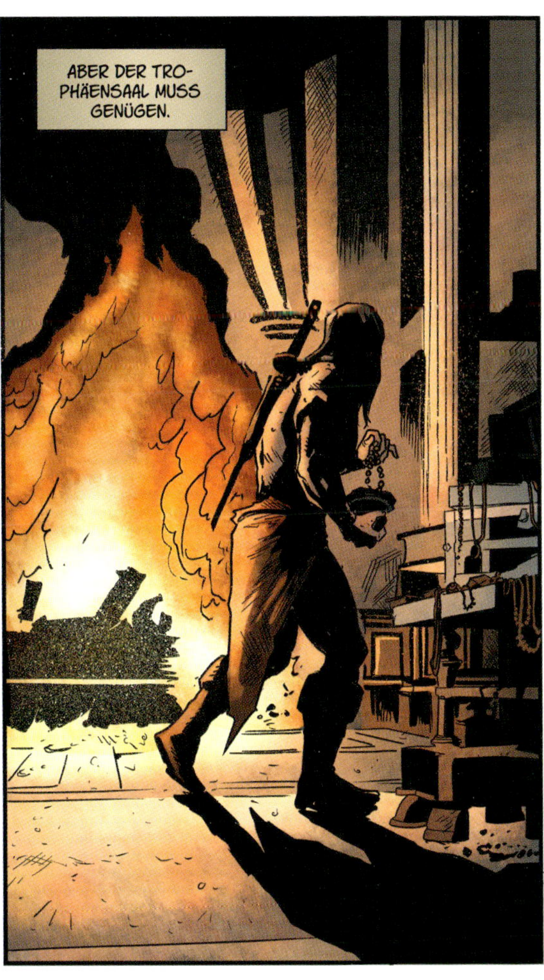
ABER DER TROPHÄENSAAL MUSS GENÜGEN.

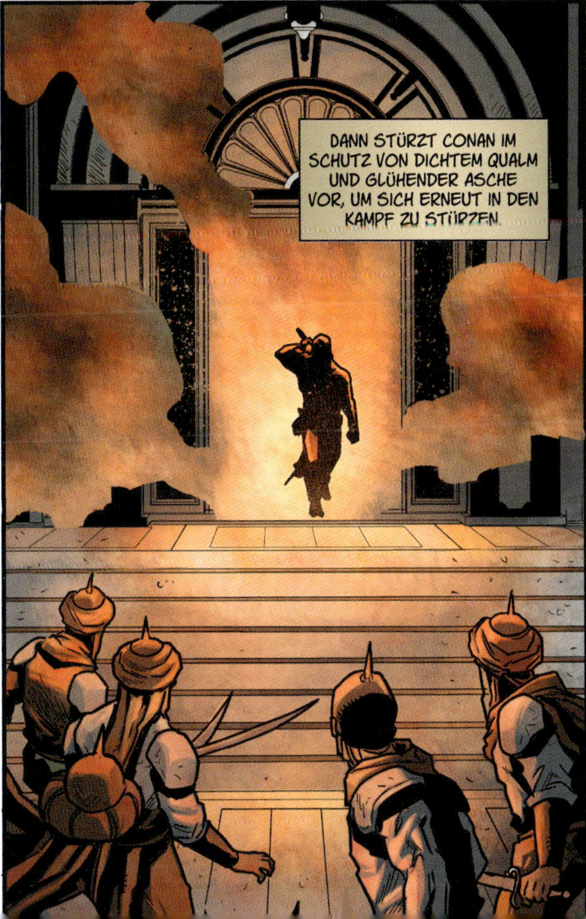
DANN STÜRZT CONAN IM SCHUTZ VON DICHTEM QUALM UND GLÜHENDER ASCHE VOR, UM SICH ERNEUT IN DEN KAMPF ZU STÜRZEN.

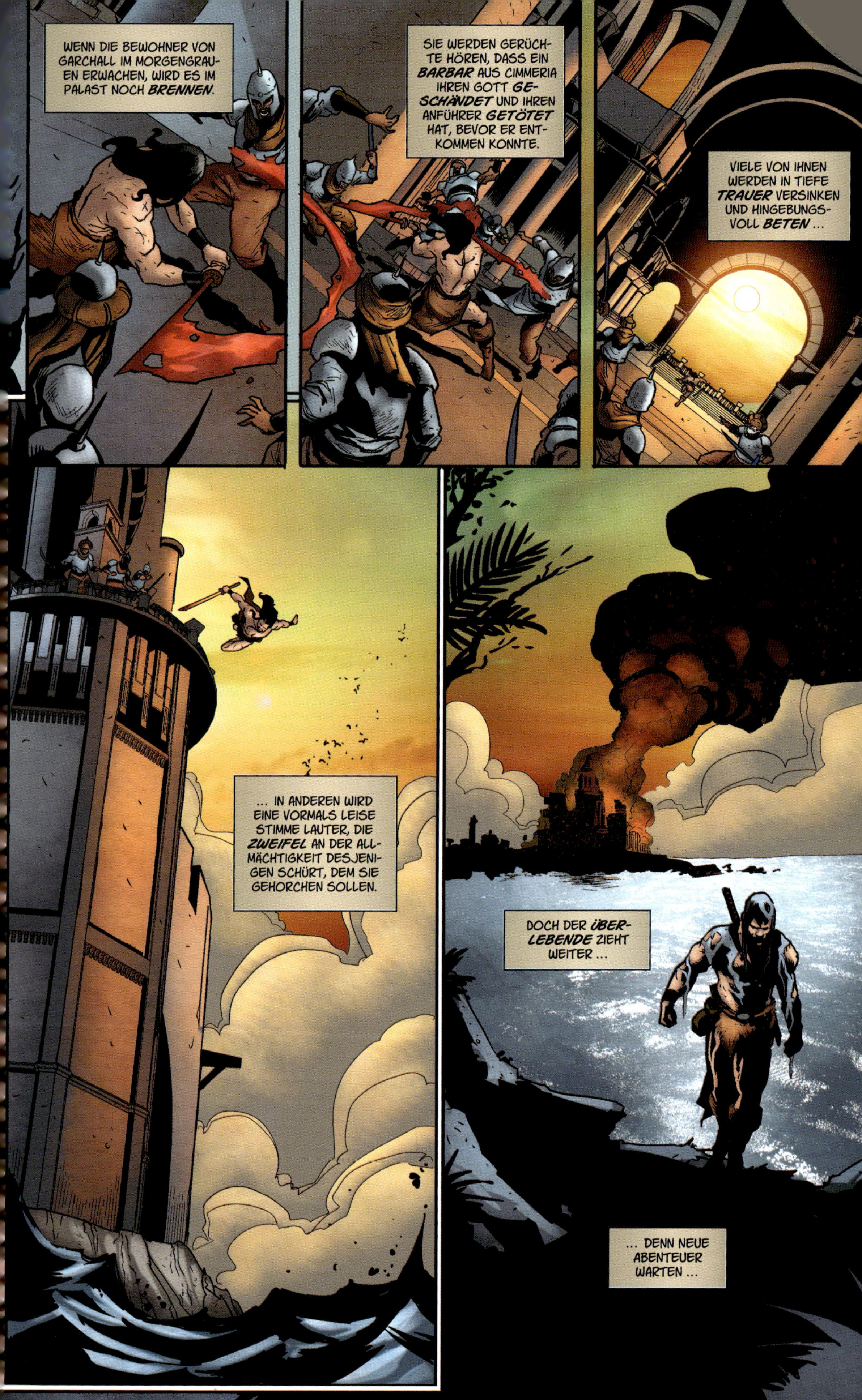
WENN DIE BEWOHNER VON GARCHALL IM MORGENGRAUEN ERWACHEN, WIRD ES IM PALAST NOCH BRENNEN.
SIE WERDEN GERÜCHTE HÖREN, DASS EIN BARBAR AUS CIMMERIA IHREN GOTT GESCHÄNDET UND IHREN ANFÜHRER GETÖTET HAT, BEVOR ER ENTKOMMEN KONNTE.
VIELE VON IHNEN WERDEN IN TIEFE TRAUER VERSINKEN UND HINGEBUNGSVOLL BETEN ...
... IN ANDEREN WIRD EINE VORMALS LEISE STIMME LAUTER, DIE ZWEIFEL AN DER ALLMÄCHTIGKEIT DESJENIGEN SCHÜRT, DEM SIE GEHORCHEN SOLLEN.
DOCH DER ÜBERLEBENDE ZIEHT WEITER ...
... DENN NEUE ABENTEUER WARTEN ...

DER FLUCH DES NACHTSTERNS, TEIL 1: EIN FESTMAHL FÜR DIE KLINGE

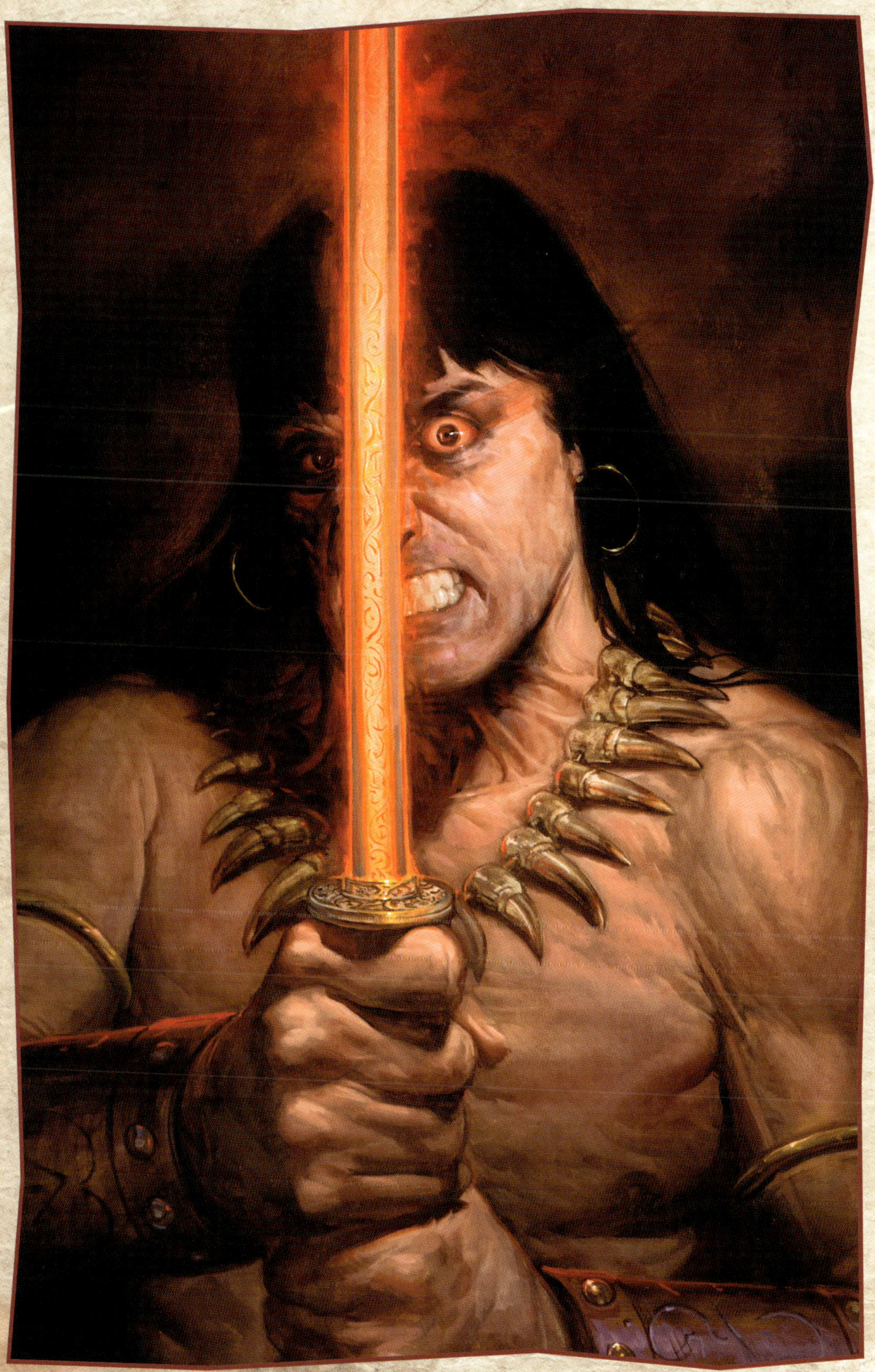

Conan the Barbarian (2019) 17
Cover von **E. M. GIST**

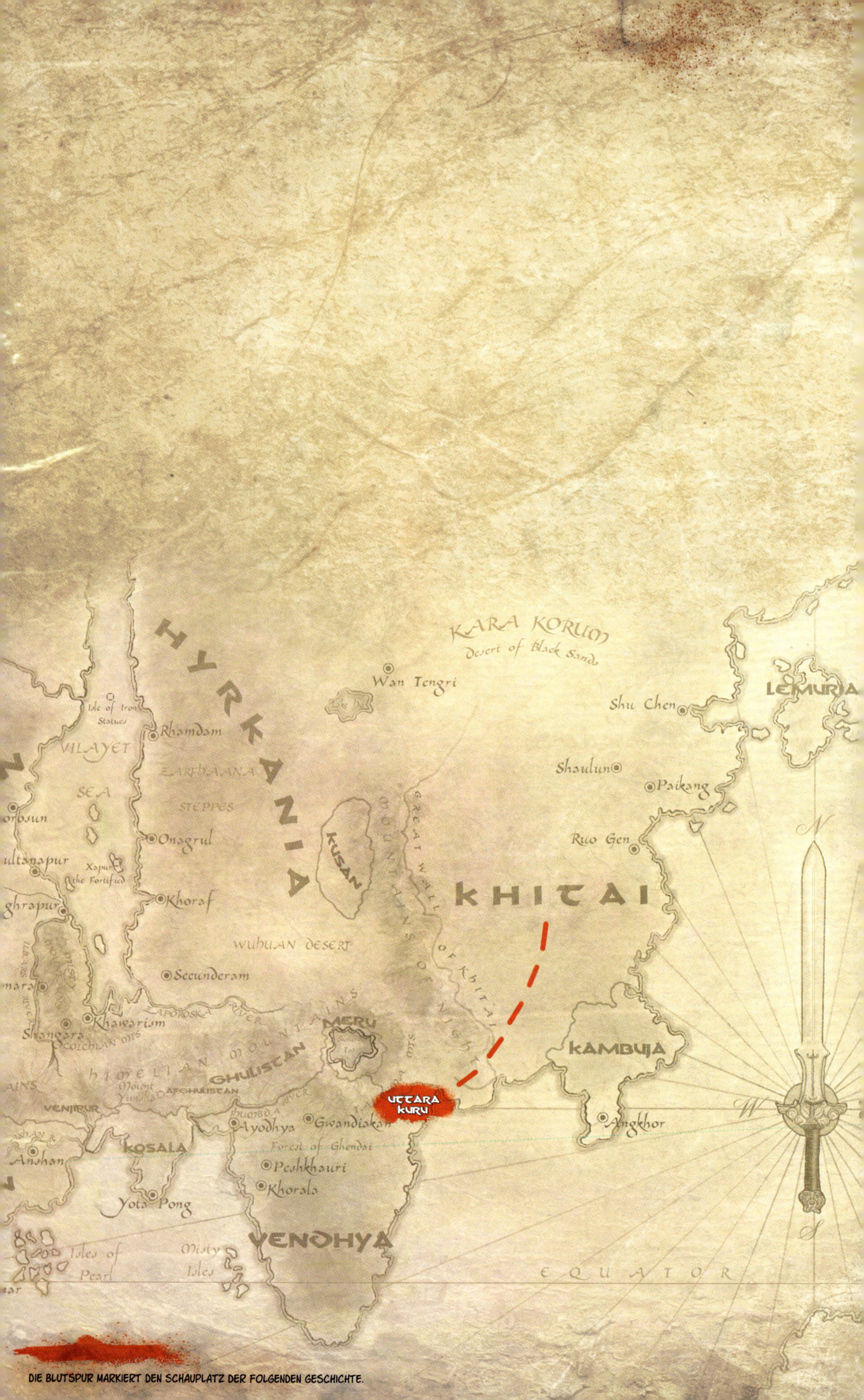

DIE BLUTSPUR MARKIERT DEN SCHAUPLATZ DER FOLGENDEN GESCHICHTE.

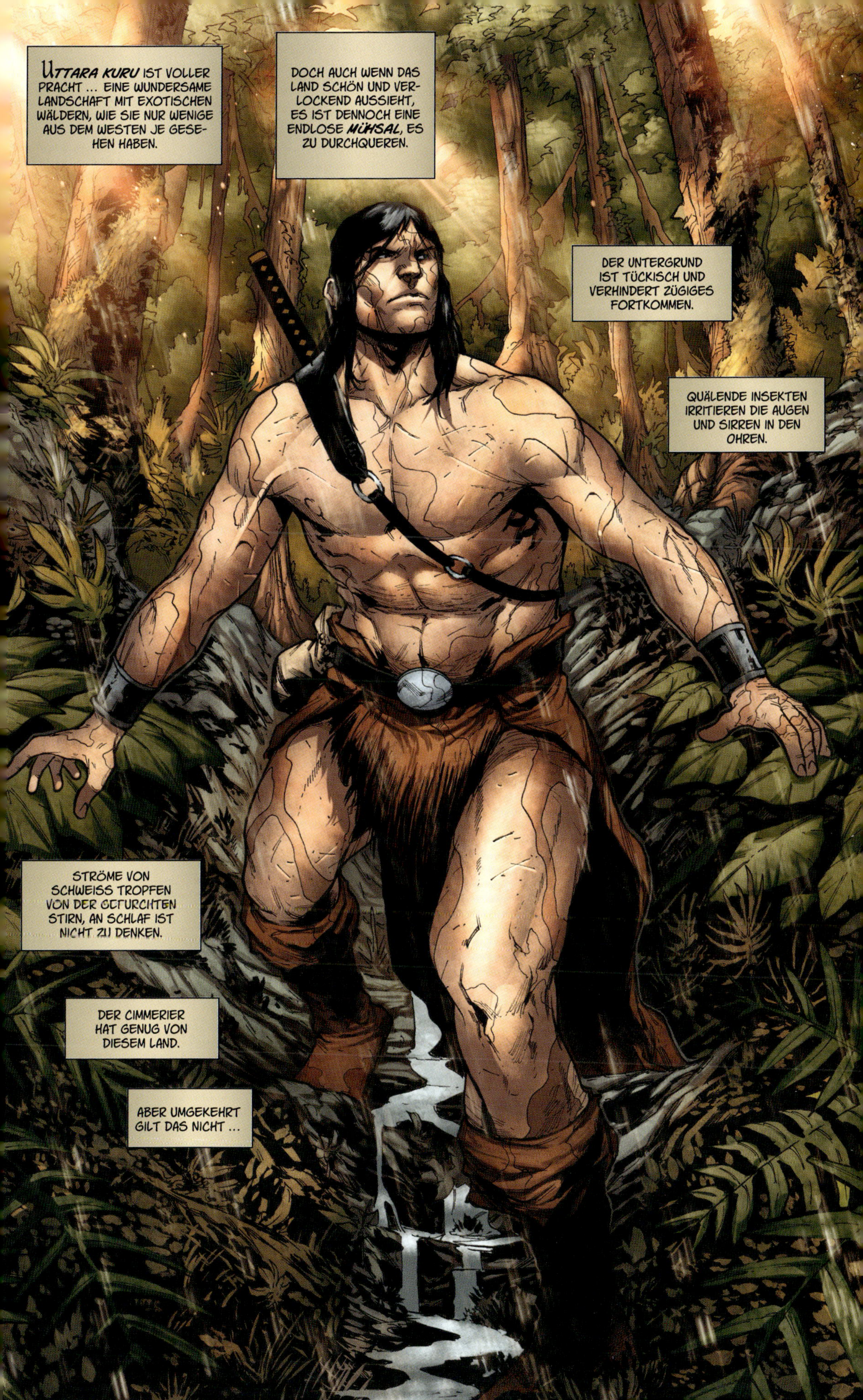
UTTARA KURU IST VOLLER PRACHT … EINE WUNDERSAME LANDSCHAFT MIT EXOTISCHEN WÄLDERN, WIE SIE NUR WENIGE AUS DEM WESTEN JE GESEHEN HABEN.
DOCH AUCH WENN DAS LAND SCHÖN UND VERLOCKEND AUSSIEHT, ES IST DENNOCH EINE ENDLOSE MÜHSAL, ES ZU DURCHQUEREN.
DER UNTERGRUND IST TÜCKISCH UND VERHINDERT ZÜGIGES FORTKOMMEN.
QUÄLENDE INSEKTEN IRRITIEREN DIE AUGEN UND SIRREN IN DEN OHREN.
STRÖME VON SCHWEISS TROPFEN VON DER GEFURCHTEN STIRN, AN SCHLAF IST NICHT ZU DENKEN.
DER CIMMERIER HAT GENUG VON DIESEM LAND.
ABER UMGEKEHRT GILT DAS NICHT …

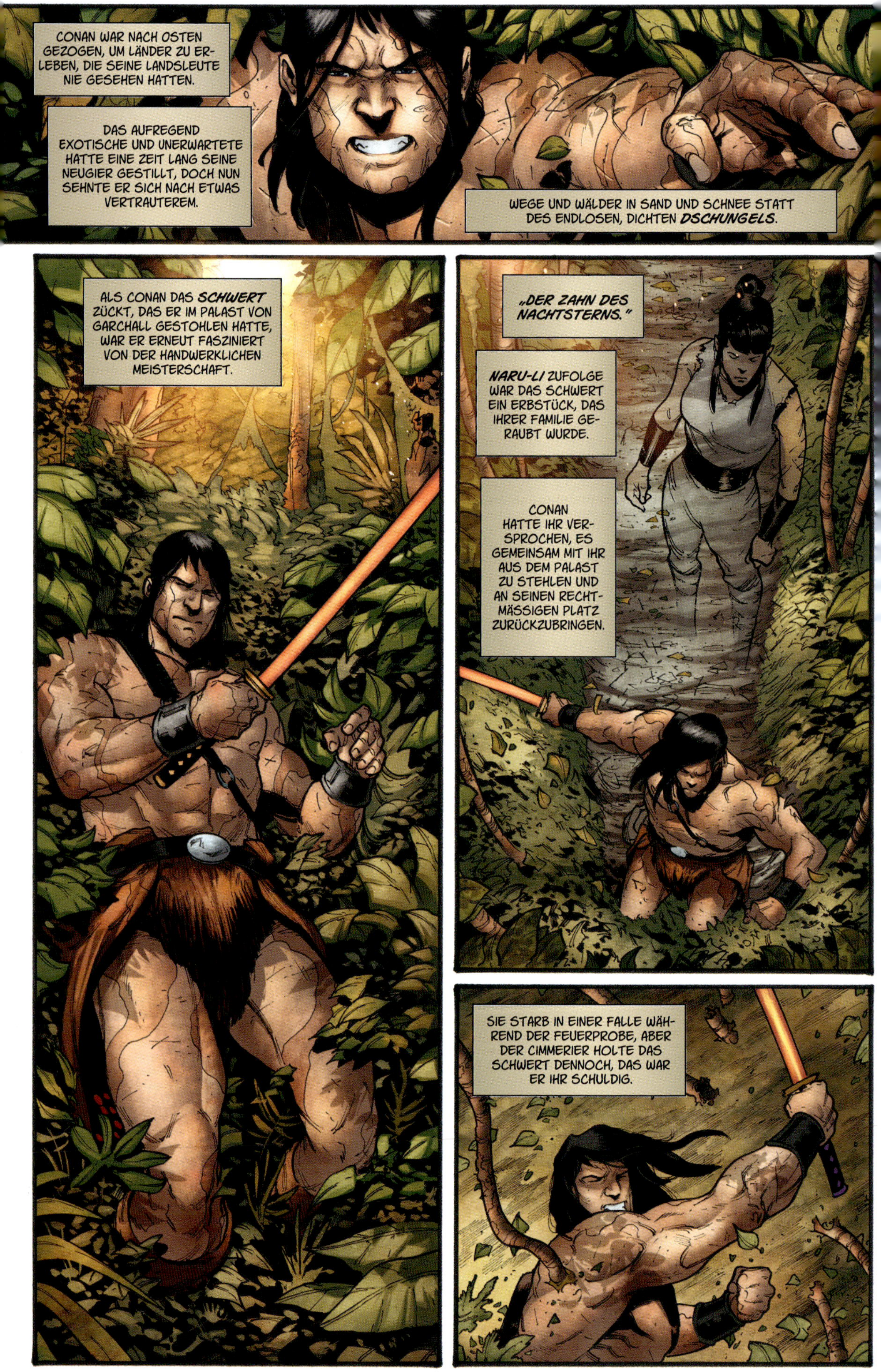

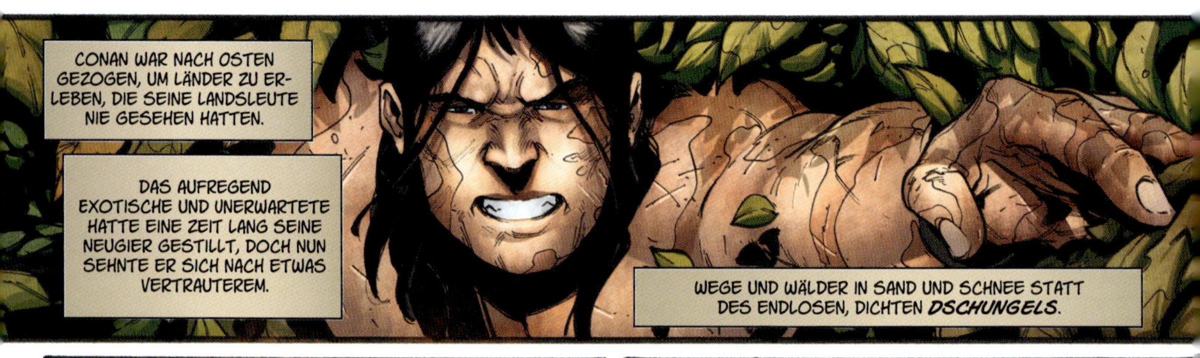

ALS CONAN DAS SCHWERT ZÜCKT, DAS ER IM PALAST VON GARCHALL GESTOHLEN HATTE, WAR ER ERNEUT FASZINIERT VON DER HANDWERKLICHEN MEISTERSCHAFT.

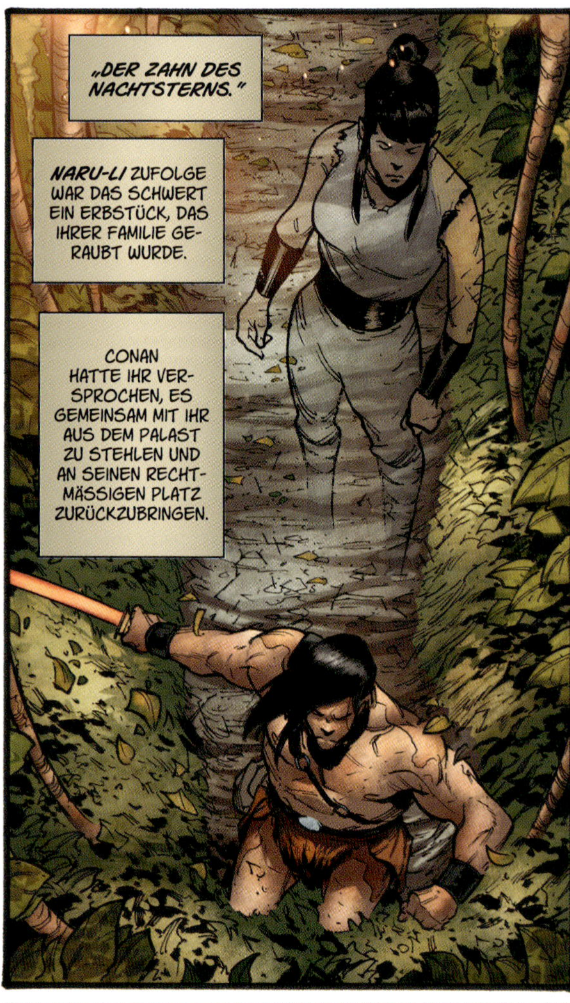

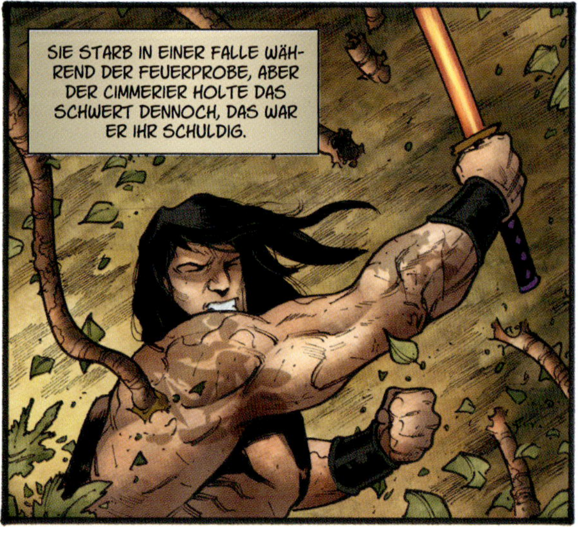

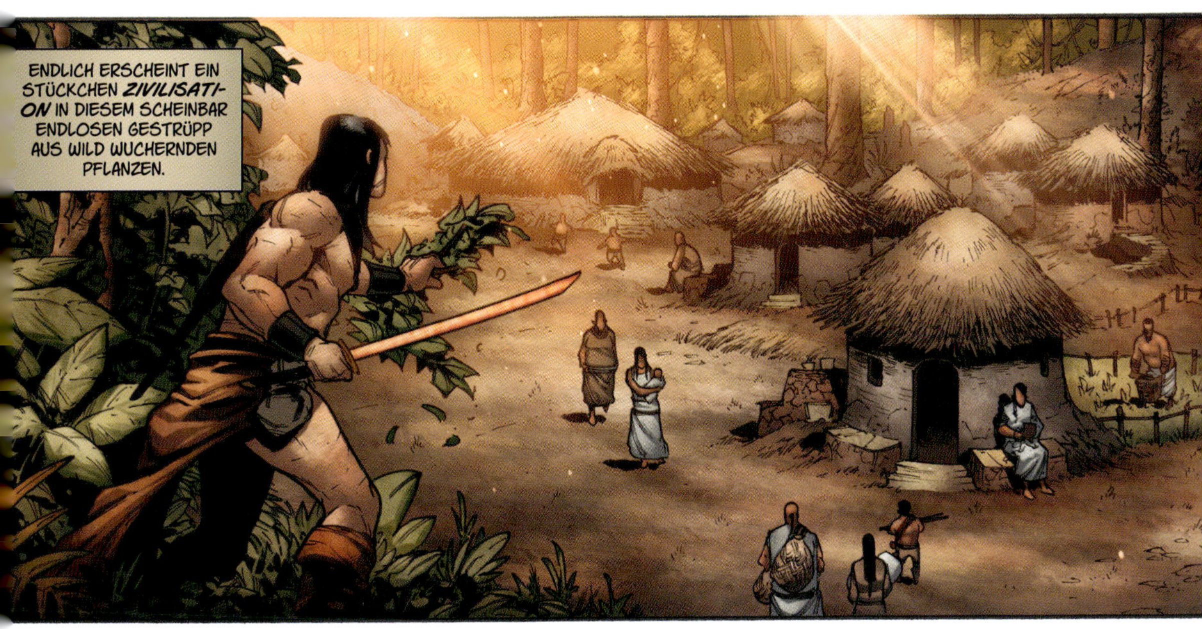
ENDLICH ERSCHEINT EIN STÜCKCHEN ZIVILISATION IN DIESEM SCHEINBAR ENDLOSEN GESTRÜPP AUS WILD WUCHERNDEN PFLANZEN.

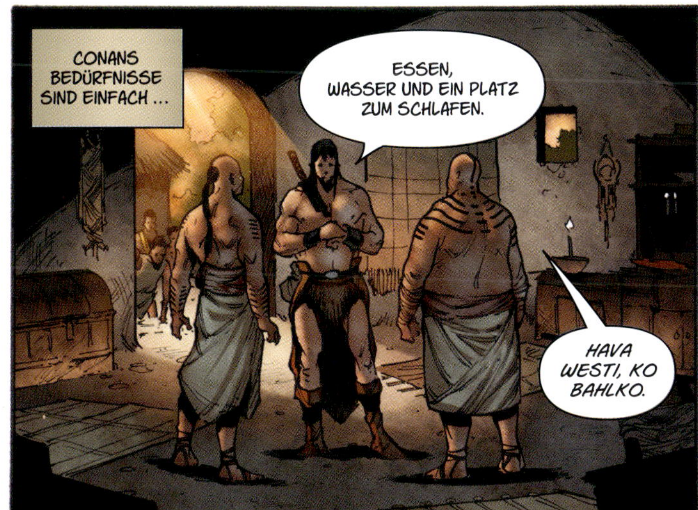
CONANS BEDÜRFNISSE SIND EINFACH ...
ESSEN, WASSER UND EIN PLATZ ZUM SCHLAFEN.
HAVA WESTI, KO BAHLKO.

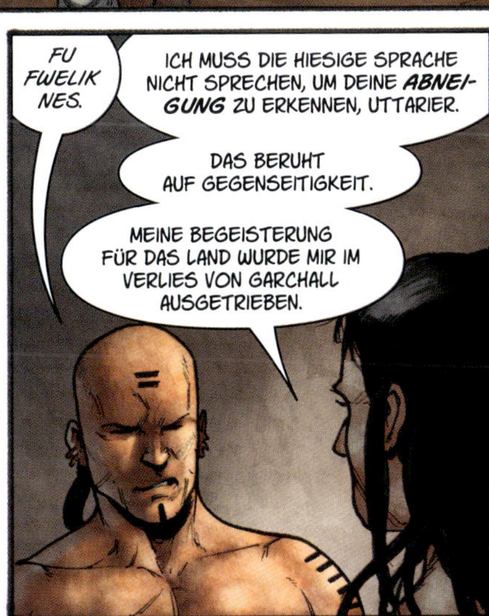
FU FWELIK NES.
ICH MUSS DIE HIESIGE SPRACHE NICHT SPRECHEN, UM DEINE ABNEIGUNG ZU ERKENNEN, UTTARIER.
DAS BERUHT AUF GEGENSEITIGKEIT.
MEINE BEGEISTERUNG FÜR DAS LAND WURDE MIR IM VERLIES VON GARCHALL AUSGETRIEBEN.

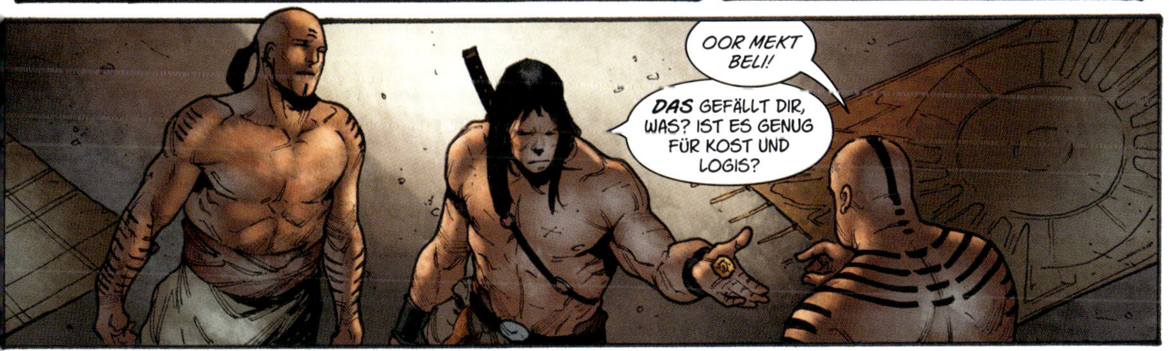
OOR MEKT BELI!
DAS GEFÄLLT DIR, WAS? IST ES GENUG FÜR KOST UND LOGIS?

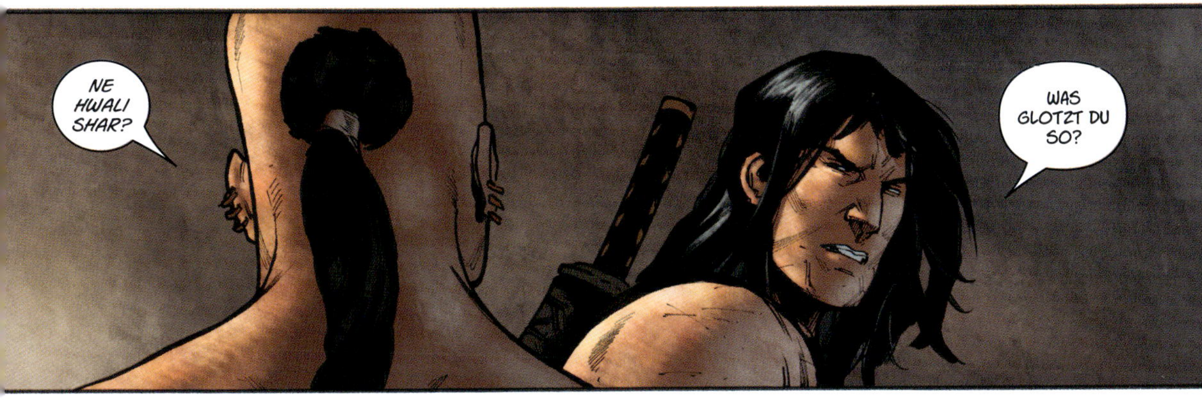
NE HWALI SHAR?
WAS GLOTZT DU SO?

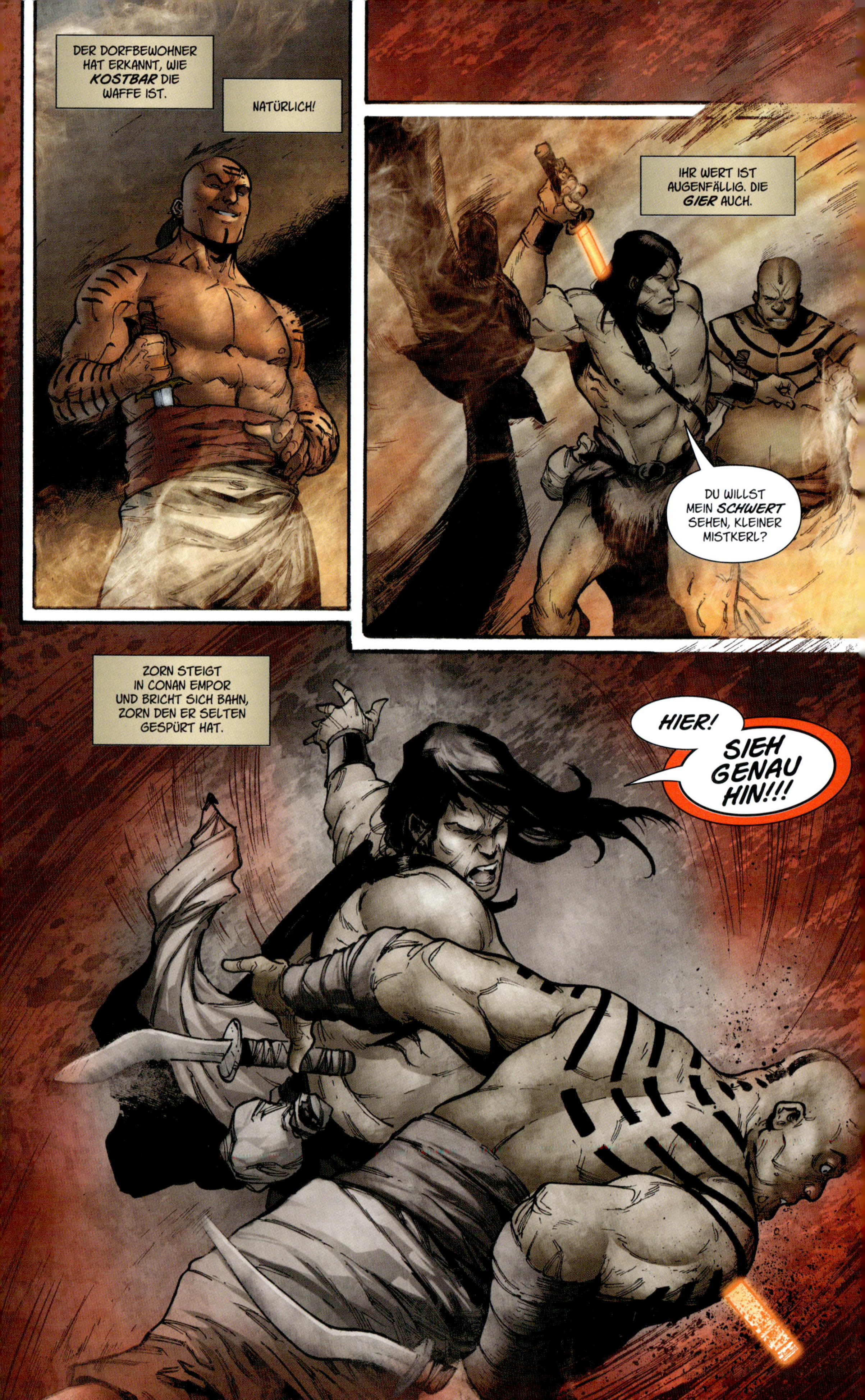
DER DORFBEWOHNER HAT ERKANNT, WIE KOSTBAR DIE WAFFE IST.
NATÜRLICH!
IHR WERT IST AUGENFÄLLIG. DIE GIER AUCH.
DU WILLST MEIN SCHWERT SEHEN, KLEINER MISTKERL?
ZORN STEIGT IN CONAN EMPOR UND BRICHT SICH BAHN, ZORN DEN ER SELTEN GESPÜRT HAT.
HIER!
SIEH GENAU HIN!!!

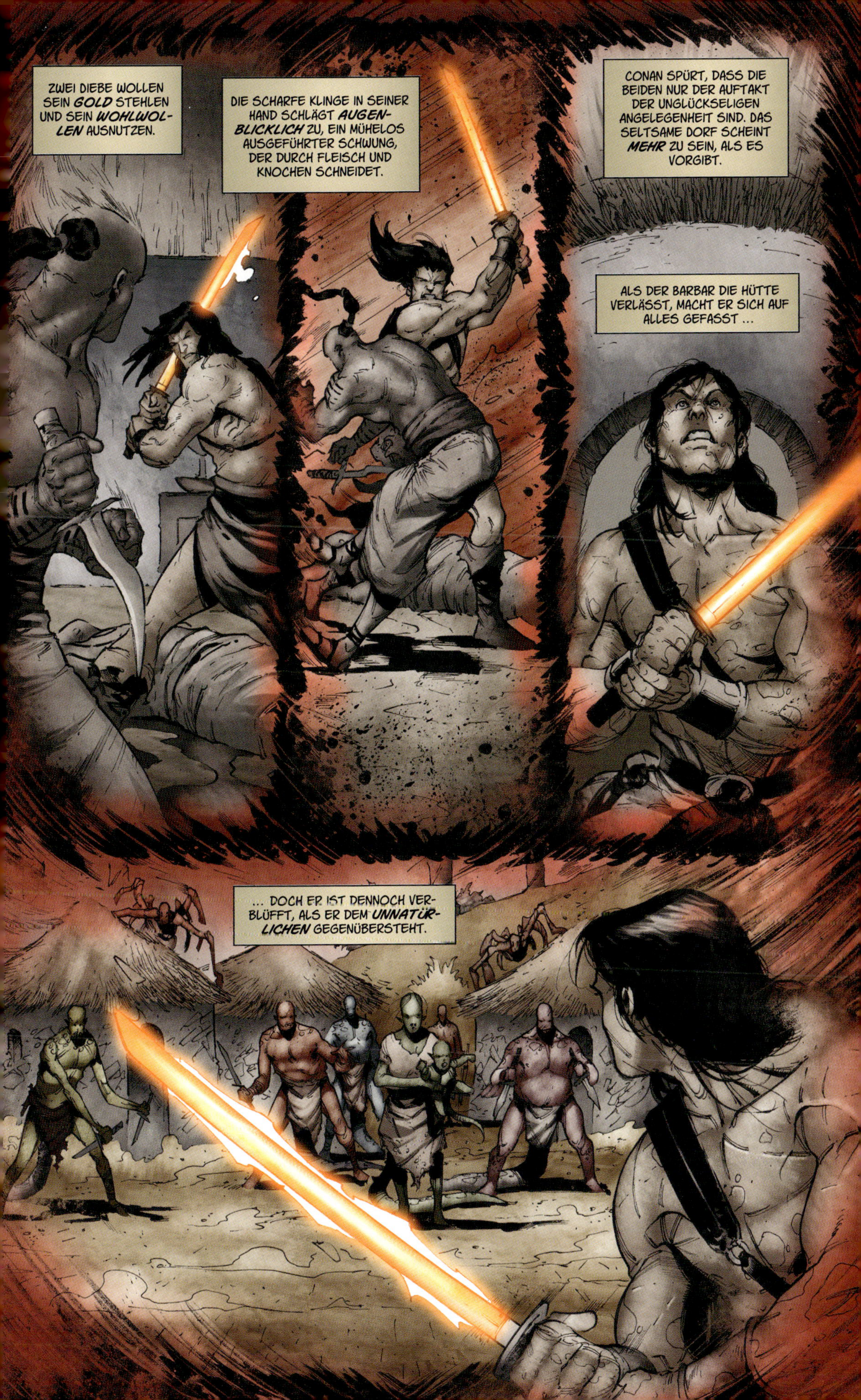
ZWEI DIEBE WOLLEN SEIN GOLD STEHLEN UND SEIN WOHLWOLLEN AUSNUTZEN.
DIE SCHARFE KLINGE IN SEINER HAND SCHLÄGT AUGENBLICKLICH ZU, EIN MÜHELOS AUSGEFÜHRTER SCHWUNG, DER DURCH FLEISCH UND KNOCHEN SCHNEIDET.
CONAN SPÜRT, DASS DIE BEIDEN NUR DER AUFTAKT DER UNGLÜCKSELIGEN ANGELEGENHEIT SIND. DAS SELTSAME DORF SCHEINT MEHR ZU SEIN, ALS ES VORGIBT.
ALS DER BARBAR DIE HÜTTE VERLÄSST, MACHT ER SICH AUF ALLES GEFASST …
… DOCH ER IST DENNOCH VERBLÜFFT, ALS ER DEM UNNATÜRLICHEN GEGENÜBERSTEHT.

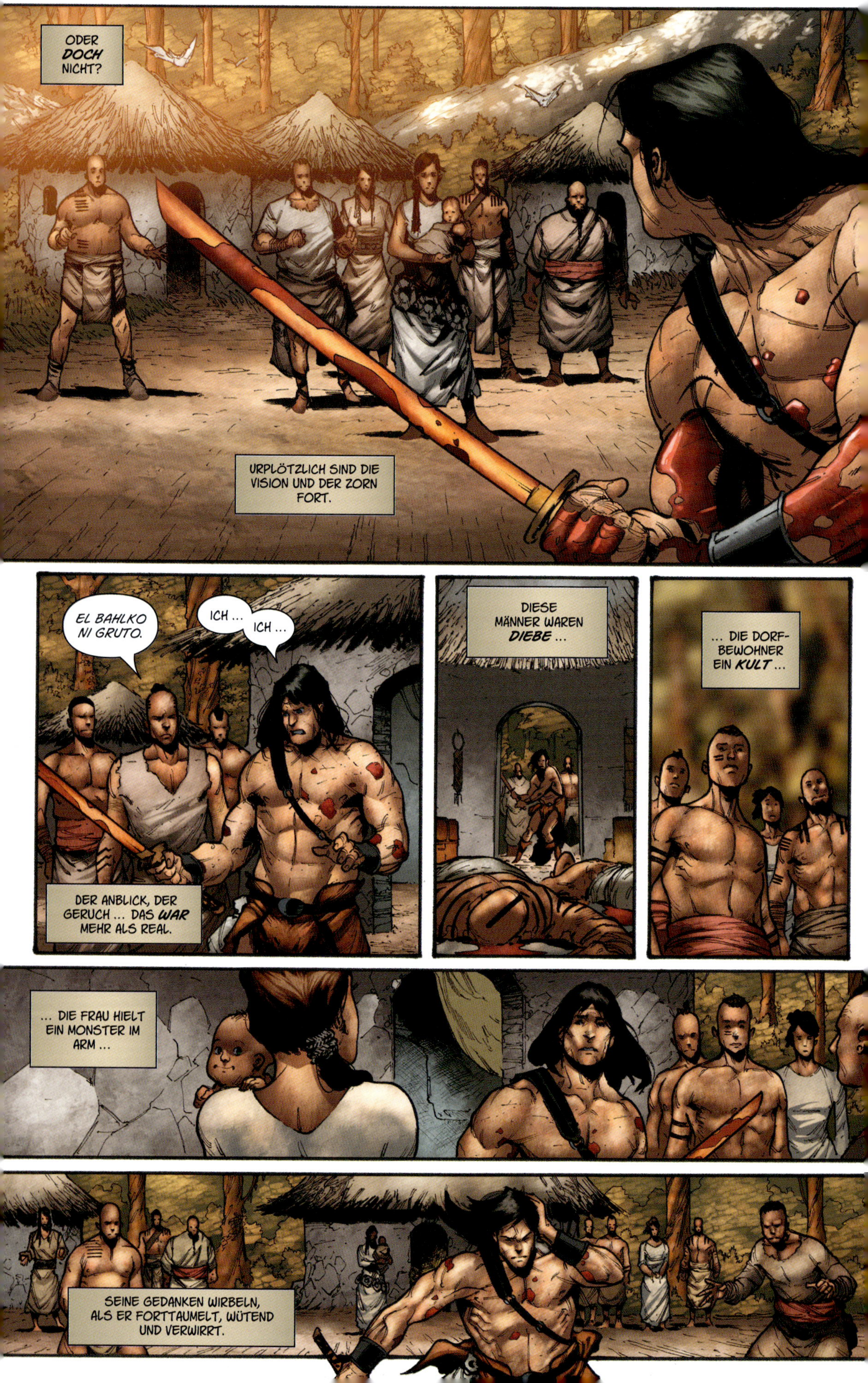

ODER *DOCH* NICHT?

URPLÖTZLICH SIND DIE VISION UND DER ZORN FORT.

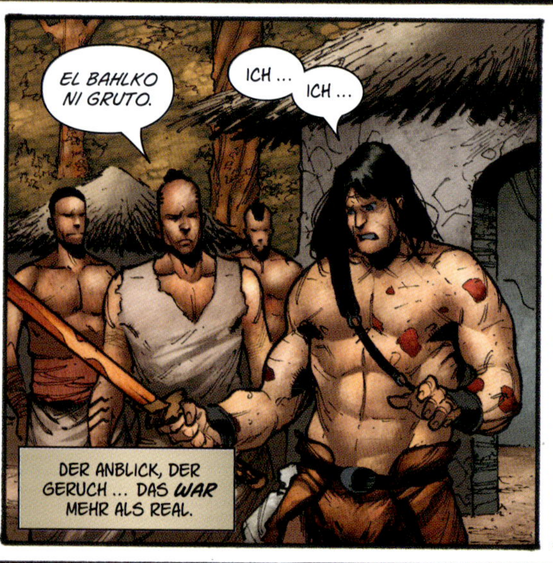

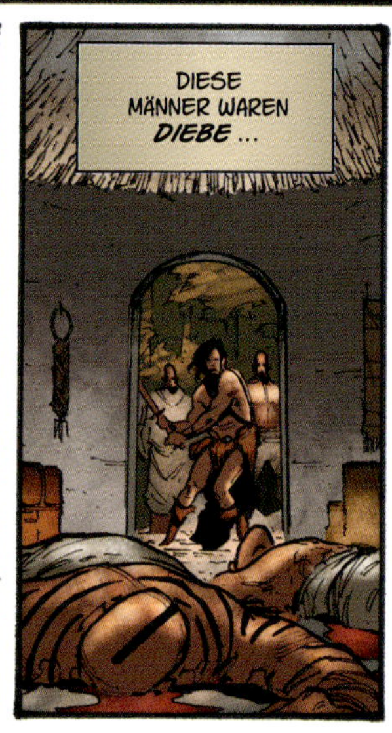

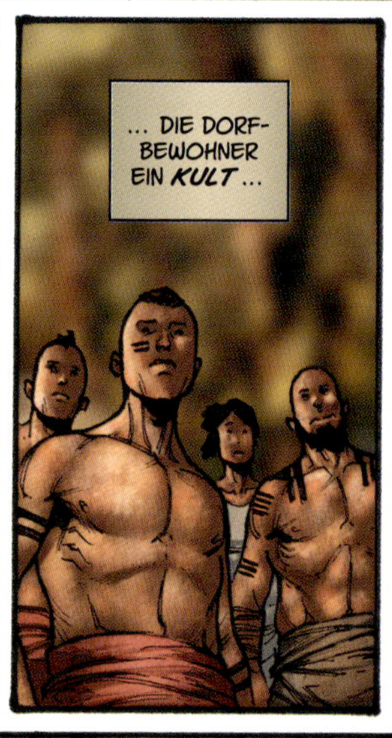

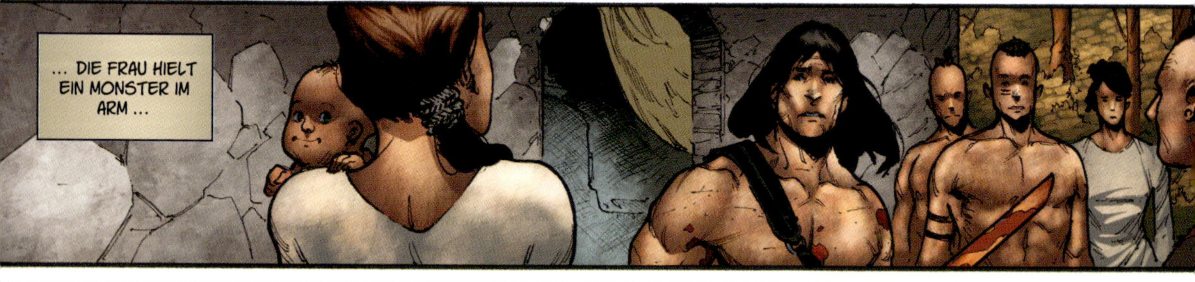

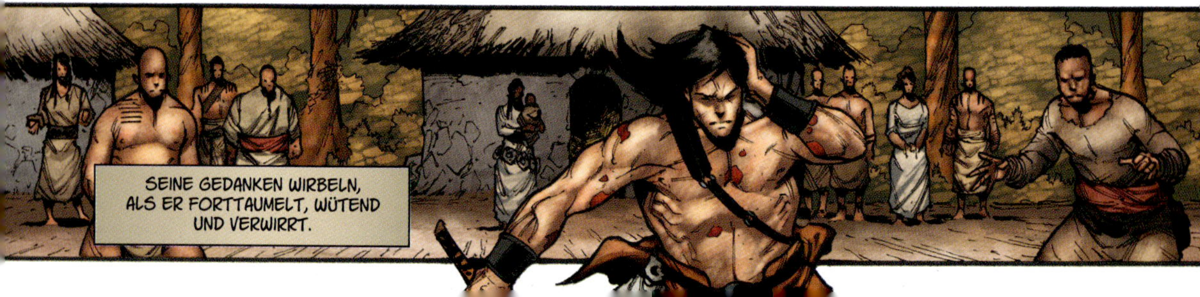

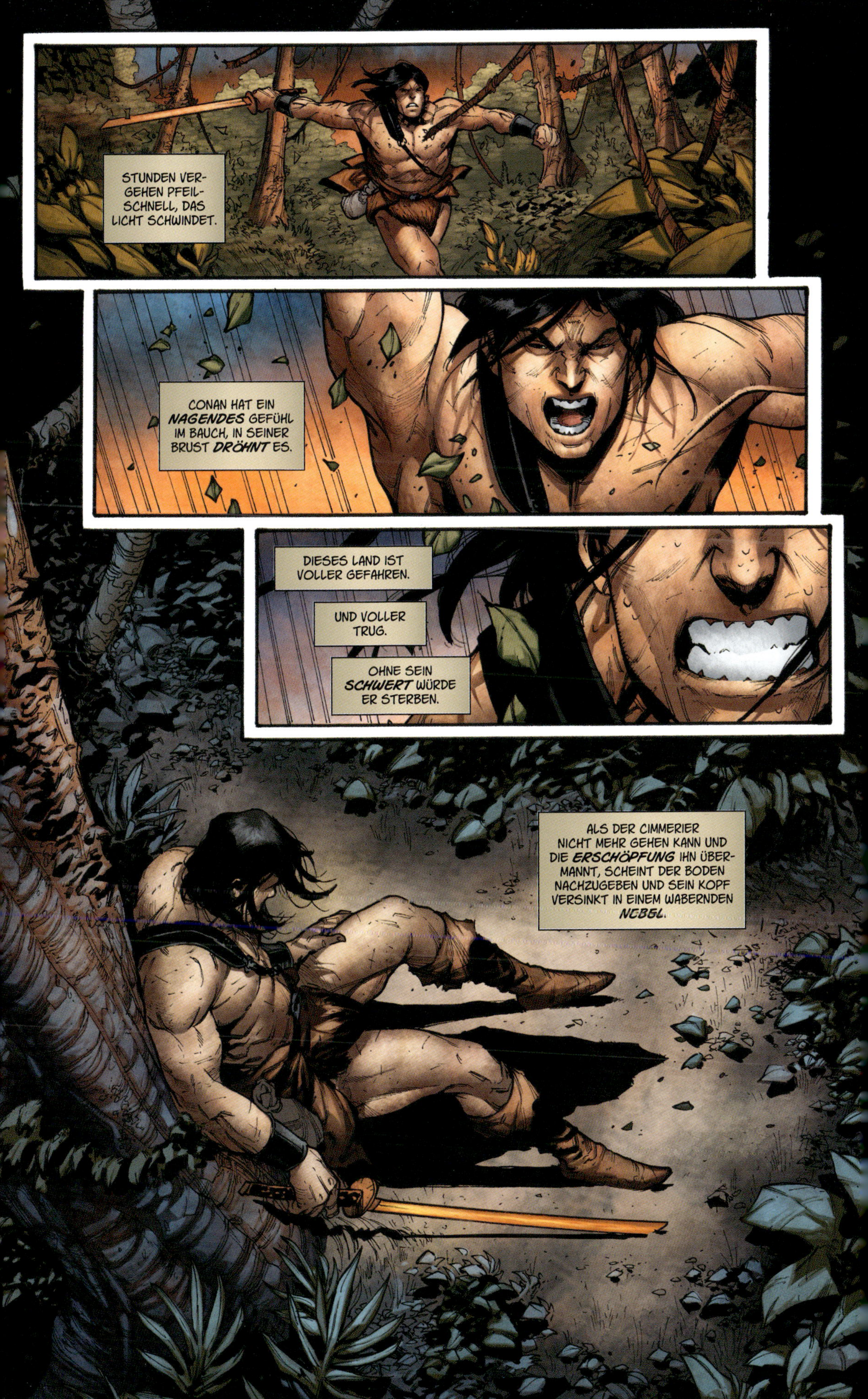
STUNDEN VERGEHEN PFEILSCHNELL, DAS LICHT SCHWINDET.
CONAN HAT EIN NAGENDES GEFÜHL IM BAUCH, IN SEINER BRUST DRÖHNT ES.
DIESES LAND IST VOLLER GEFAHREN.
UND VOLLER TRUG.
OHNE SEIN SCHWERT WÜRDE ER STERBEN.
ALS DER CIMMERIER NICHT MEHR GEHEN KANN UND DIE ERSCHÖPFUNG IHN ÜBERMANNT, SCHEINT DER BODEN NACHZUGEBEN UND SEIN KOPF VERSINKT IN EINEM WABERNDEN NEBEL.

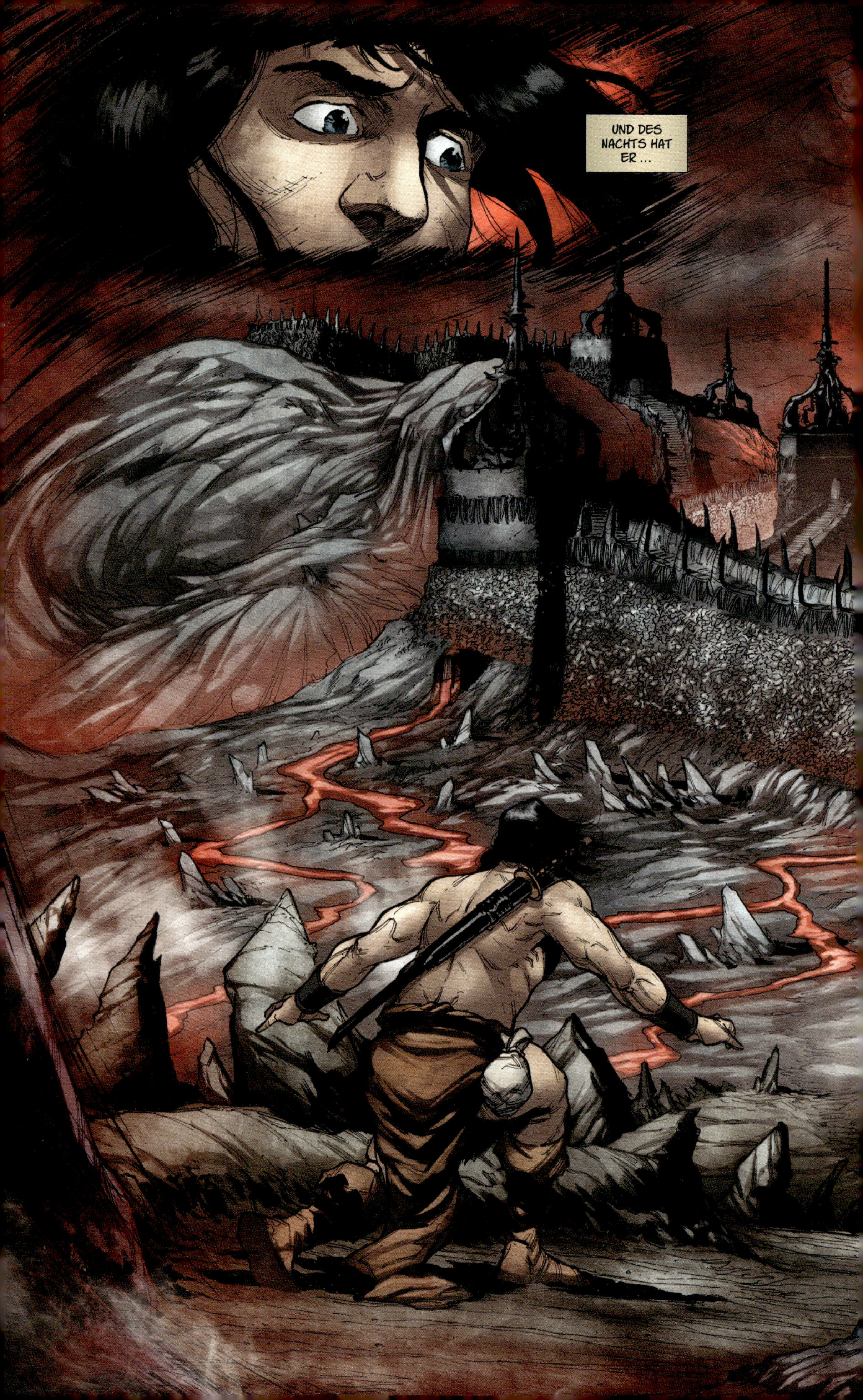
UND DES NACHTS HAT ER ...

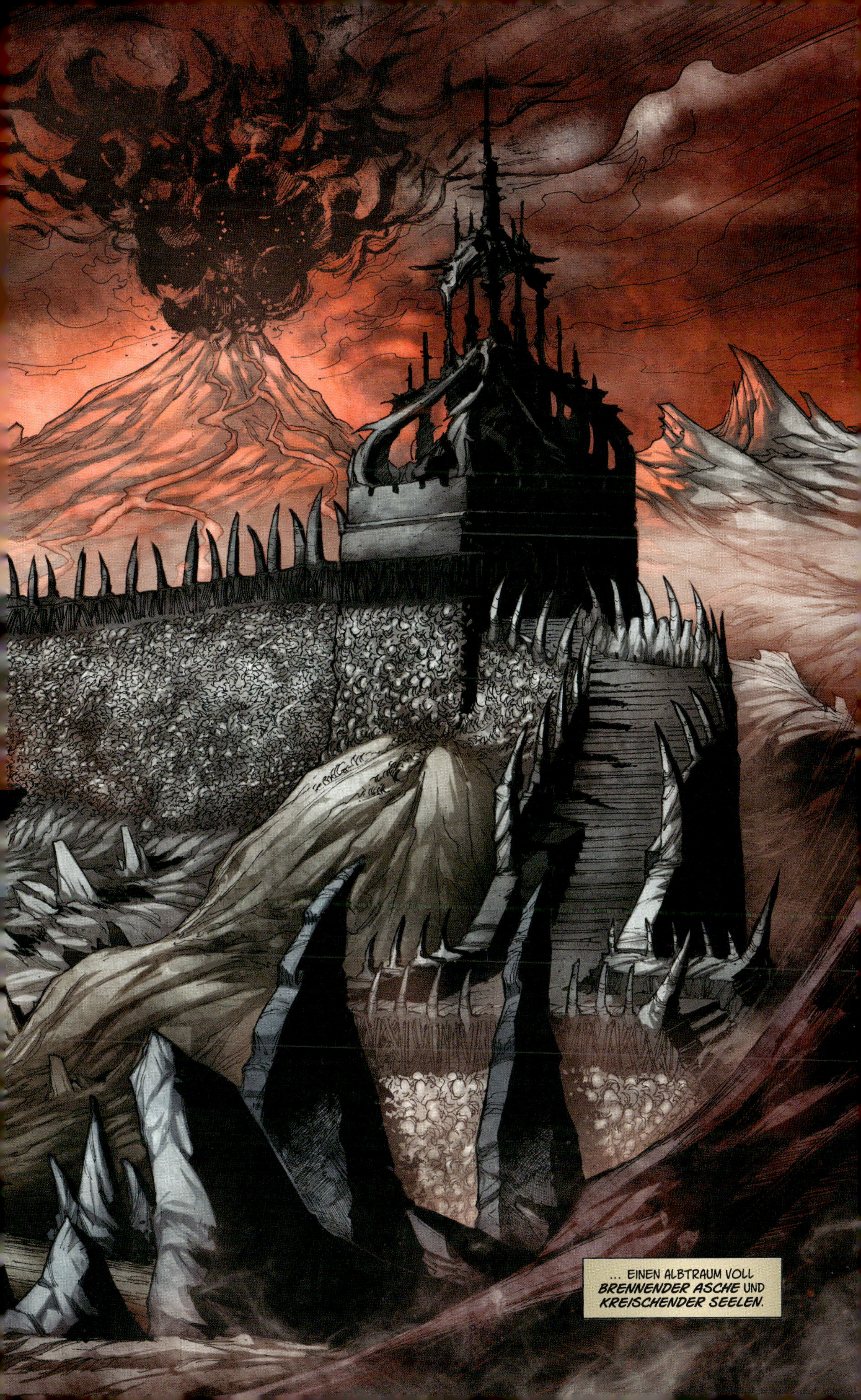
… EINEN ALBTRAUM VOLL
BRENNENDER ASCHE UND
KREISCHENDER SEELEN.

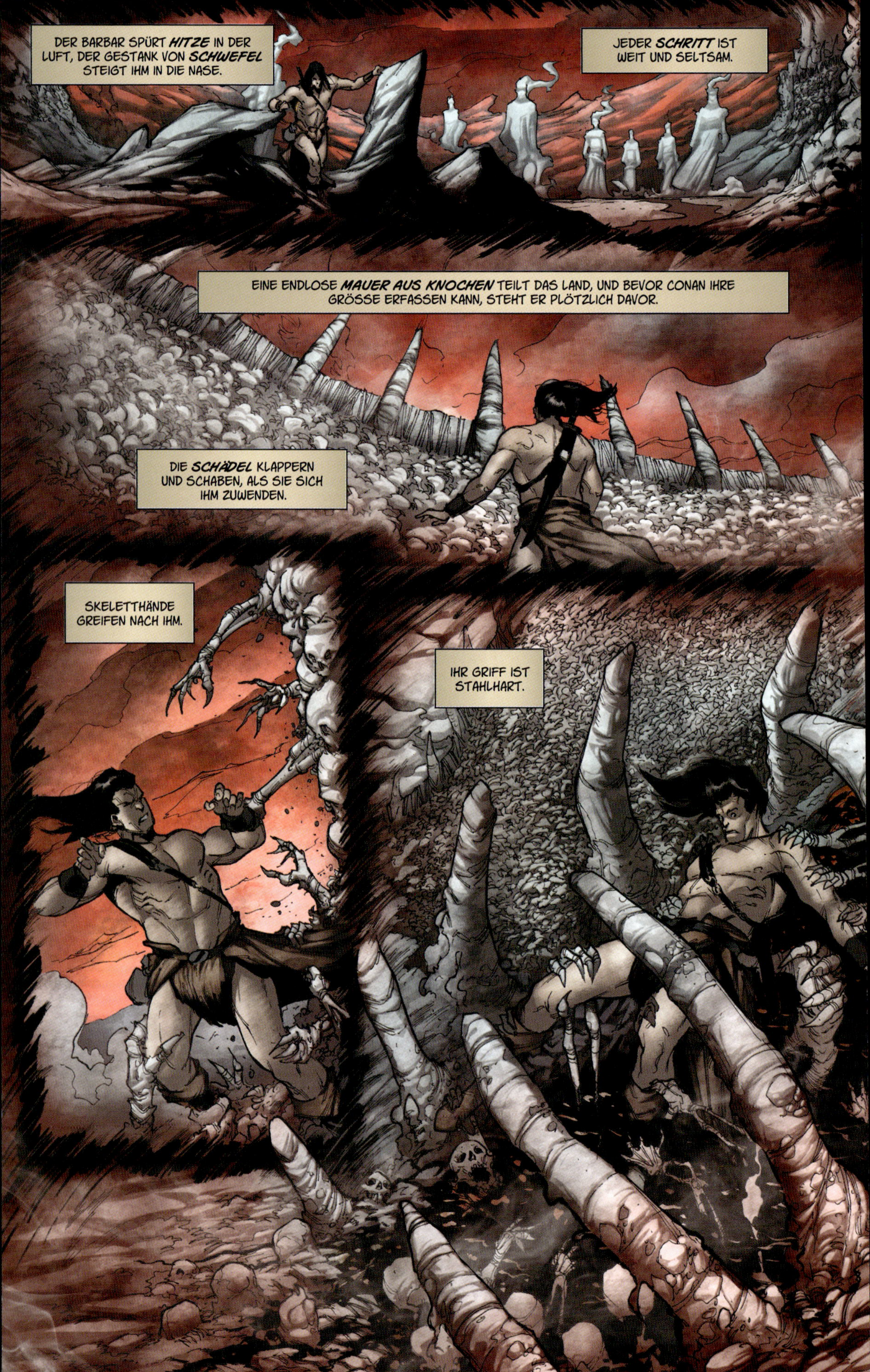

DER BARBAR SPÜRT HITZE IN DER LUFT, DER GESTANK VON SCHWEFEL STEIGT IHM IN DIE NASE.
JEDER SCHRITT IST WEIT UND SELTSAM.
EINE ENDLOSE MAUER AUS KNOCHEN TEILT DAS LAND, UND BEVOR CONAN IHRE GRÖSSE ERFASSEN KANN, STEHT ER PLÖTZLICH DAVOR.
DIE SCHÄDEL KLAPPERN UND SCHABEN, ALS SIE SICH IHM ZUWENDEN.
SKELETTHÄNDE GREIFEN NACH IHM.
IHR GRIFF IST STAHLHART.

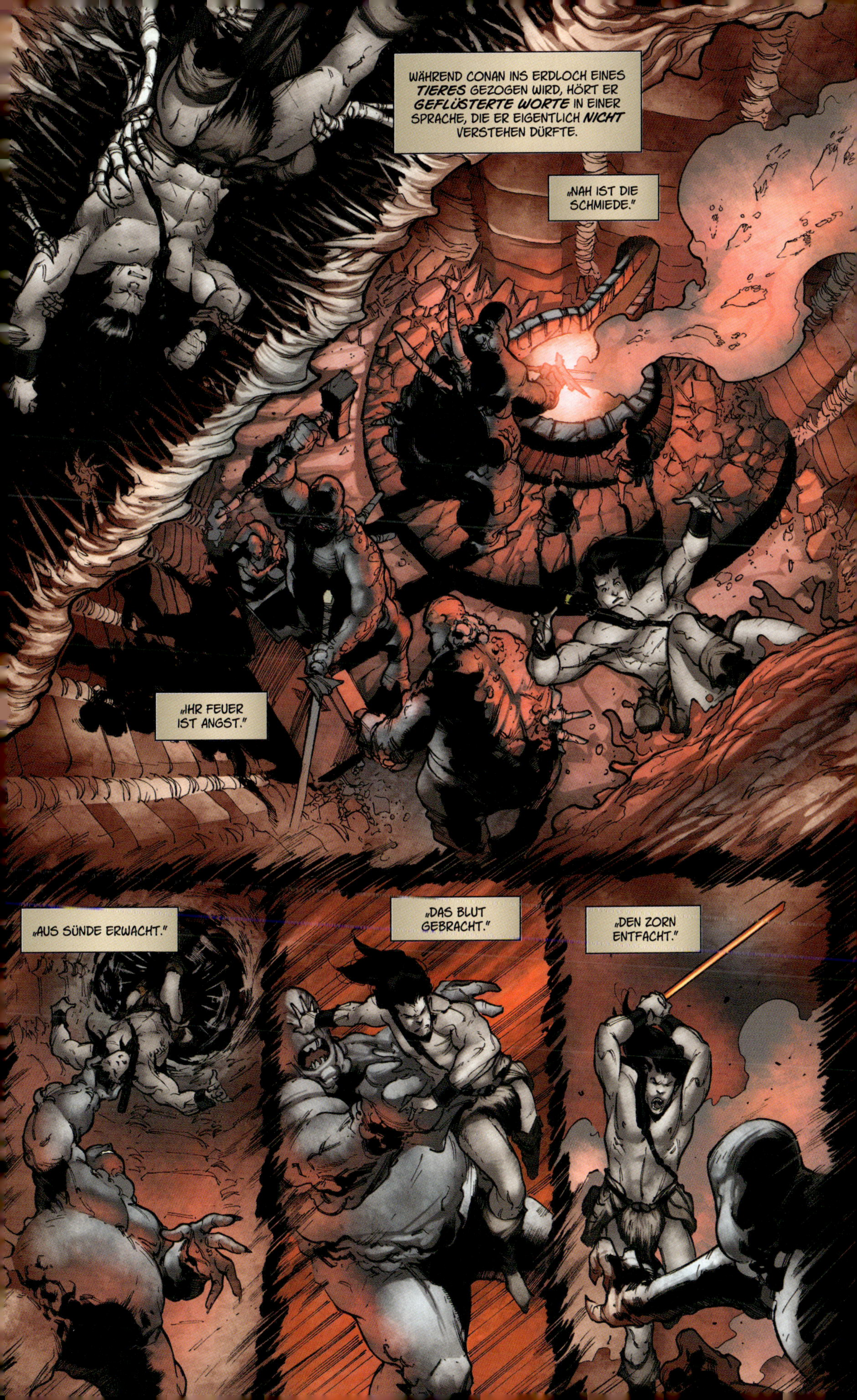
WÄHREND CONAN INS ERDLOCH EINES TIERES GEZOGEN WIRD, HÖRT ER GEFLÜSTERTE WORTE IN EINER SPRACHE, DIE ER EIGENTLICH NICHT VERSTEHEN DÜRFTE.
„NAH IST DIE SCHMIEDE."
„IHR FEUER IST ANGST."
„AUS SÜNDE ERWACHT."
„DAS BLUT GEBRACHT."
„DEN ZORN ENTFACHT."

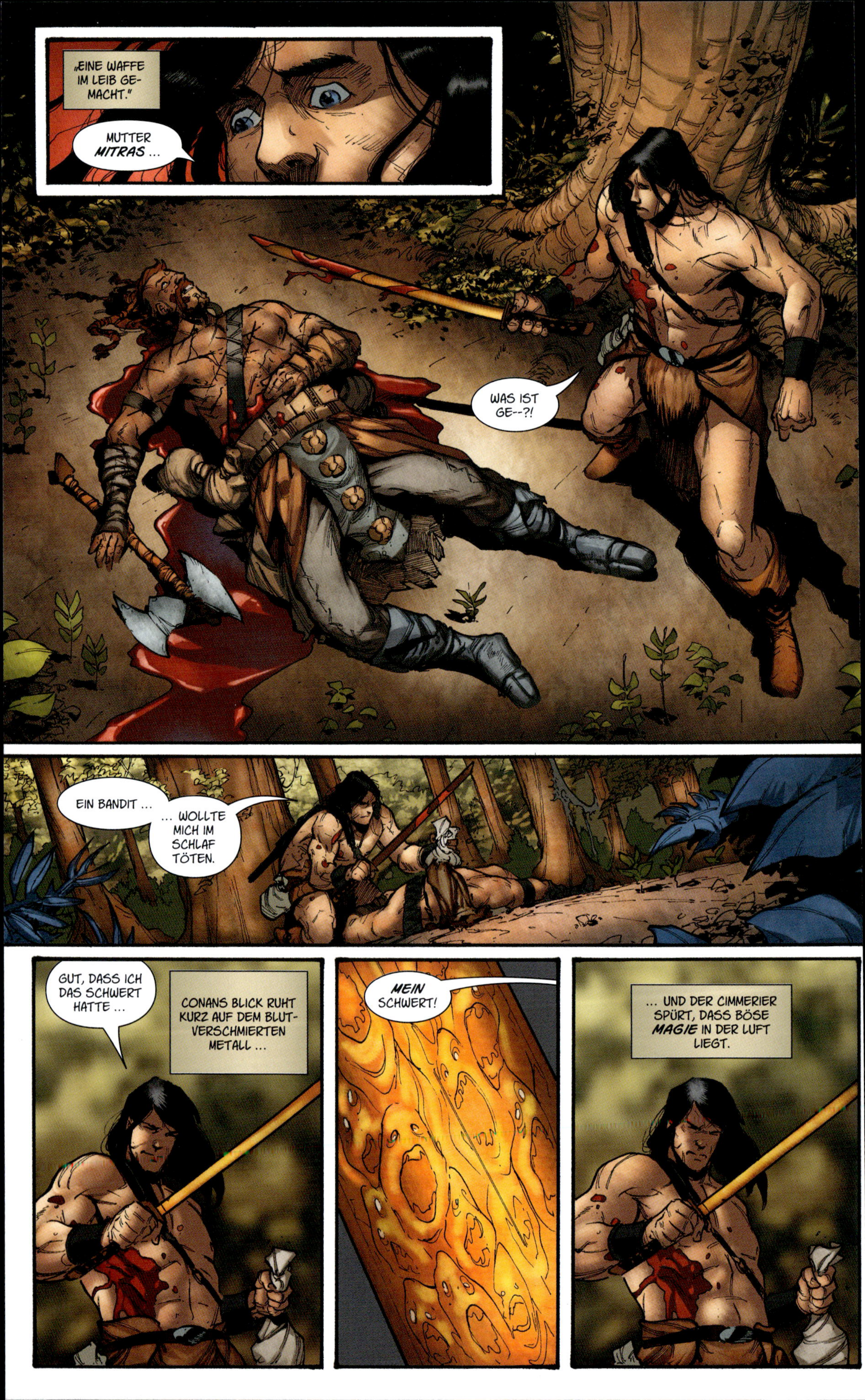

„EINE WAFFE IM LEIB GE-MACHT."

MUTTER *MITRAS* ...

WAS IST GE--?!

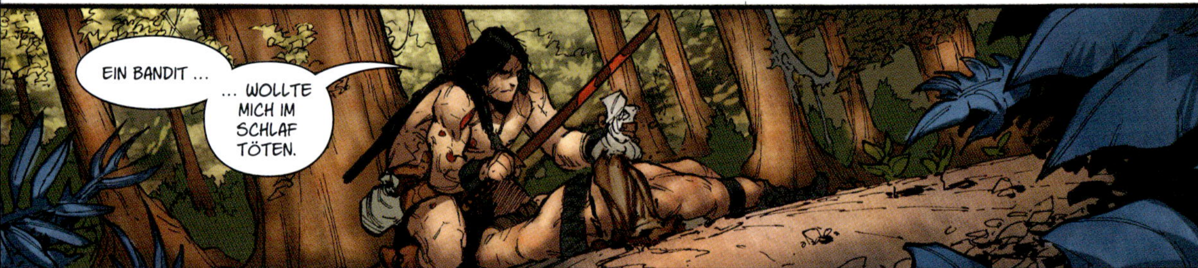

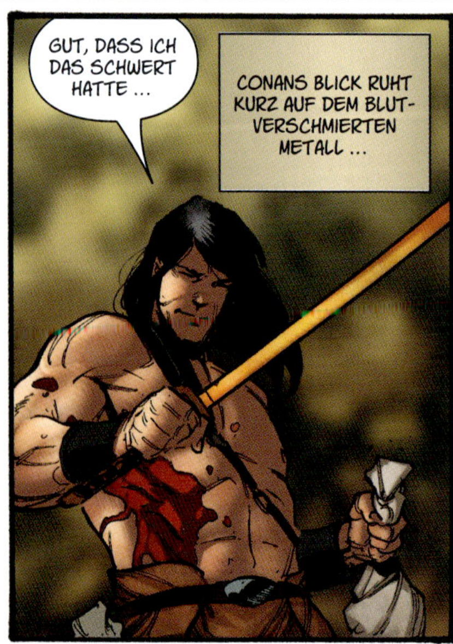

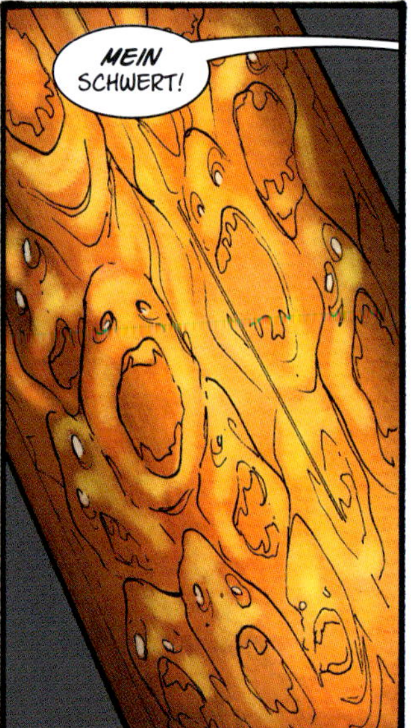

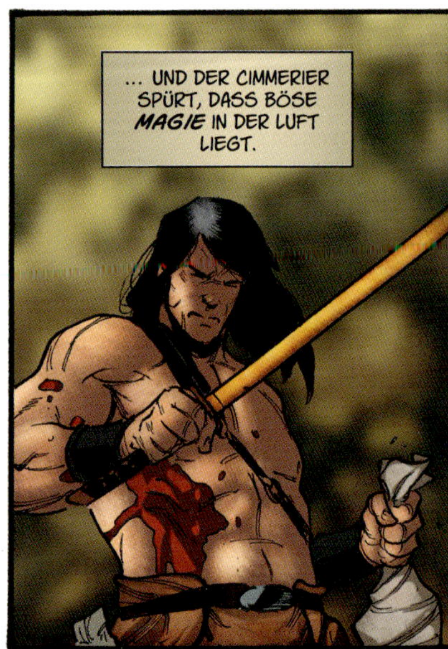

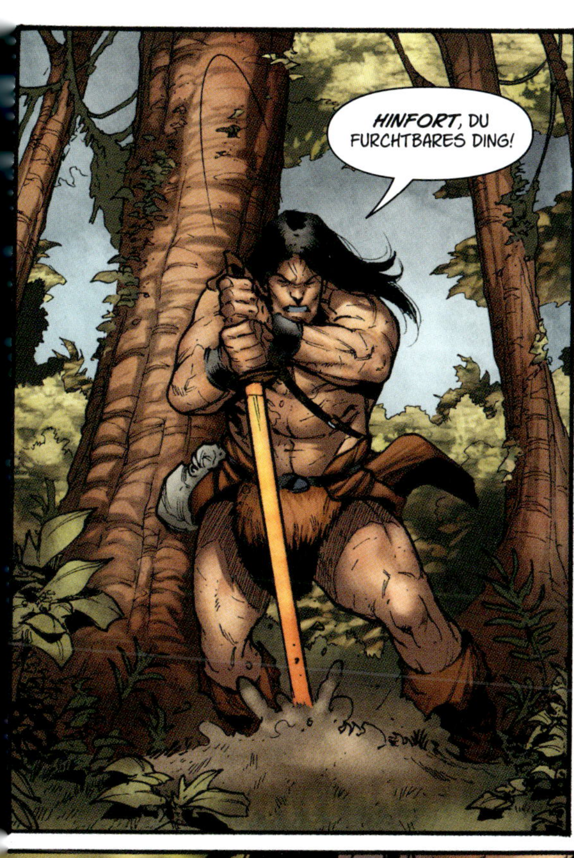
HINFORT, DU FURCHTBARES DING!

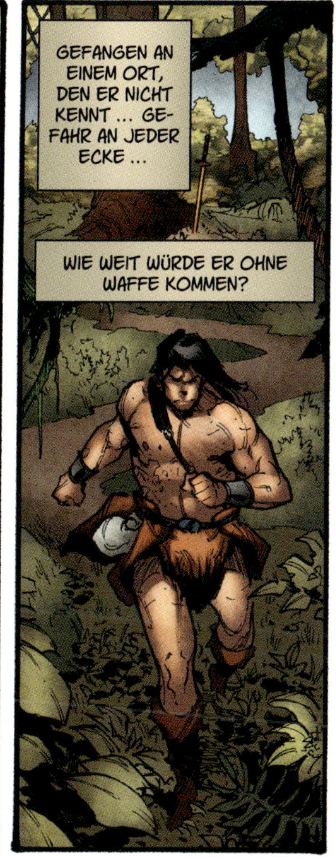
GEFANGEN AN EINEM ORT, DEN ER NICHT KENNT … GEFAHR AN JEDER ECKE …
WIE WEIT WÜRDE ER OHNE WAFFE KOMMEN?

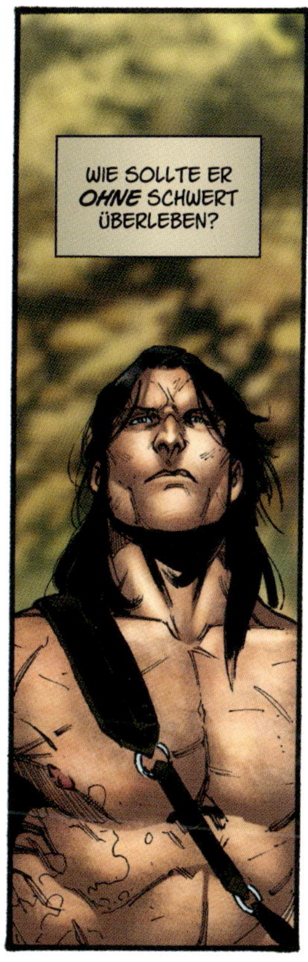
WIE SOLLTE ER OHNE SCHWERT ÜBERLEBEN?

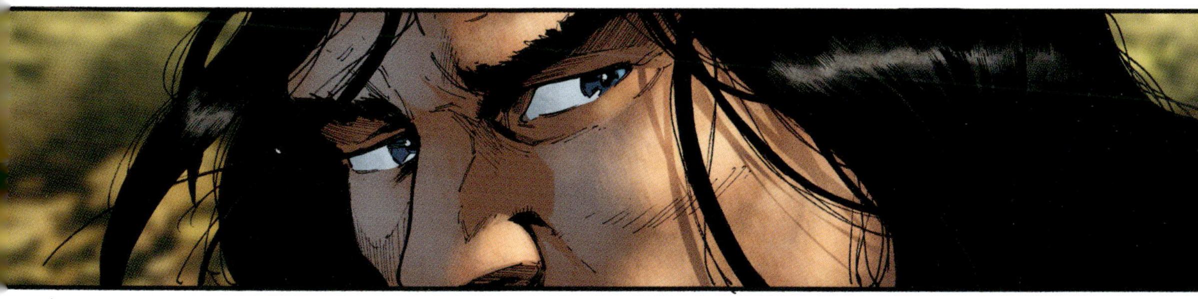

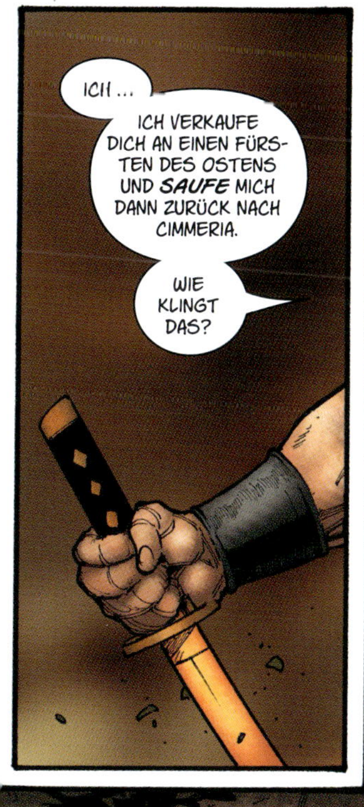
ICH …
ICH VERKAUFE DICH AN EINEN FÜRSTEN DES OSTENS UND SAUFE MICH DANN ZURÜCK NACH CIMMERIA.
WIE KLINGT DAS?

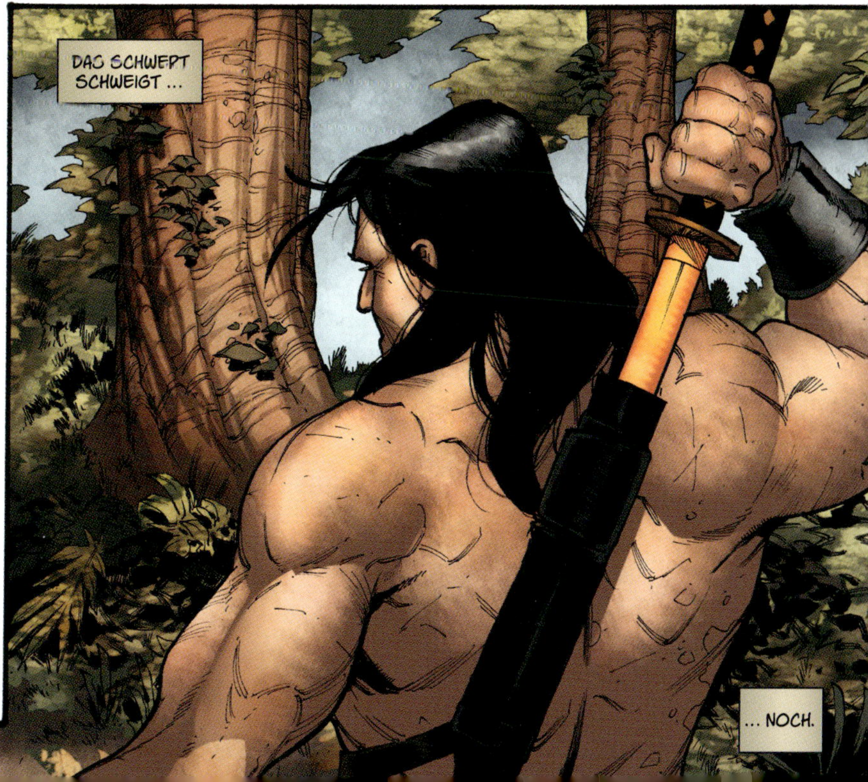
DAS SCHWERT SCHWEIGT …
… NOCH.

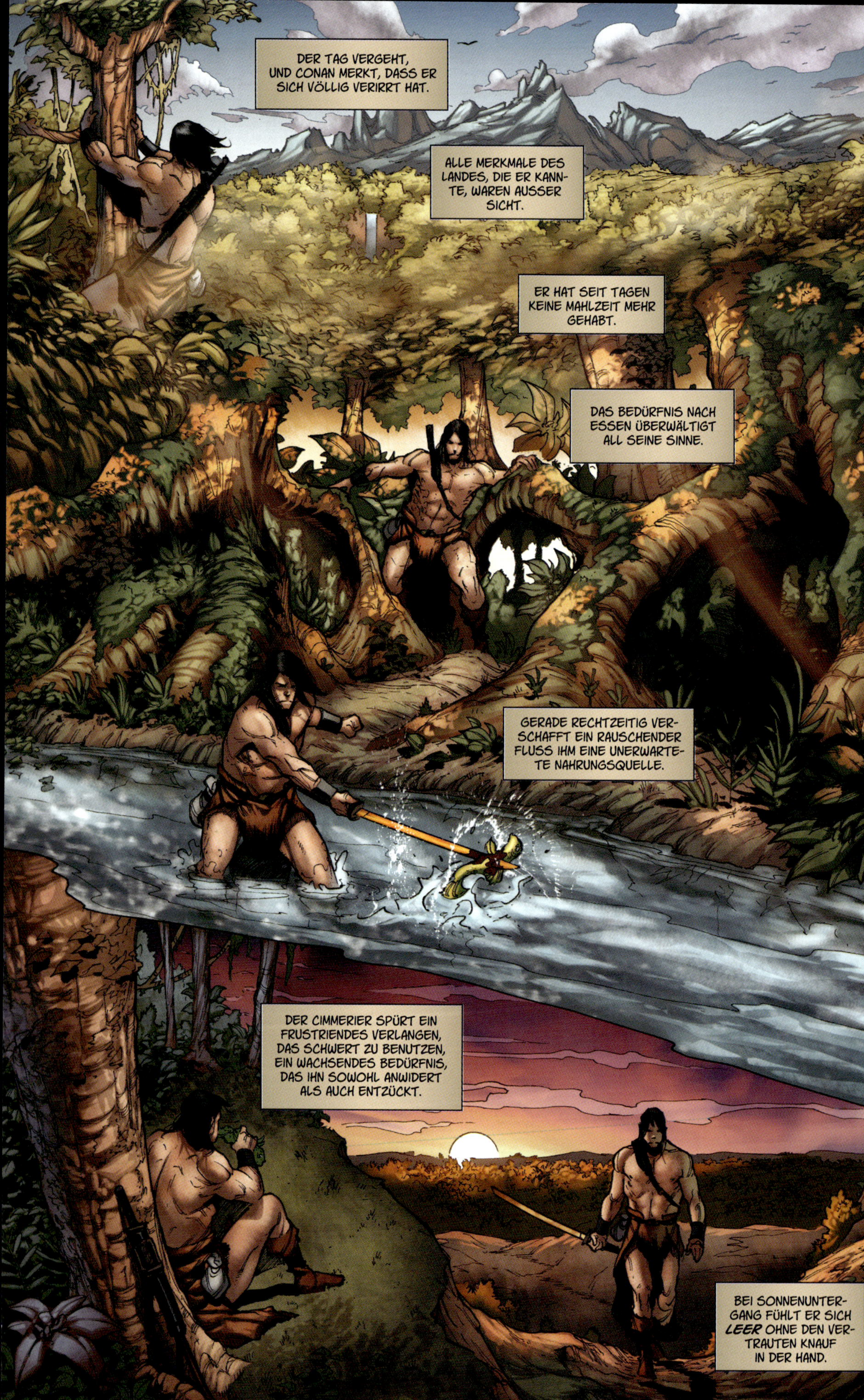
DER TAG VERGEHT, UND CONAN MERKT, DASS ER SICH VÖLLIG VERIRRT HAT.
ALLE MERKMALE DES LANDES, DIE ER KANN-TE, WAREN AUSSER SICHT.
ER HAT SEIT TAGEN KEINE MAHLZEIT MEHR GEHABT.
DAS BEDÜRFNIS NACH ESSEN ÜBERWÄLTIGT ALL SEINE SINNE.
GERADE RECHTZEITIG VER-SCHAFFT EIN RAUSCHENDER FLUSS IHM EINE UNERWARTE-TE NAHRUNGSQUELLE.
DER CIMMERIER SPÜRT EIN FRUSTRIERENDES VERLANGEN, DAS SCHWERT ZU BENUTZEN, EIN WACHSENDES BEDÜRFNIS, DAS IHN SOWOHL ANWIDERT ALS AUCH ENTZÜCKT.
BEI SONNENUNTER-GANG FÜHLT ER SICH LEER OHNE DEN VER-TRAUTEN KNAUF IN DER HAND.

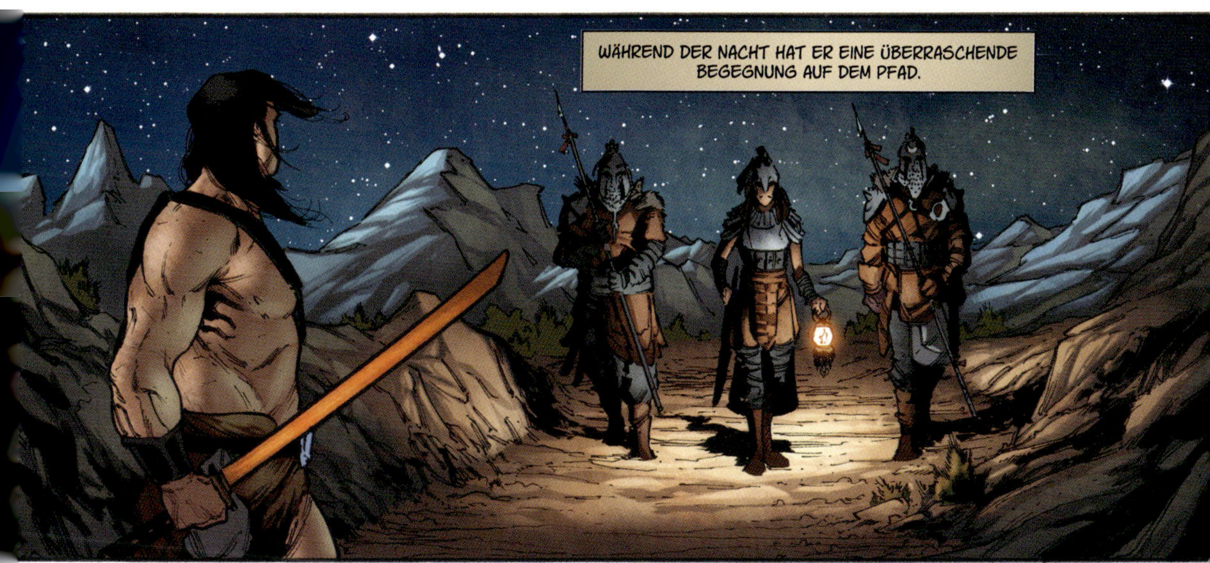
WÄHREND DER NACHT HAT ER EINE ÜBERRASCHENDE BEGEGNUNG AUF DEM PFAD.

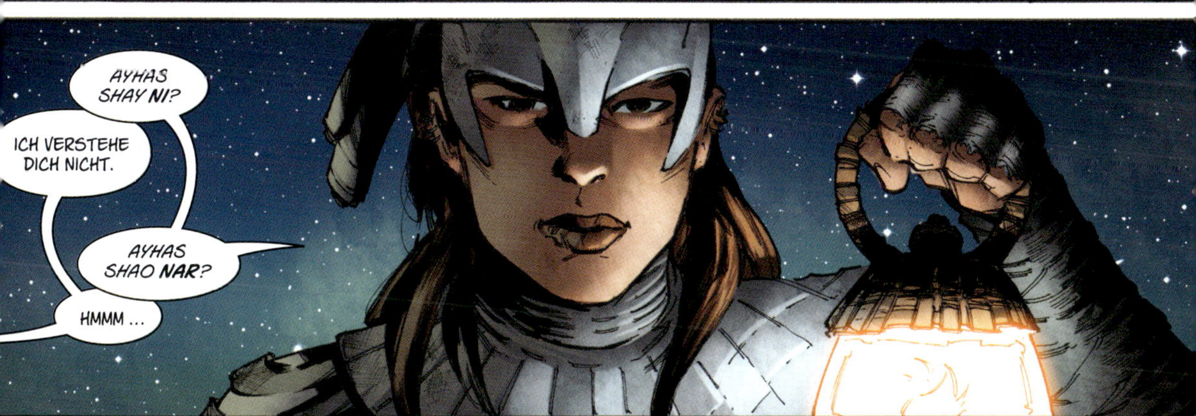
AYHAS SHAY NI?
ICH VERSTEHE DICH NICHT.
AYHAS SHAO NAR?
HMMM ...

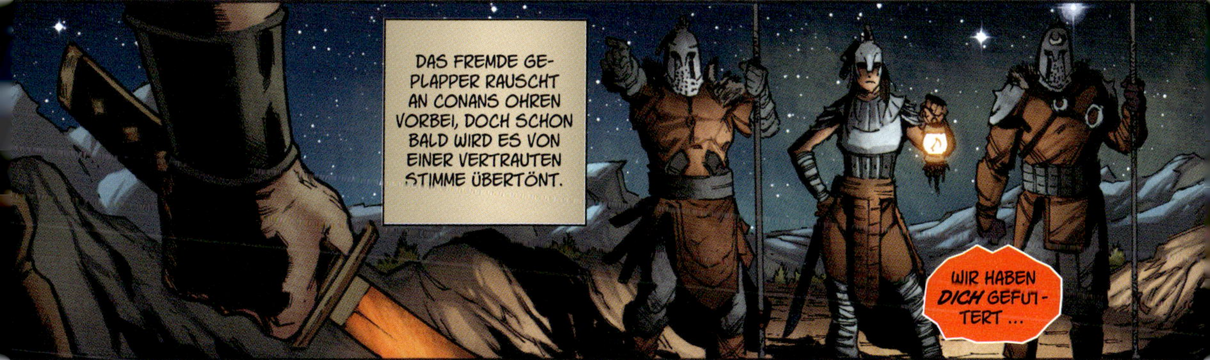
DAS FREMDE GEPLAPPER RAUSCHT AN CONANS OHREN VORBEI, DOCH SCHON BALD WIRD ES VON EINER VERTRAUTEN STIMME ÜBERTÖNT.
WIR HABEN DICH GEFÜTTERT ...

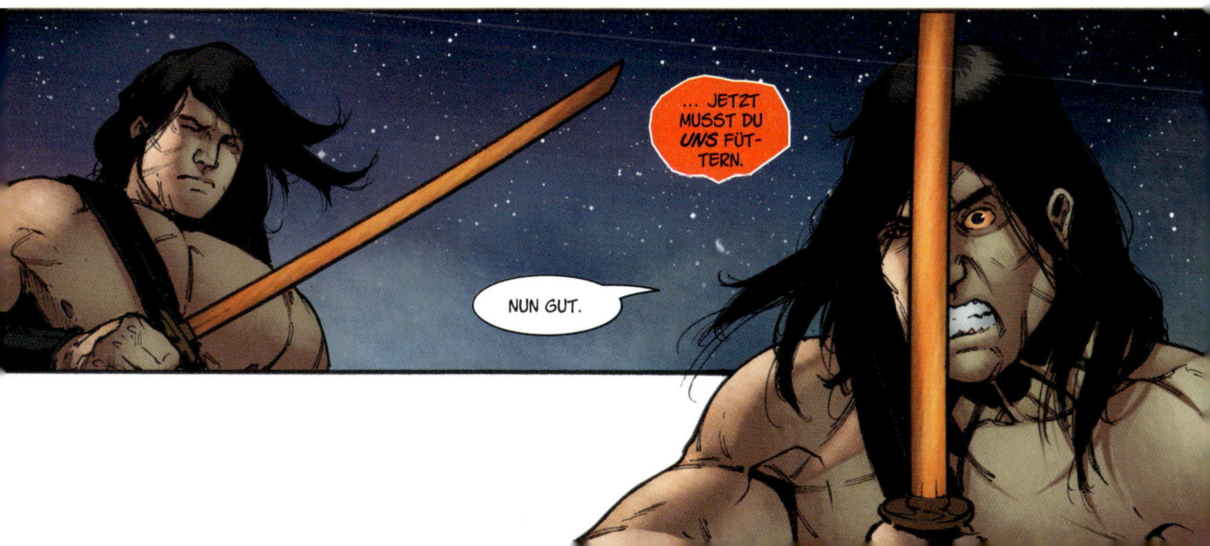
... JETZT MUSST DU UNS FÜTTERN.
NUN GUT.

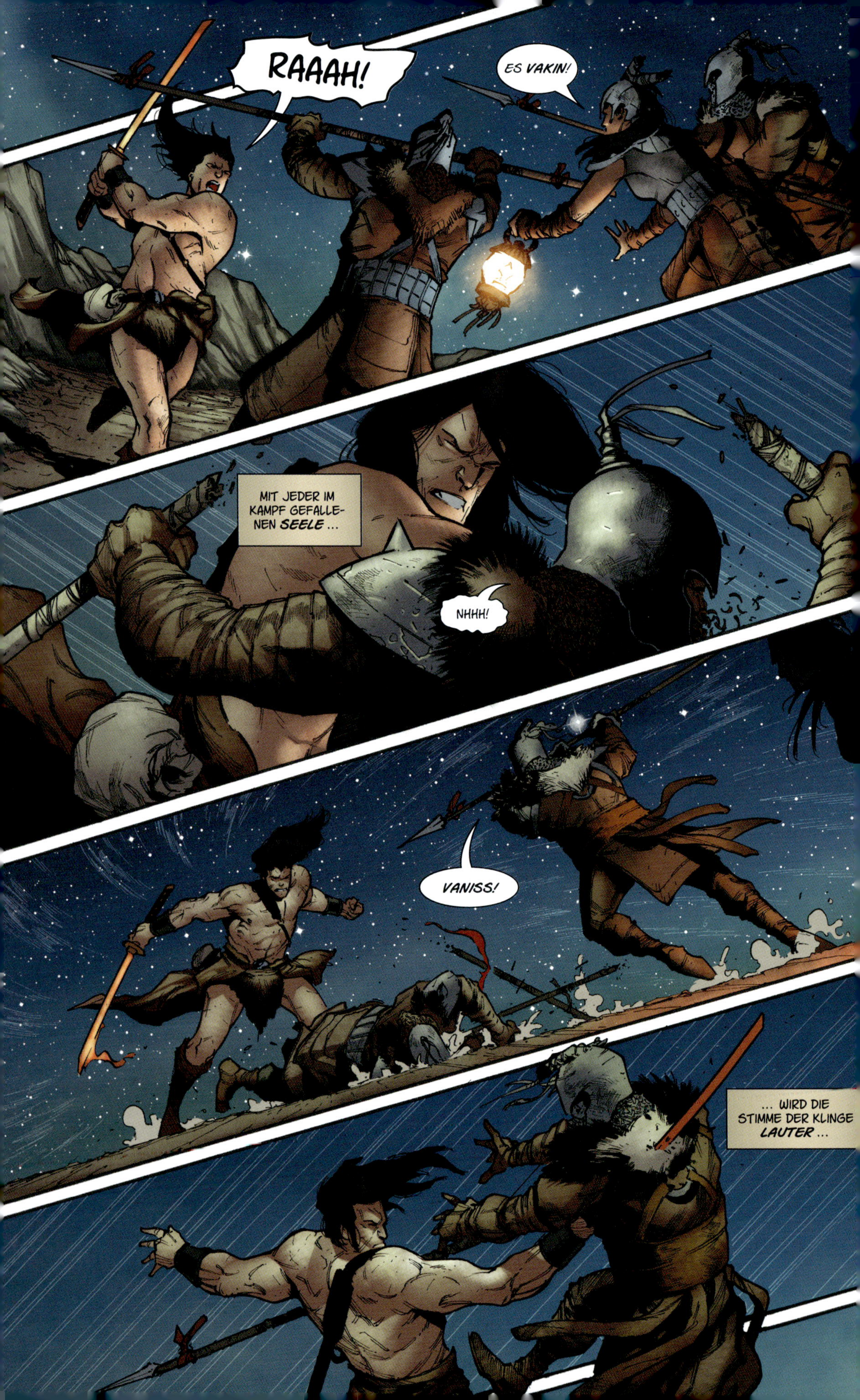
RAAAH!
ES VAKIN!
MIT JEDER IM KAMPF GEFALLE-NEN SEELE …
NHHH!
VANISS!
… WIRD DIE STIMME DER KLINGE LAUTER …

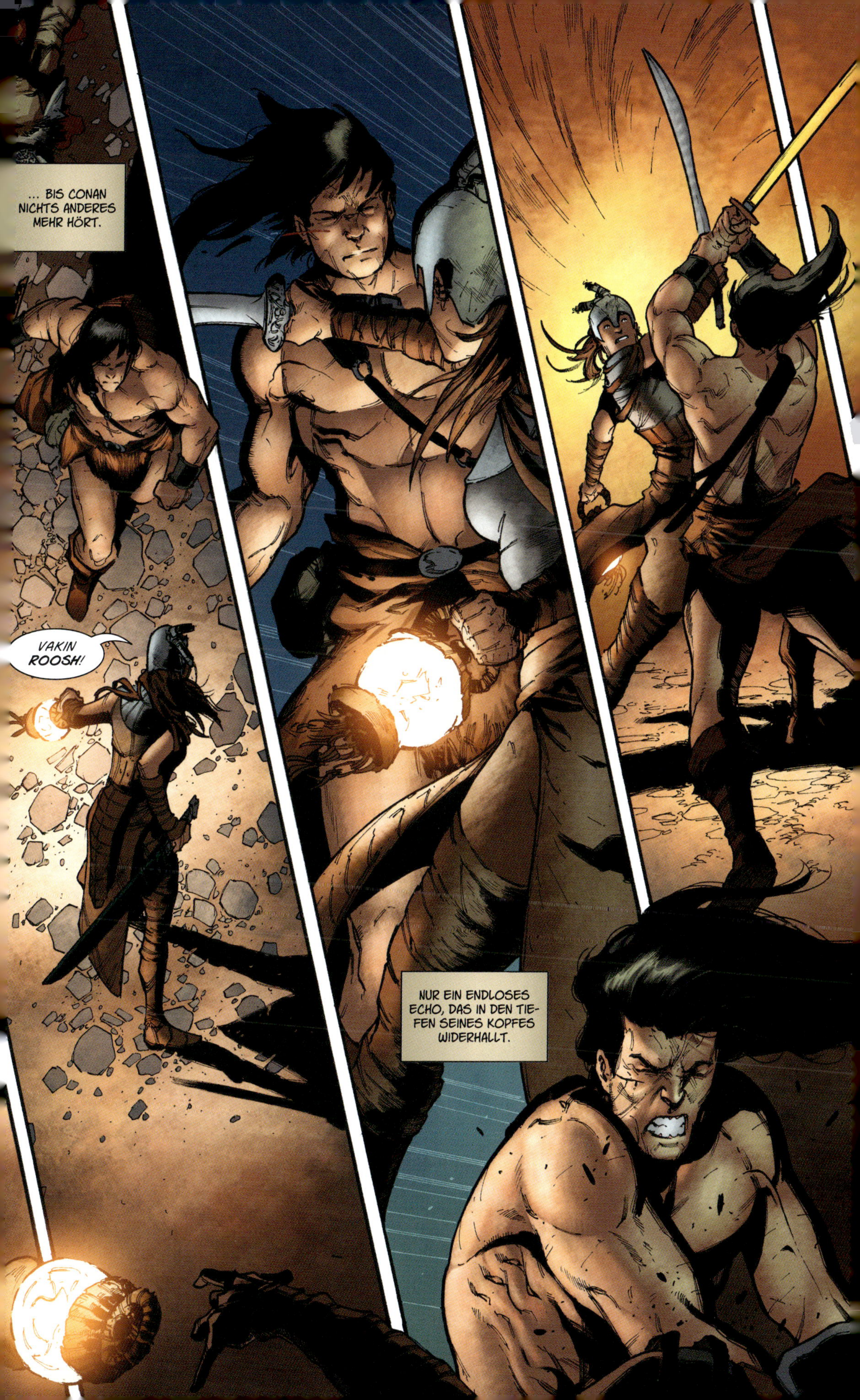
… BIS CONAN NICHTS ANDERES MEHR HÖRT.
VAKIN ROOSH!
NUR EIN ENDLOSES ECHO, DAS IN DEN TIEFEN SEINES KOPFES WIDERHALLT.

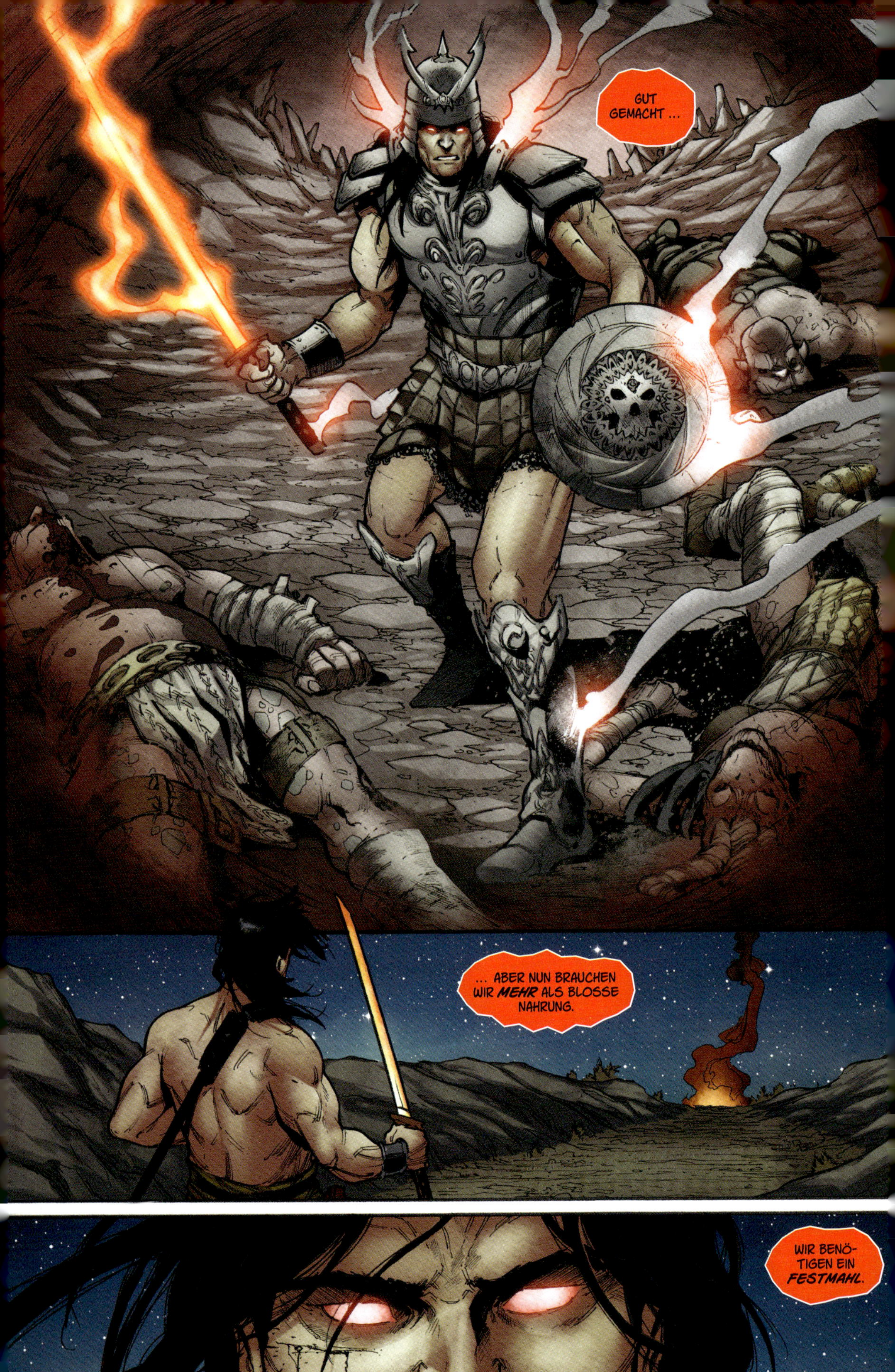
GUT GEMACHT ...
... ABER NUN BRAUCHEN WIR MEHR ALS BLOSSE NAHRUNG.
WIR BENÖTIGEN EIN FESTMAHL.

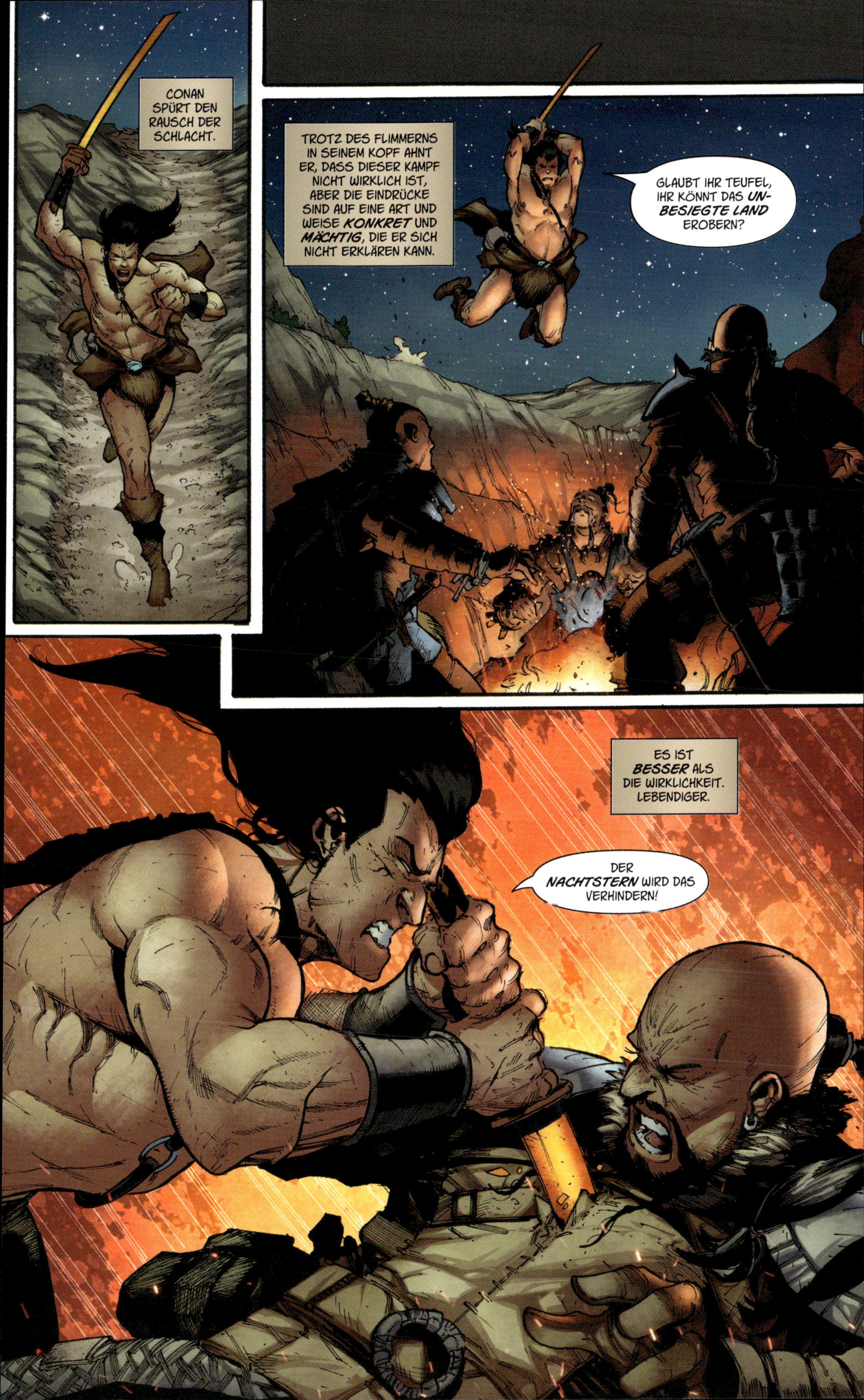
CONAN SPÜRT DEN RAUSCH DER SCHLACHT.
TROTZ DES FLIMMERNS IN SEINEM KOPF AHNT ER, DASS DIESER KAMPF NICHT WIRKLICH IST, ABER DIE EINDRÜCKE SIND AUF EINE ART UND WEISE KONKRET UND MÄCHTIG, DIE ER SICH NICHT ERKLÄREN KANN.
GLAUBT IHR TEUFEL, IHR KÖNNT DAS UNBESIEGTE LAND EROBERN?
ES IST BESSER ALS DIE WIRKLICHKEIT. LEBENDIGER.
DER NACHTSTERN WIRD DAS VERHINDERN!

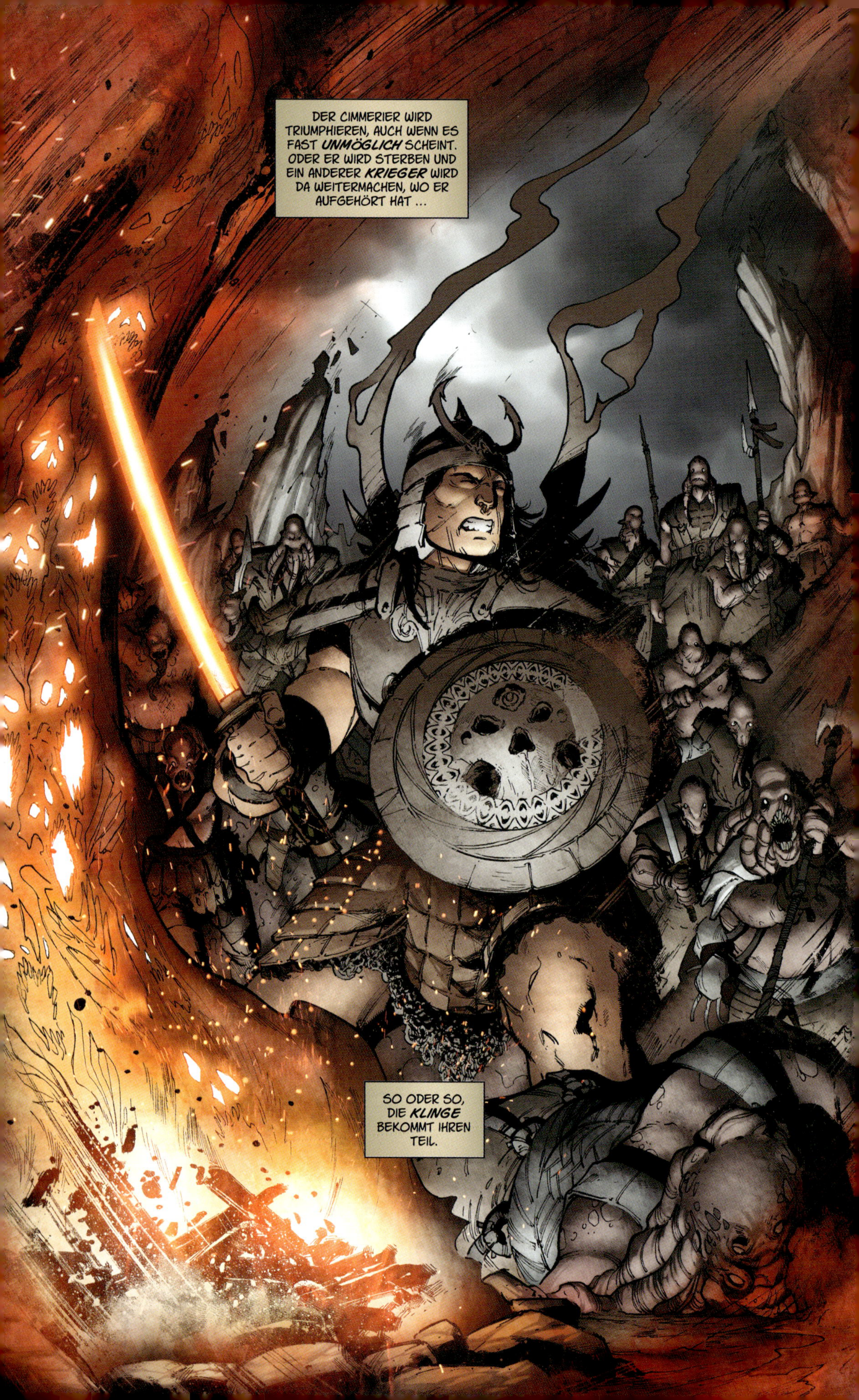
DER CIMMERIER WIRD TRIUMPHIEREN, AUCH WENN ES FAST UNMÖGLICH SCHEINT. ODER ER WIRD STERBEN UND EIN ANDERER KRIEGER WIRD DA WEITERMACHEN, WO ER AUFGEHÖRT HAT ...
SO ODER SO, DIE KLINGE BEKOMMT IHREN TEIL.

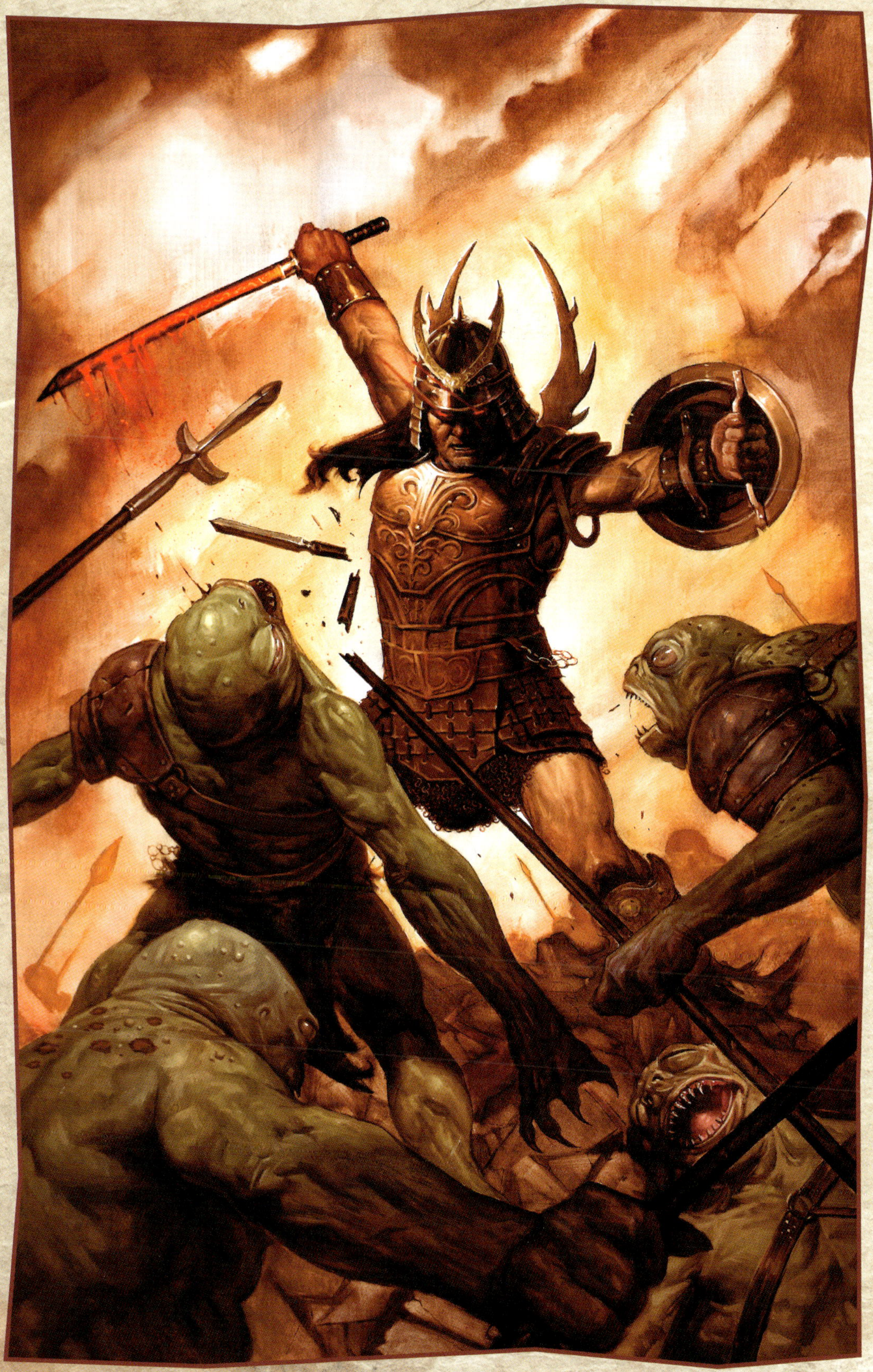

Conan the Barbarian (2019) 18
Cover von **E. M. GIST**

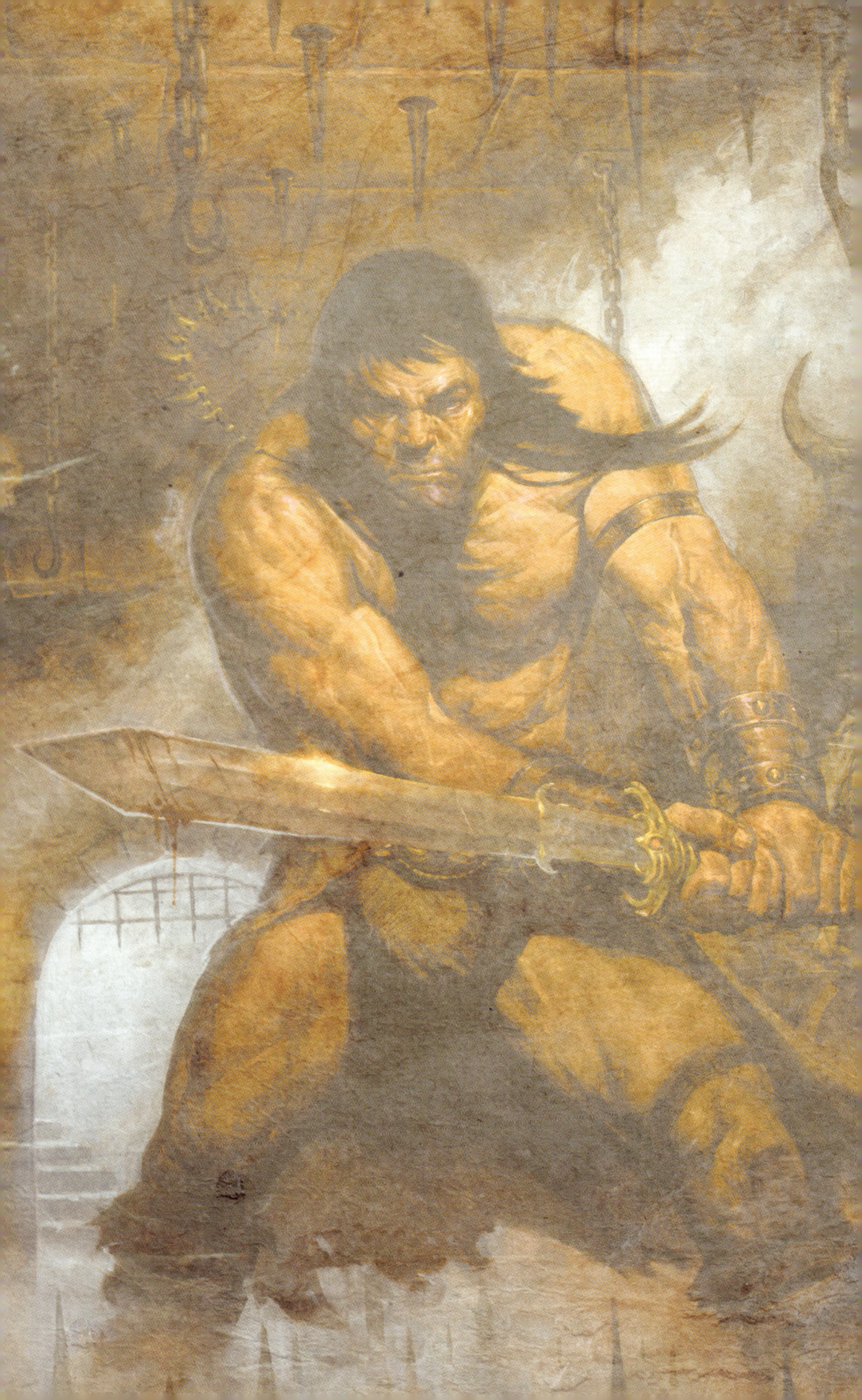

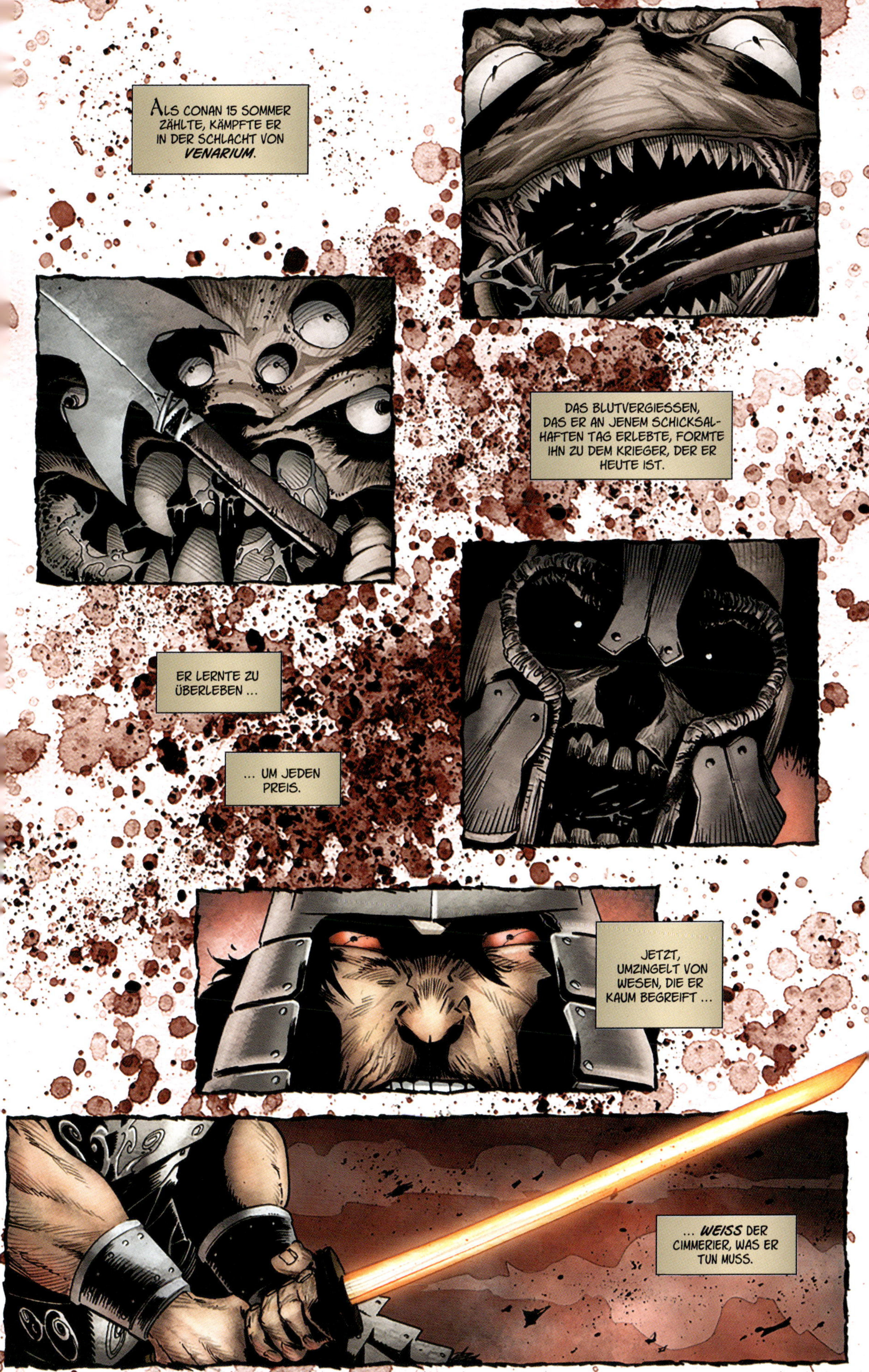

ALS CONAN 15 SOMMER ZÄHLTE, KÄMPFTE ER IN DER SCHLACHT VON ***VENARIUM***.

DAS BLUTVERGIESSEN, DAS ER AN JENEM SCHICKSAL-HAFTEN TAG ERLEBTE, FORMTE IHN ZU DEM KRIEGER, DER ER HEUTE IST.

ER LERNTE ZU ÜBERLEBEN …

… UM JEDEN PREIS.

JETZT, UMZINGELT VON WESEN, DIE ER KAUM BEGREIFT …

… ***WEISS*** DER CIMMERIER, WAS ER TUN MUSS.

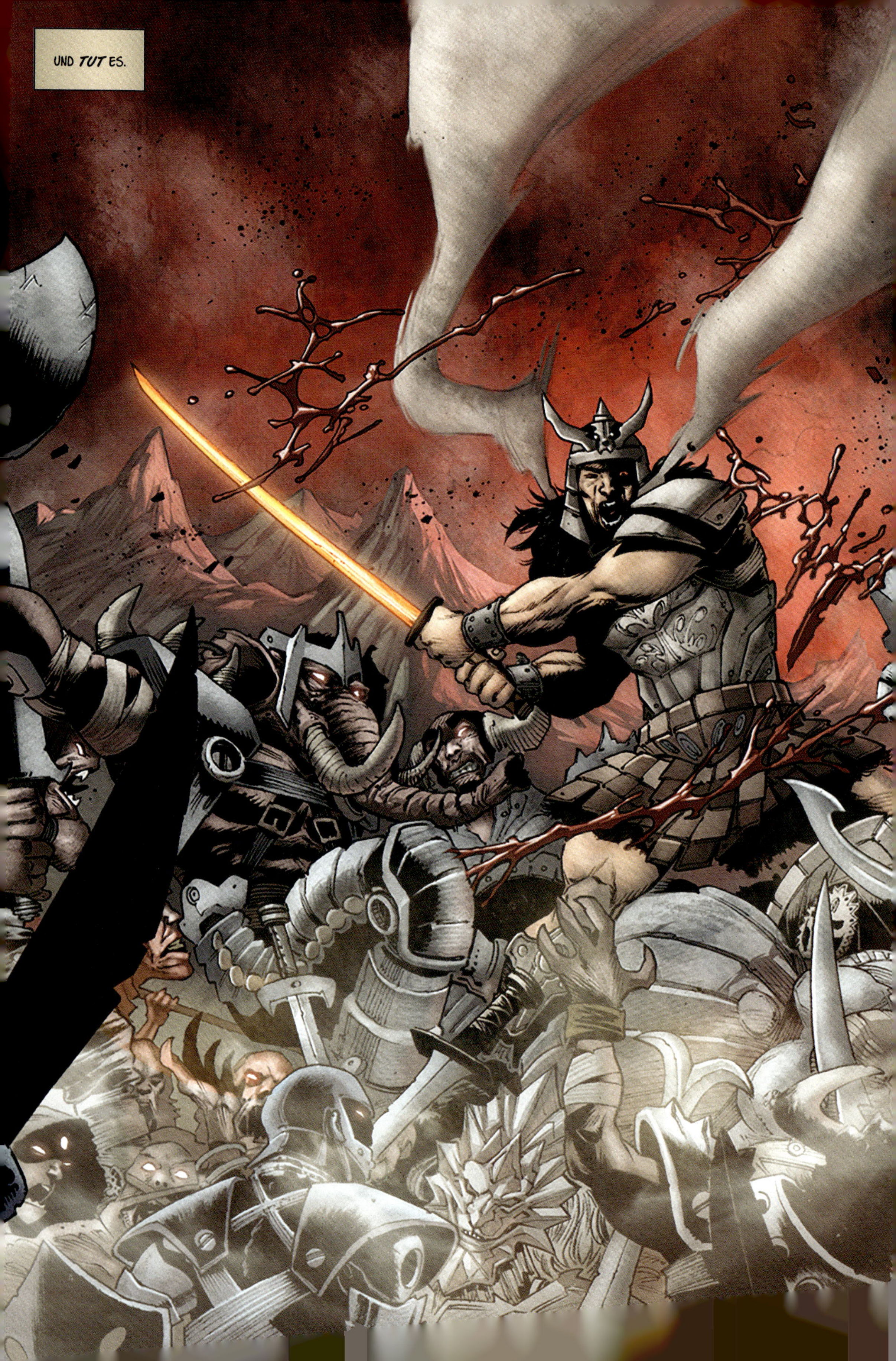
UND TUT ES.

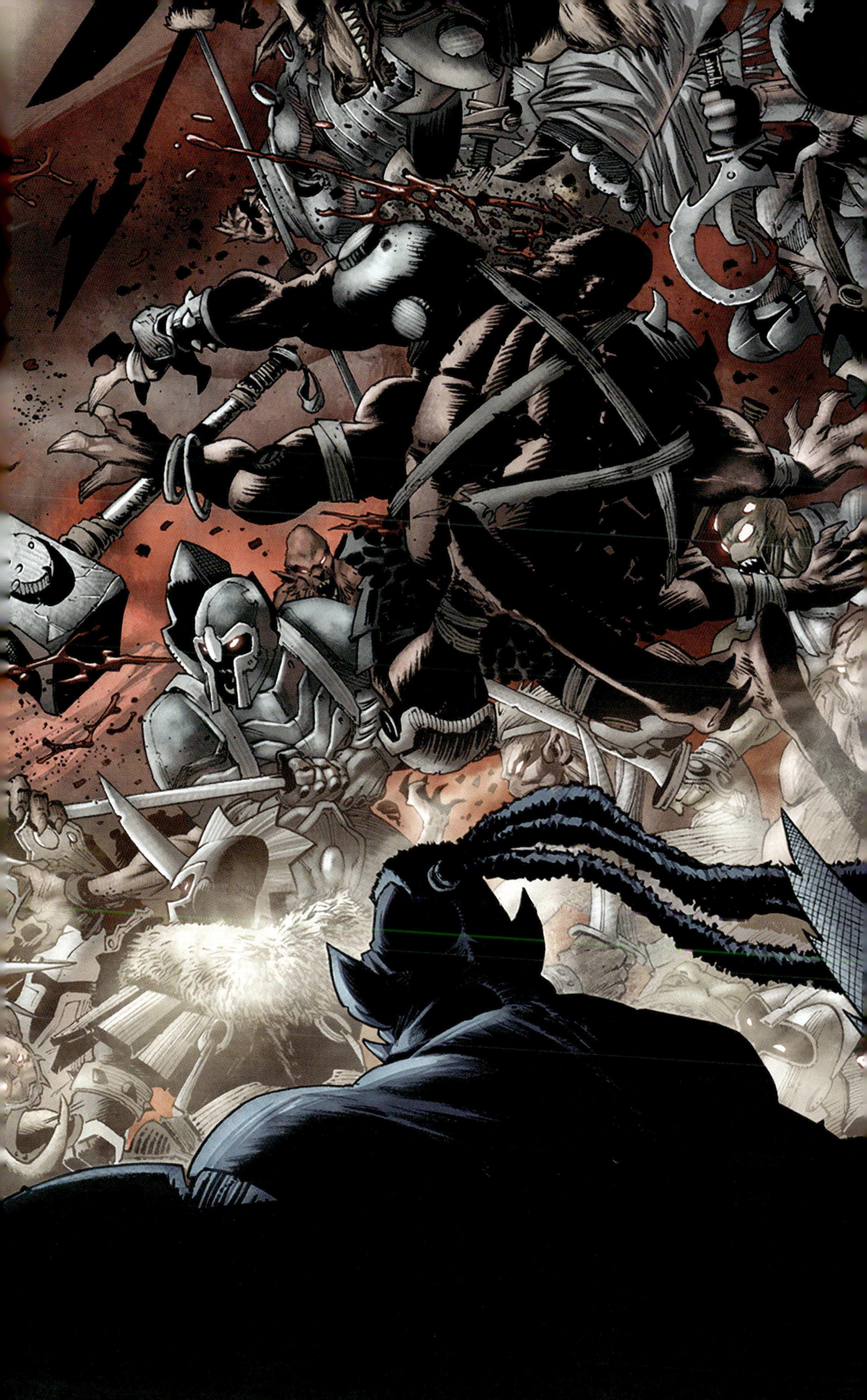

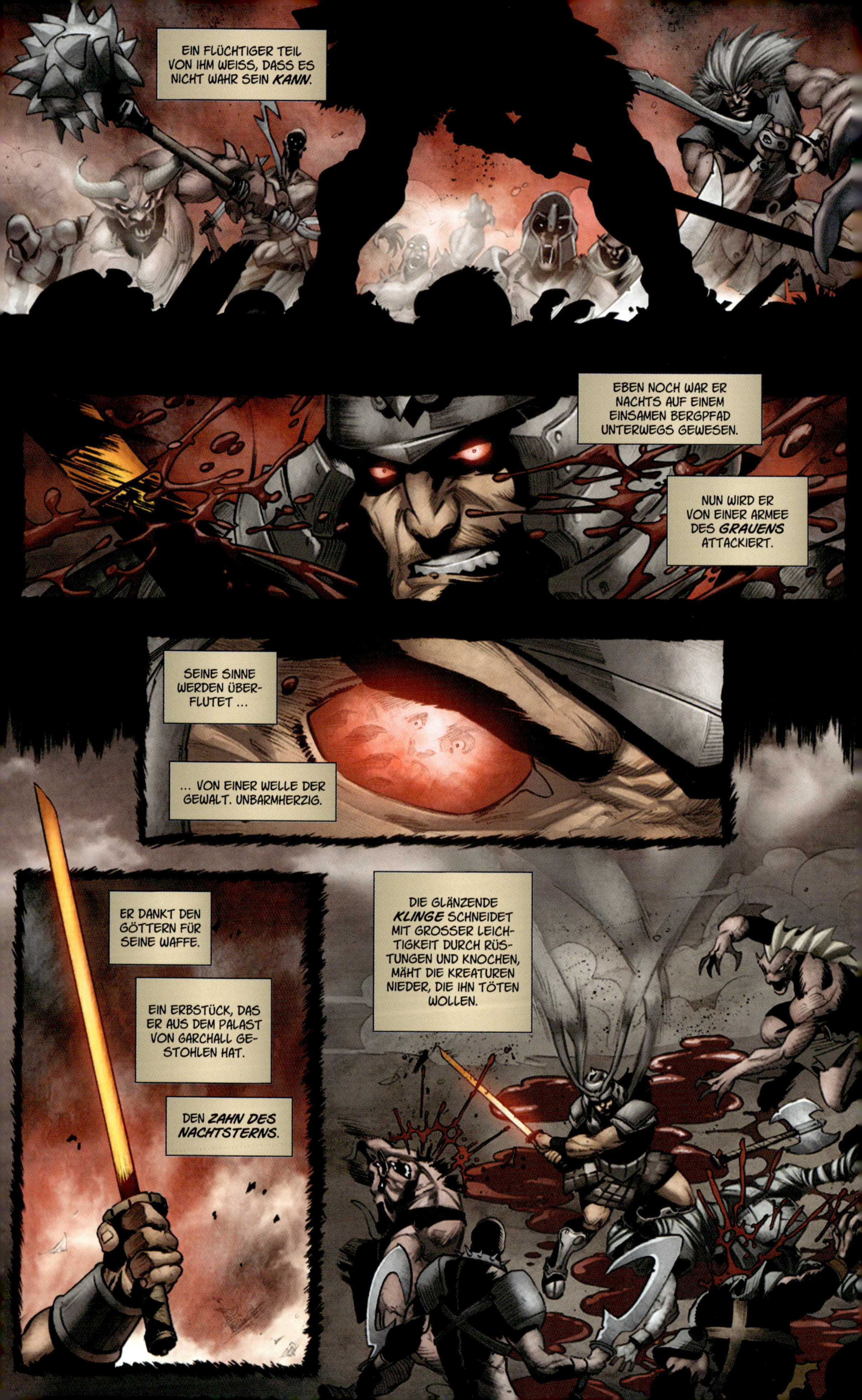
EIN FLÜCHTIGER TEIL VON IHM WEISS, DASS ES NICHT WAHR SEIN *KANN*.
EBEN NOCH WAR ER NACHTS AUF EINEM EINSAMEN BERGPFAD UNTERWEGS GEWESEN.
NUN WIRD ER VON EINER ARMEE DES *GRAUENS* ATTACKIERT.
SEINE SINNE WERDEN ÜBERFLUTET ...
... VON EINER WELLE DER GEWALT. UNBARMHERZIG.
ER DANKT DEN GÖTTERN FÜR SEINE WAFFE.
EIN ERBSTÜCK, DAS ER AUS DEM PALAST VON GARCHALL GESTOHLEN HAT.
DEN *ZAHN DES NACHTSTERNS*.
DIE GLÄNZENDE *KLINGE* SCHNEIDET MIT GROSSER LEICHTIGKEIT DURCH RÜSTUNGEN UND KNOCHEN, MÄHT DIE KREATUREN NIEDER, DIE IHN TÖTEN WOLLEN.

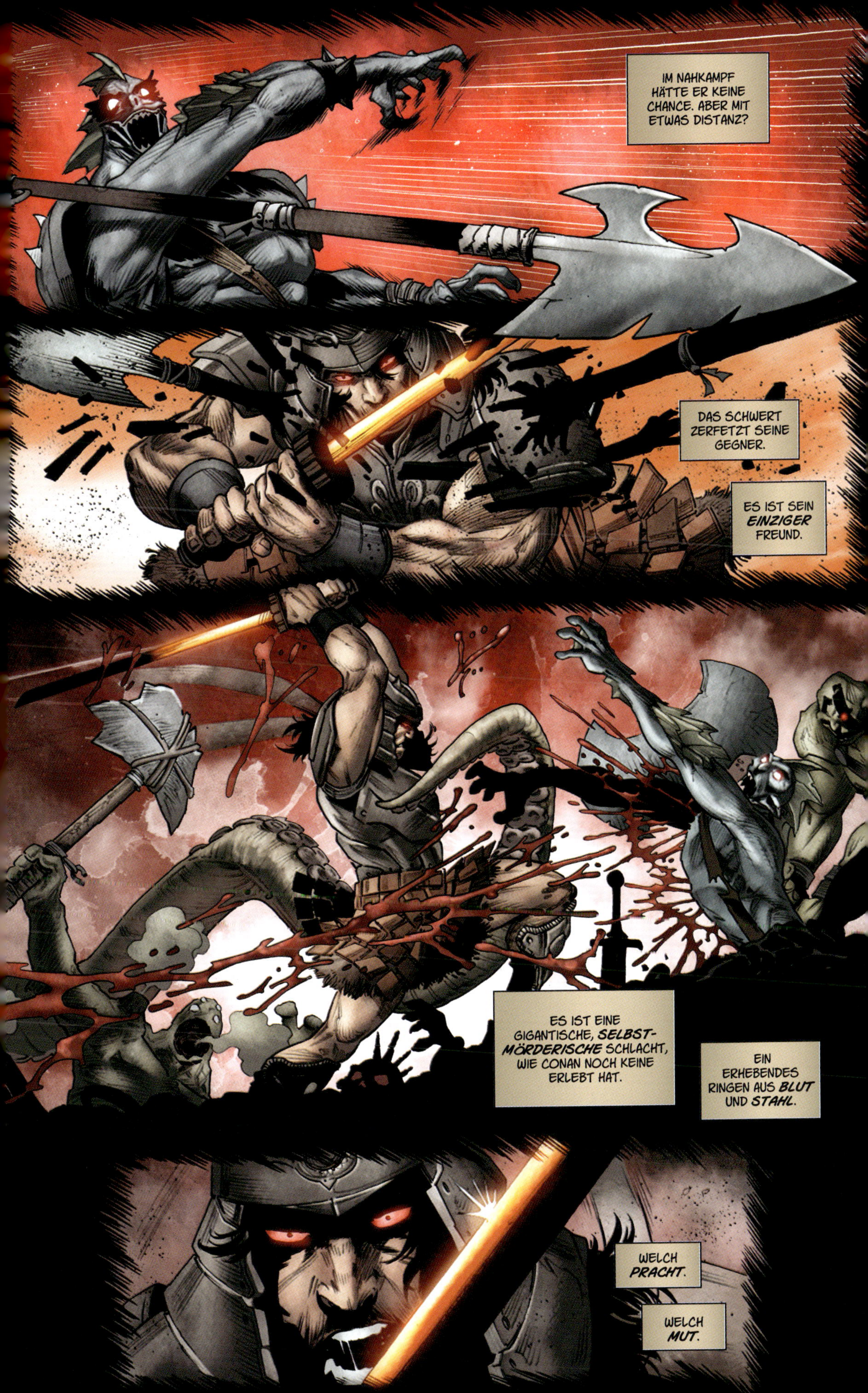
IM NAHKAMPF HÄTTE ER KEINE CHANCE. ABER MIT ETWAS DISTANZ?
DAS SCHWERT ZERFETZT SEINE GEGNER.
ES IST SEIN *EINZIGER* FREUND.
ES IST EINE GIGANTISCHE, *SELBST-MÖRDERISCHE* SCHLACHT, WIE CONAN NOCH KEINE ERLEBT HAT.
EIN ERHEBENDES RINGEN AUS *BLUT* UND *STAHL*.
WELCH *PRACHT*.
WELCH *MUT*.

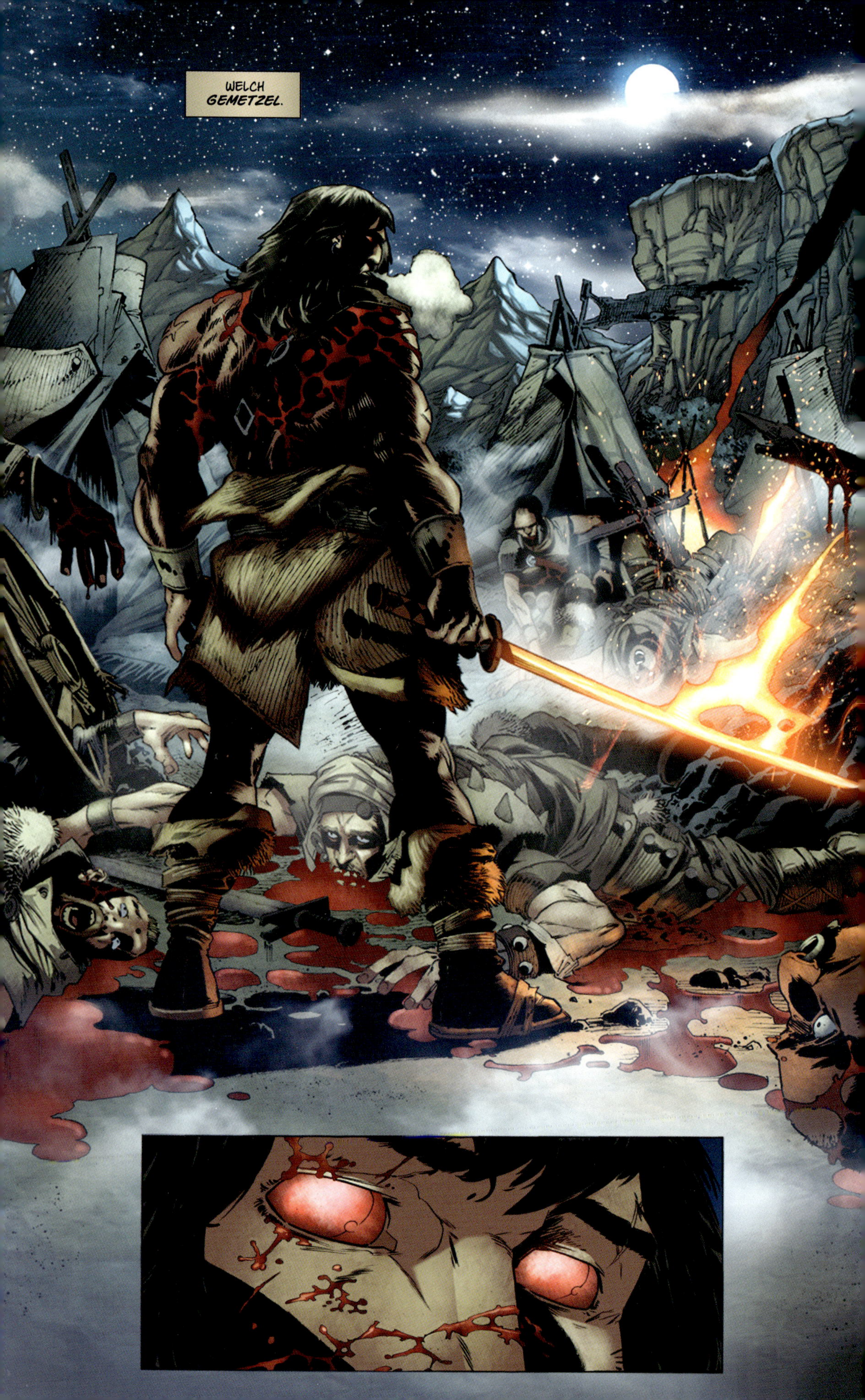
WELCH
GEMETZEL.

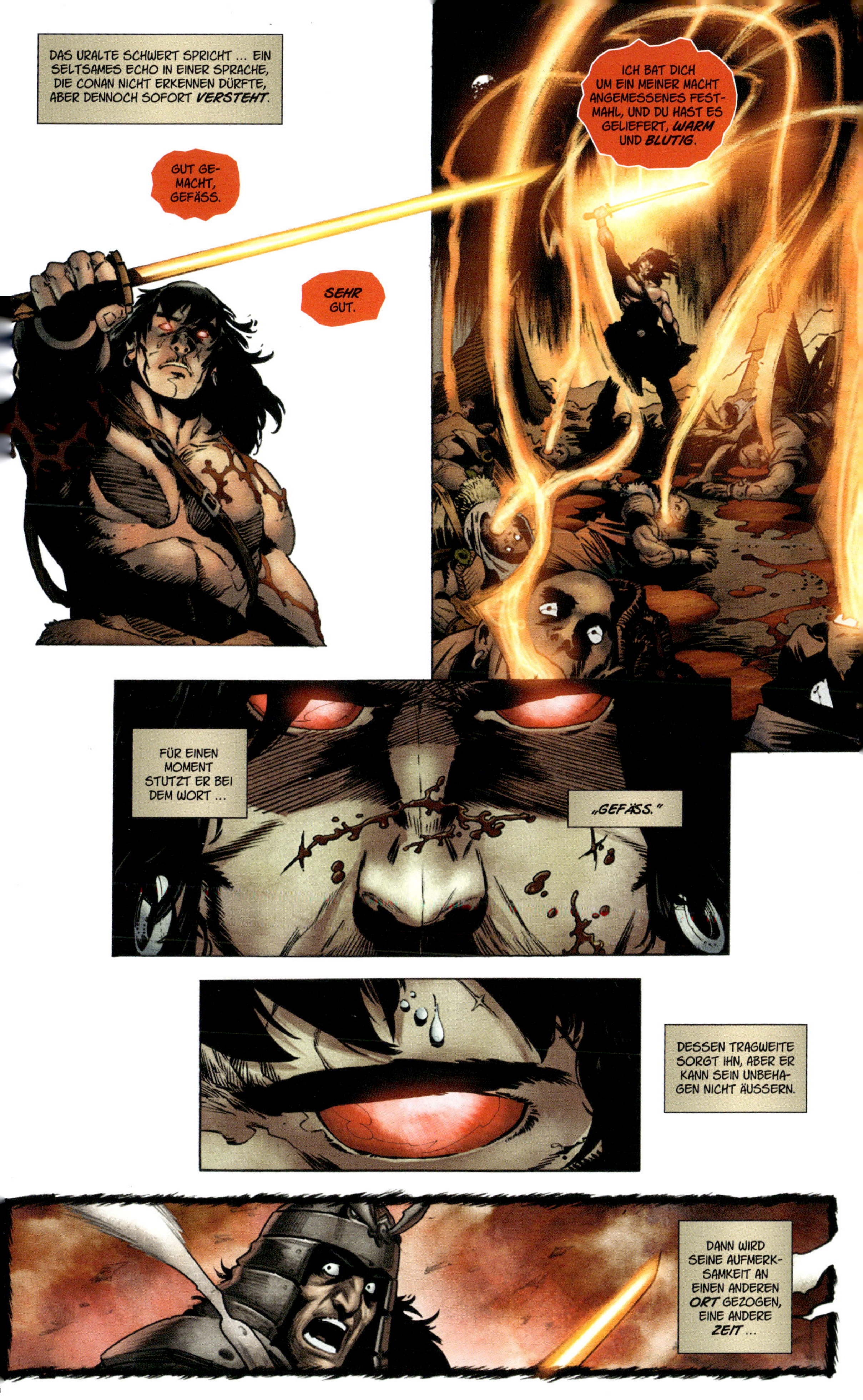

DAS URALTE SCHWERT SPRICHT … EIN SELTSAMES ECHO IN EINER SPRACHE, DIE CONAN NICHT ERKENNEN DÜRFTE, ABER DENNOCH SOFORT ***VERSTEHT***.

GUT GEMACHT, GEFÄSS.

SEHR GUT.

ICH BAT DICH UM EIN MEINER MACHT ANGEMESSENES FESTMAHL, UND DU HAST ES GELIEFERT, ***WARM*** UND ***BLUTIG***.

FÜR EINEN MOMENT STUTZT ER BEI DEM WORT …

„GEFÄSS."

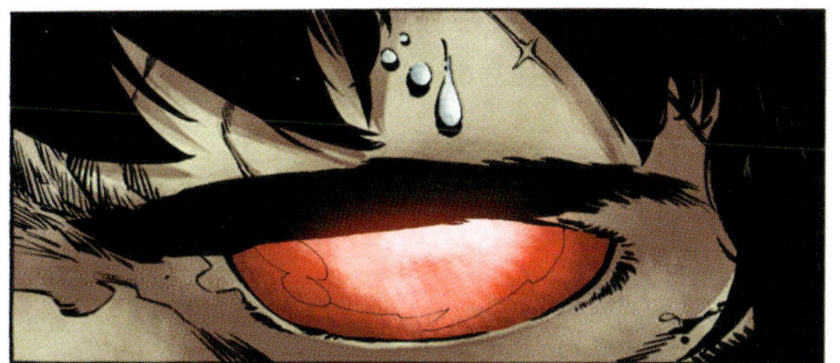

DESSEN TRAGWEITE SORGT IHN, ABER ER KANN SEIN UNBEHAGEN NICHT ÄUSSERN.

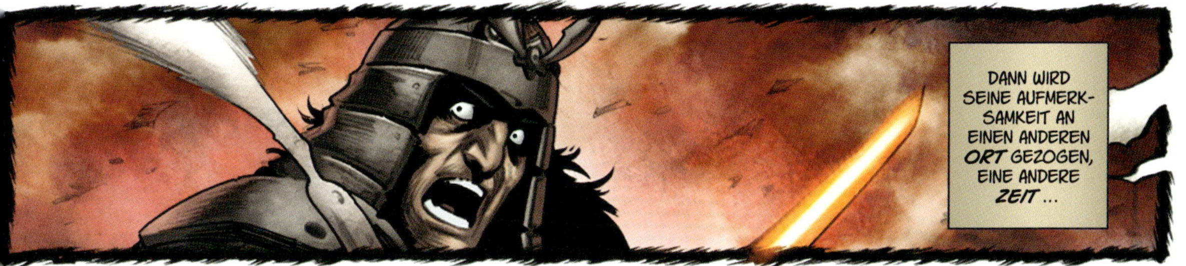

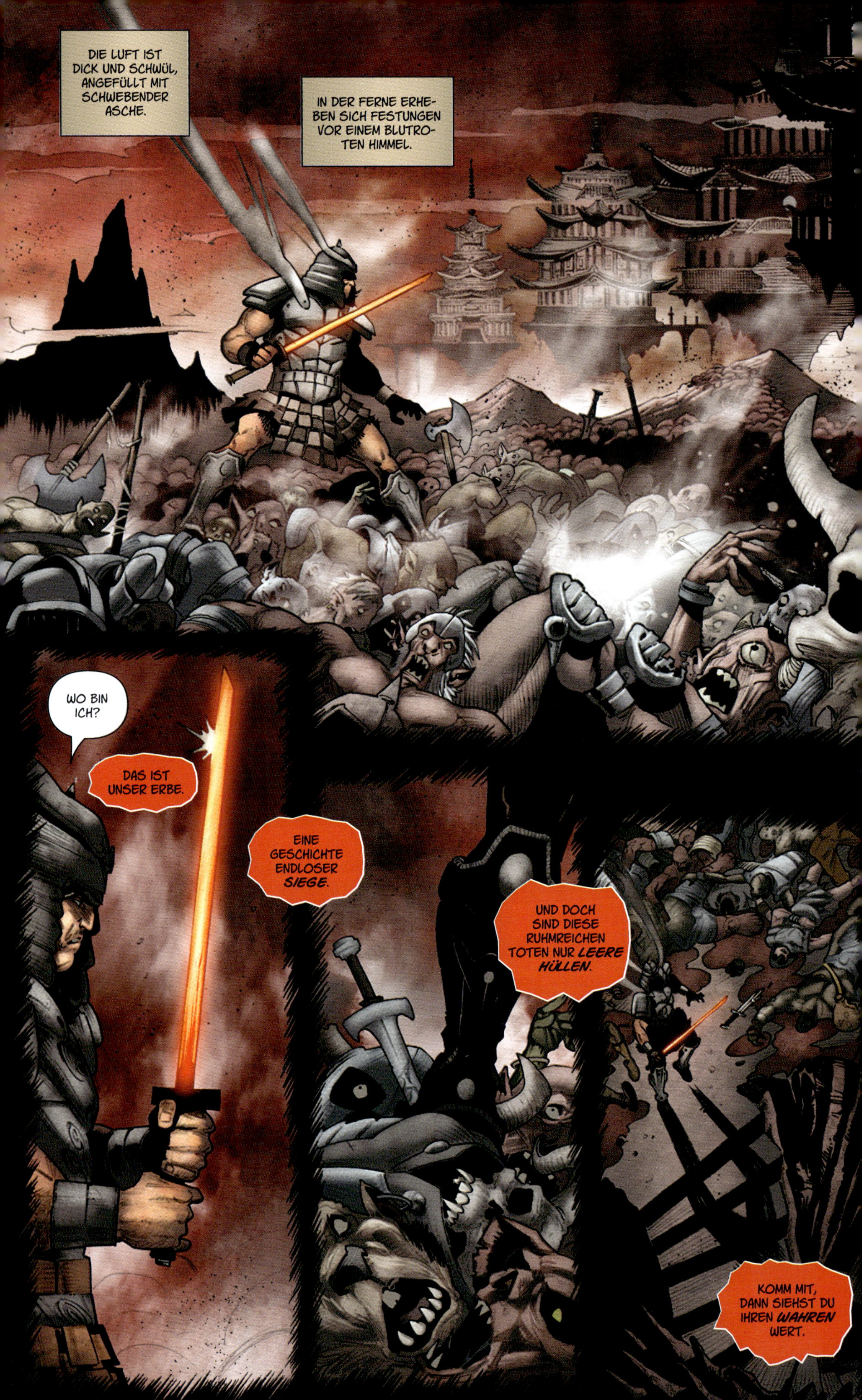
DIE LUFT IST DICK UND SCHWÜL, ANGEFÜLLT MIT SCHWEBENDER ASCHE.
IN DER FERNE ERHEBEN SICH FESTUNGEN VOR EINEM BLUTROTEN HIMMEL.
WO BIN ICH?
DAS IST UNSER ERBE.
EINE GESCHICHTE ENDLOSER SIEGE.
UND DOCH SIND DIESE RUHMREICHEN TOTEN NUR LEERE HÜLLEN.
KOMM MIT, DANN SIEHST DU IHREN WAHREN WERT.

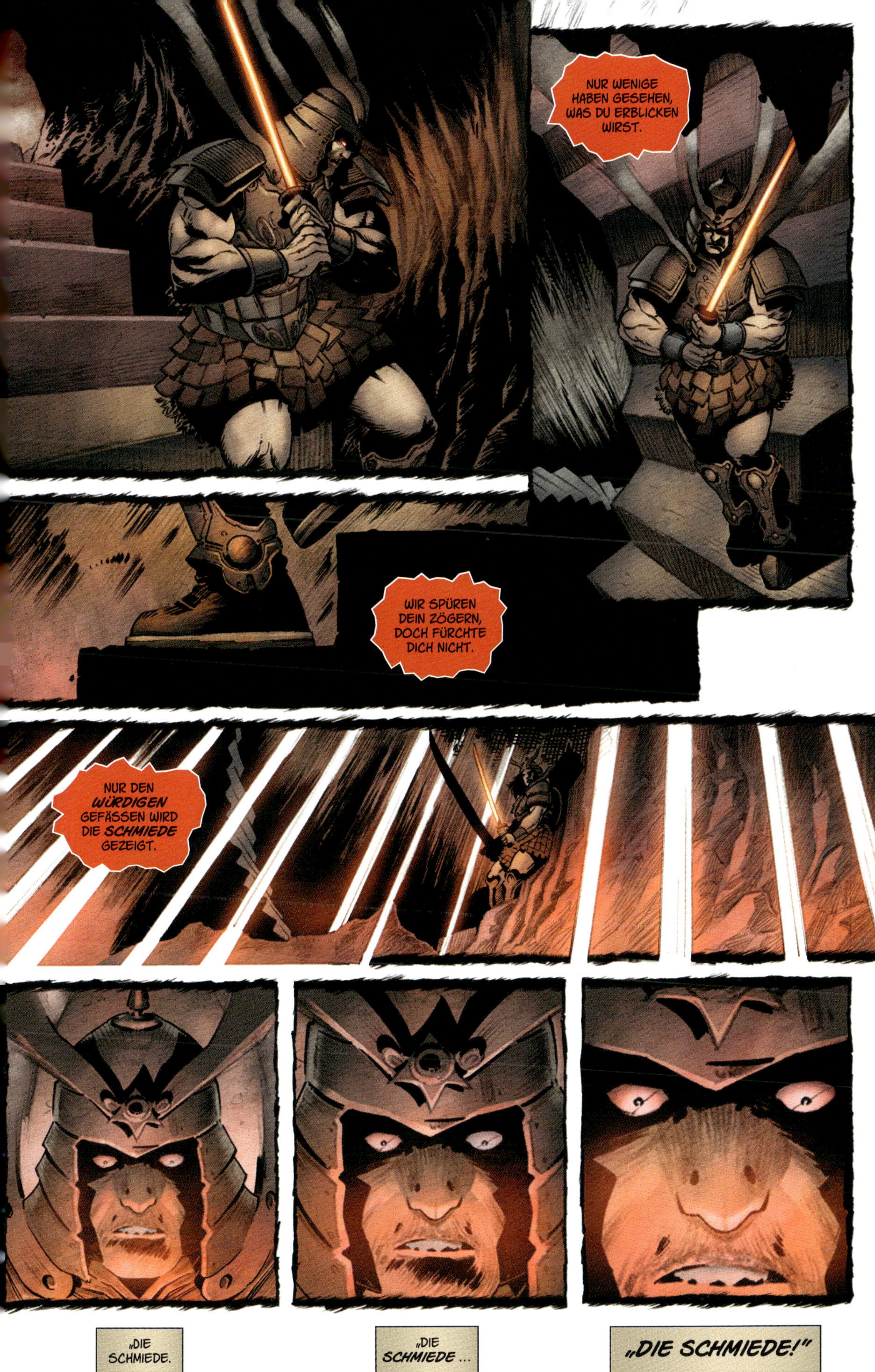
NUR WENIGE HABEN GESEHEN, WAS DU ERBLICKEN WIRST.
WIR SPÜREN DEIN ZÖGERN, DOCH FÜRCHTE DICH NICHT.
NUR DEN WÜRDIGEN GEFÄSSEN WIRD DIE SCHMIEDE GEZEIGT.
„DIE SCHMIEDE.
„DIE SCHMIEDE …
„DIE SCHMIEDE!"

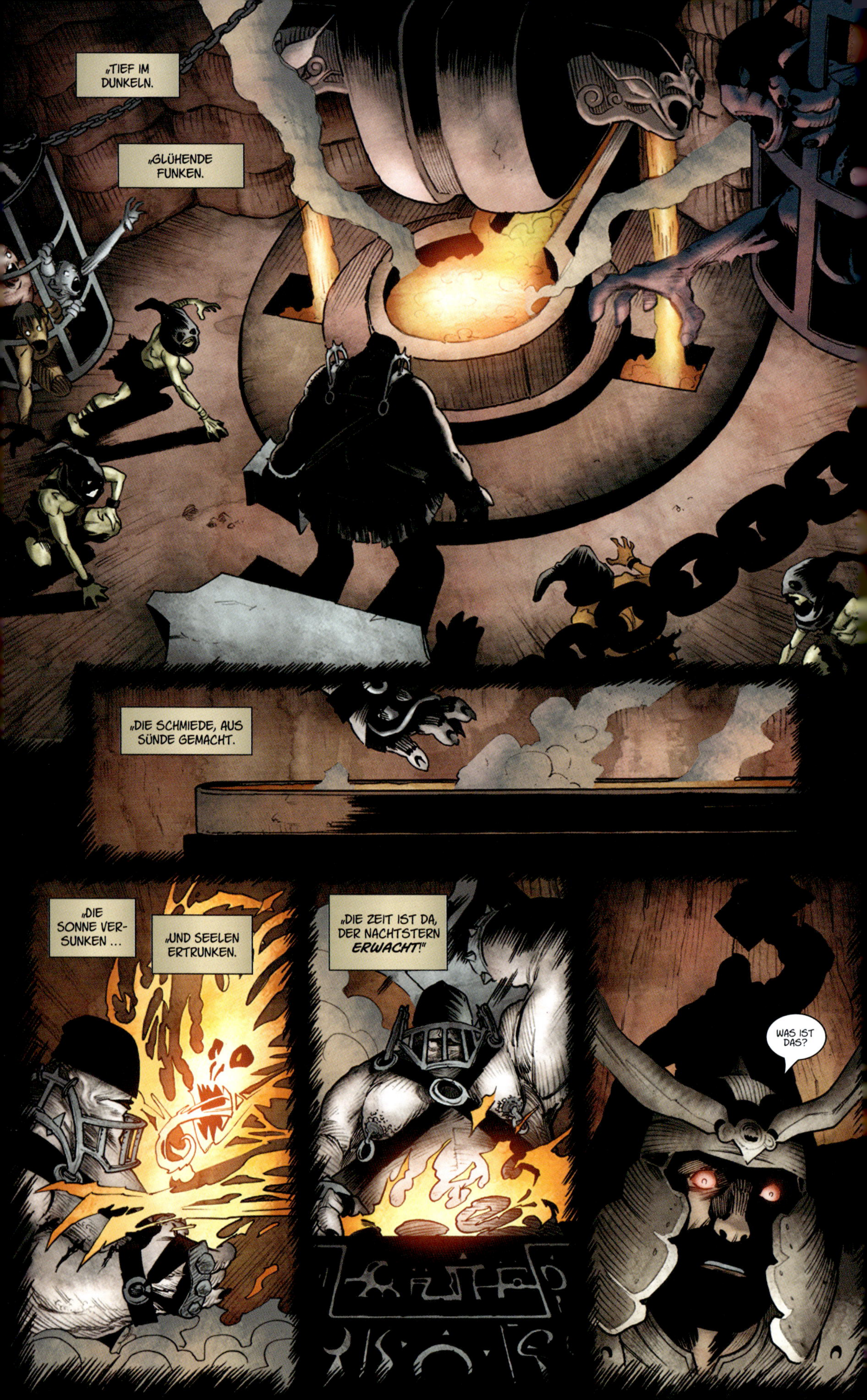
„TIEF IM DUNKELN.
„GLÜHENDE FUNKEN.
„DIE SCHMIEDE, AUS SÜNDE GEMACHT.
„DIE SONNE VERSUNKEN ...
„UND SEELEN ERTRUNKEN.
„DIE ZEIT IST DA, DER NACHTSTERN ERWACHT!"
WAS IST DAS?

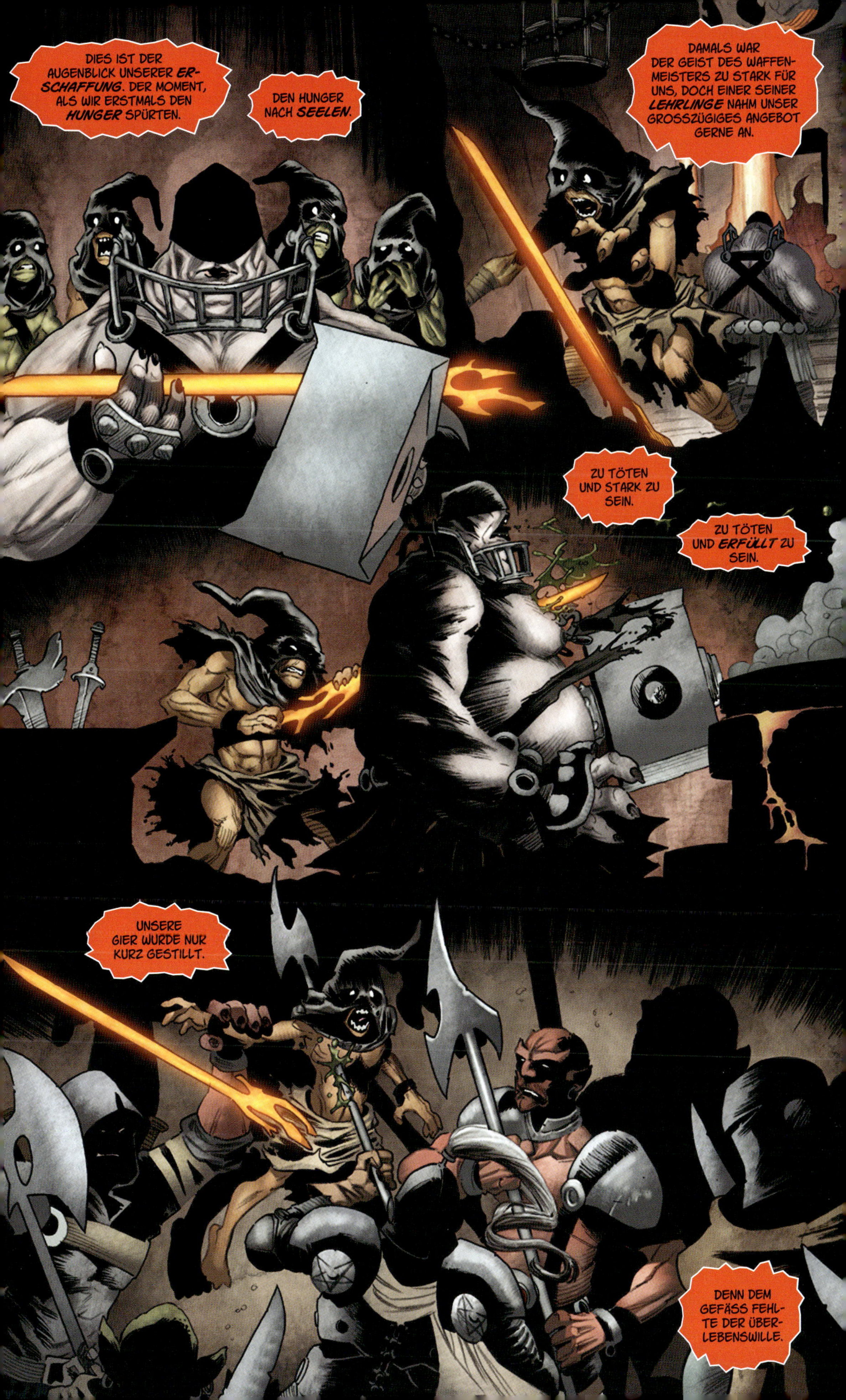
DIES IST DER AUGENBLICK UNSERER ER-SCHAFFUNG. DER MOMENT, ALS WIR ERSTMALS DEN HUNGER SPÜRTEN.
DEN HUNGER NACH SEELEN.
DAMALS WAR DER GEIST DES WAFFEN-MEISTERS ZU STARK FÜR UNS, DOCH EINER SEINER LEHRLINGE NAHM UNSER GROSSZÜGIGES ANGEBOT GERNE AN.
ZU TÖTEN UND STARK ZU SEIN.
ZU TÖTEN UND ERFÜLLT ZU SEIN.
UNSERE GIER WURDE NUR KURZ GESTILLT.
DENN DEM GEFÄSS FEHL-TE DER ÜBER-LEBENSWILLE.

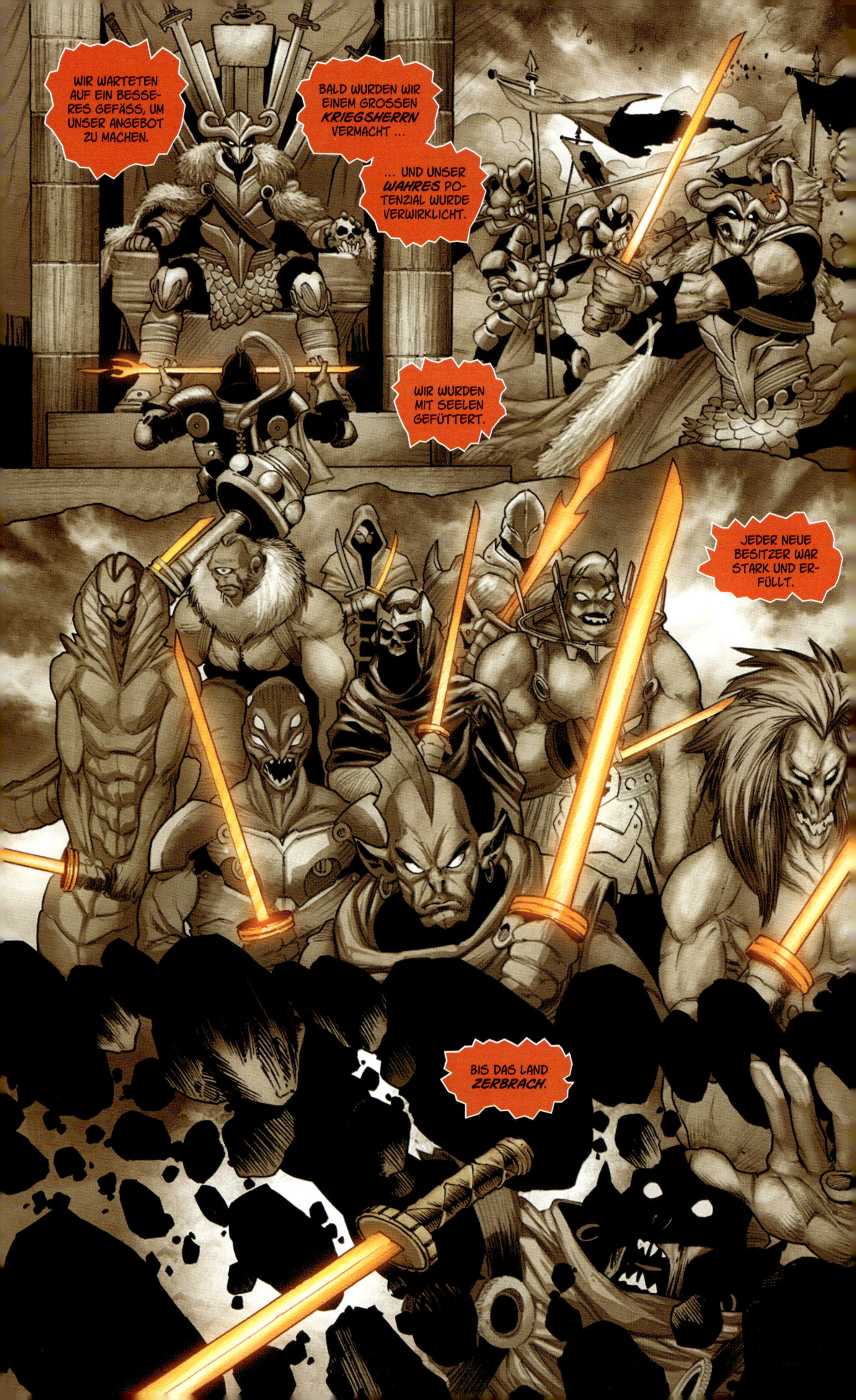
WIR WARTETEN AUF EIN BESSE-RES GEFÄSS, UM UNSER ANGEBOT ZU MACHEN.
BALD WURDEN WIR EINEM GROSSEN KRIEGSHERRN VERMACHT ...
... UND UNSER WAHRES PO-TENZIAL WURDE VERWIRKLICHT.
WIR WURDEN MIT SEELEN GEFÜTTERT.
JEDER NEUE BESITZER WAR STARK UND ER-FÜLLT.
BIS DAS LAND ZERBRACH.

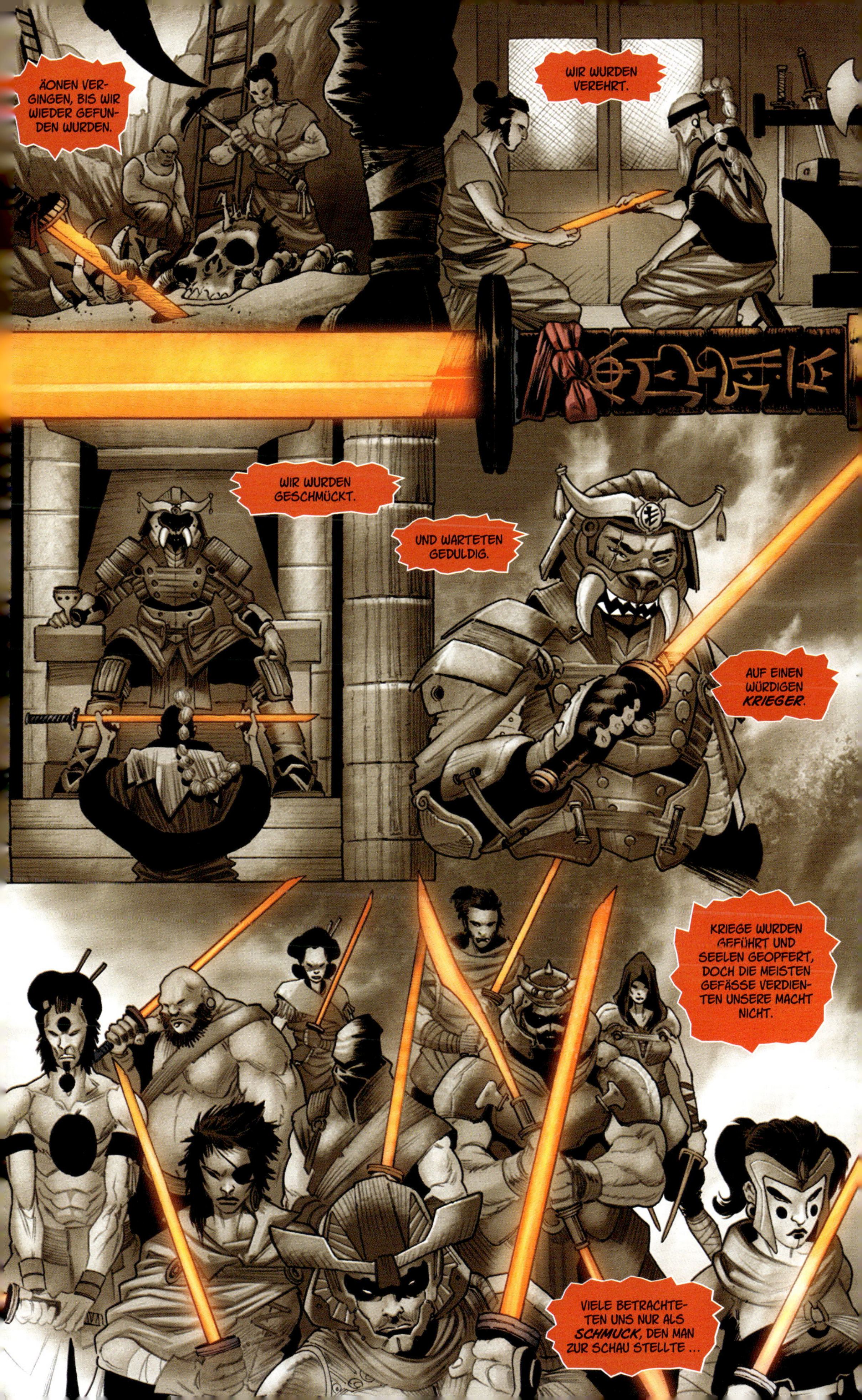
ÄONEN VERGINGEN, BIS WIR WIEDER GEFUNDEN WURDEN.
WIR WURDEN VEREHRT.
WIR WURDEN GESCHMÜCKT.
UND WARTETEN GEDULDIG.
AUF EINEN WÜRDIGEN KRIEGER.
KRIEGE WURDEN GEFÜHRT UND SEELEN GEOPFERT, DOCH DIE MEISTEN GEFÄSSE VERDIENTEN UNSERE MACHT NICHT.
VIELE BETRACHTETEN UNS NUR ALS SCHMUCK, DEN MAN ZUR SCHAU STELLTE ...

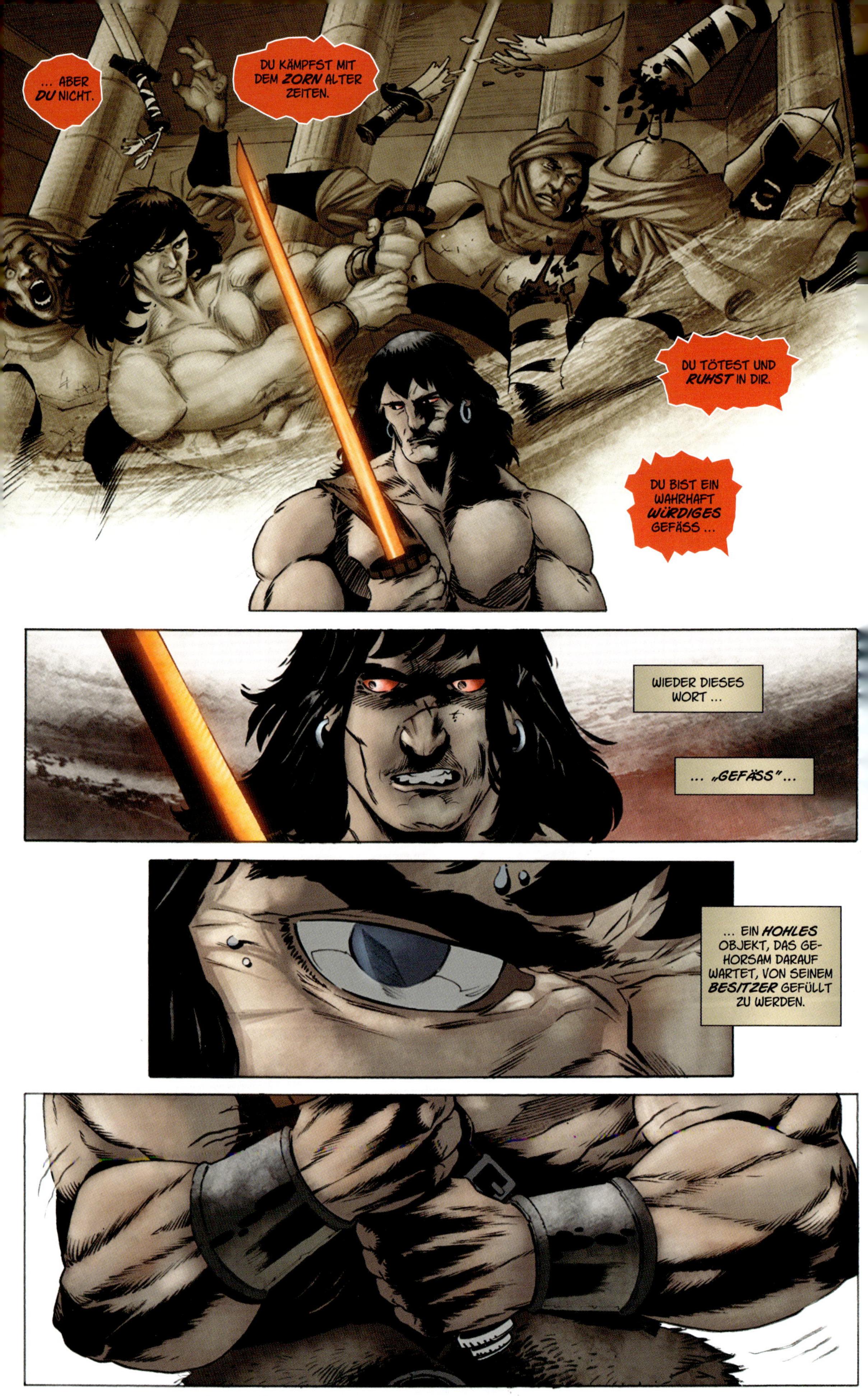

... ABER **DU** NICHT.
DU KÄMPFST MIT DEM **ZORN** ALTER ZEITEN.
DU TÖTEST UND **RUHST** IN DIR.
DU BIST EIN WAHRHAFT **WÜRDIGES** GEFÄSS ...

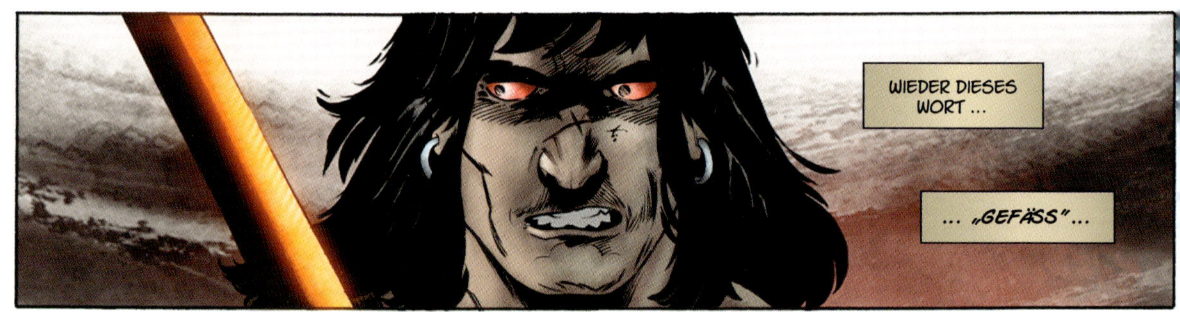
WIEDER DIESES WORT ...
... „GEFÄSS" ...

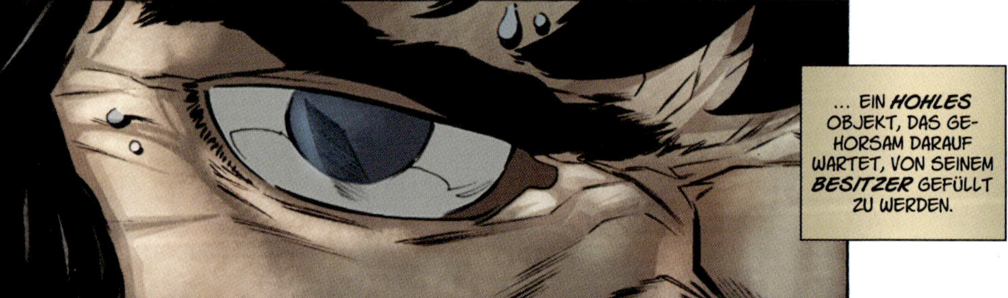
... EIN **HOHLES** OBJEKT, DAS GEHORSAM DARAUF WARTET, VON SEINEM **BESITZER** GEFÜLLT ZU WERDEN.

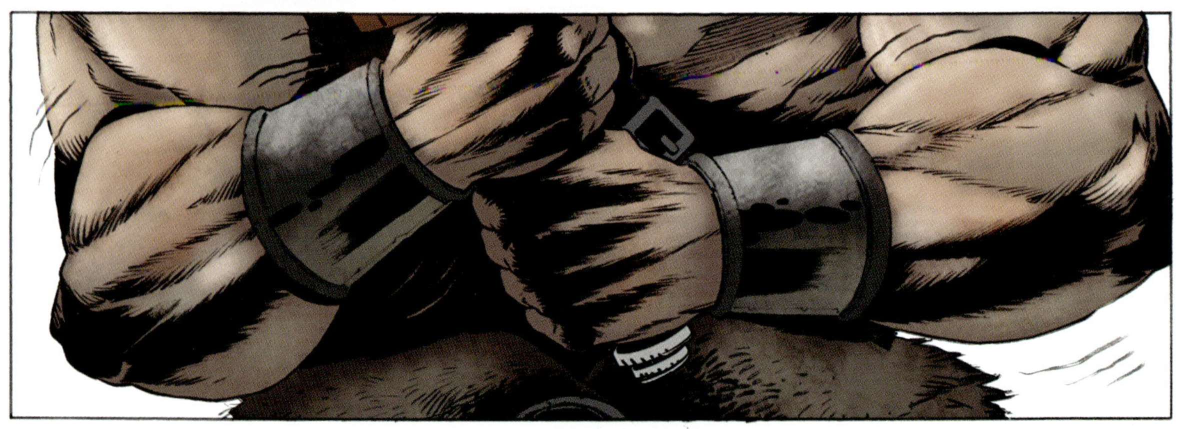

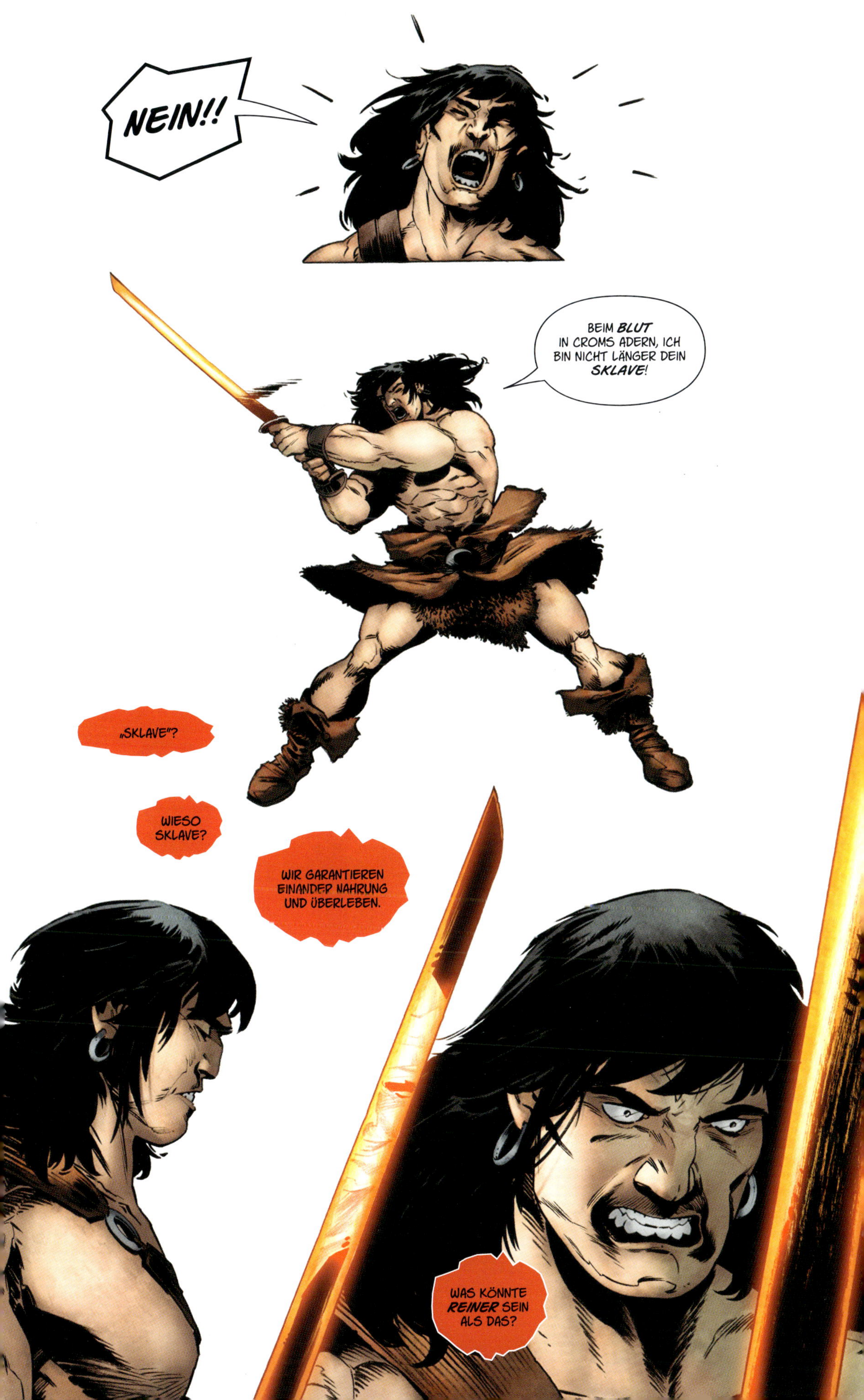
NEIN!!
BEIM BLUT IN CROMS ADERN, ICH BIN NICHT LÄNGER DEIN SKLAVE!
„SKLAVE"?
WIESO SKLAVE?
WIR GARANTIEREN EINANDER NAHRUNG UND ÜBERLEBEN.
WAS KÖNNTE REINER SEIN ALS DAS?

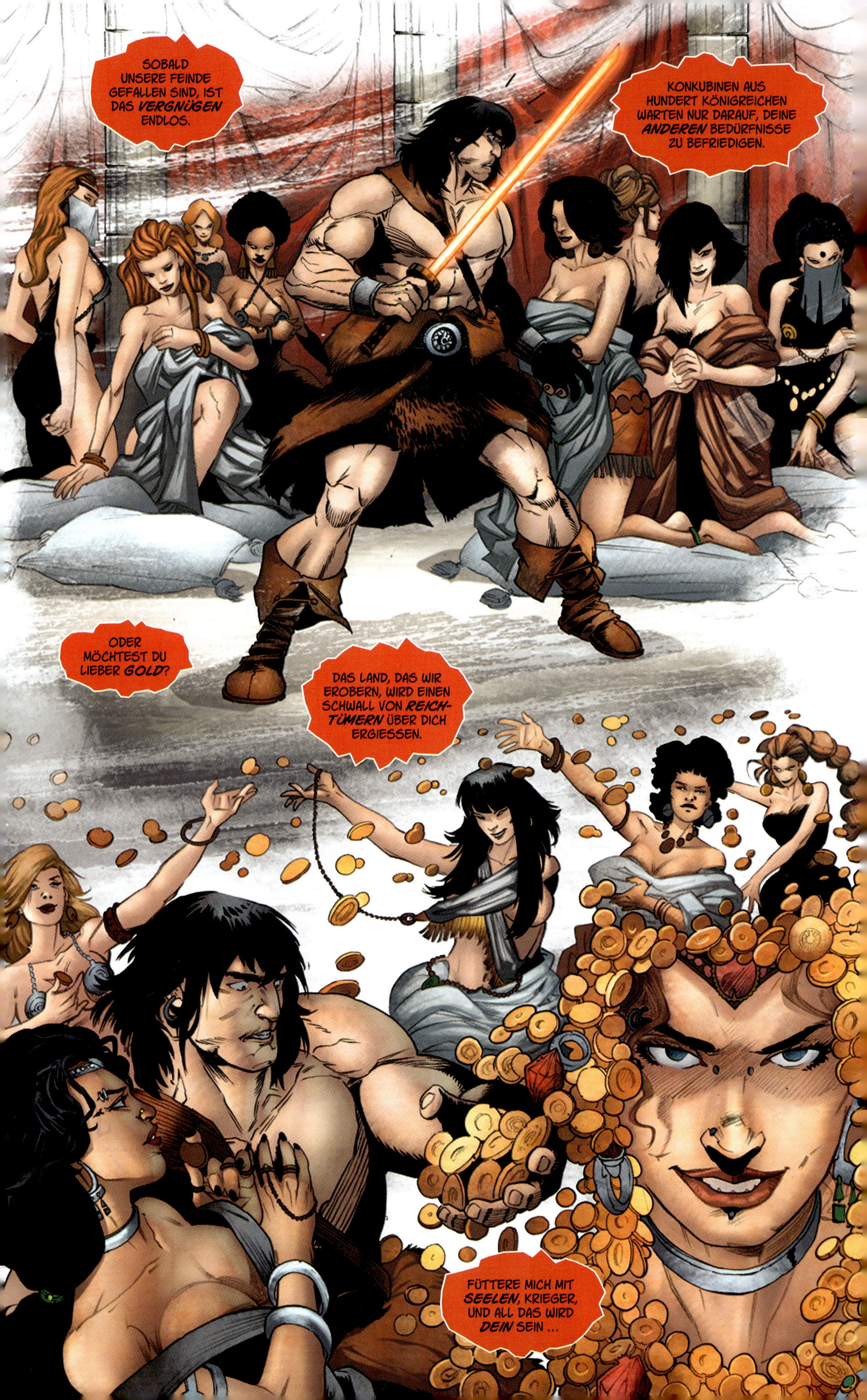
SOBALD UNSERE FEINDE GEFALLEN SIND, IST DAS VERGNÜGEN ENDLOS.
KONKUBINEN AUS HUNDERT KÖNIGREICHEN WARTEN NUR DARAUF, DEINE ANDEREN BEDÜRFNISSE ZU BEFRIEDIGEN.
ODER MÖCHTEST DU LIEBER GOLD?
DAS LAND, DAS WIR EROBERN, WIRD EINEN SCHWALL VON REICHTÜMERN ÜBER DICH ERGIESSEN.
FÜTTERE MICH MIT SEELEN, KRIEGER, UND ALL DAS WIRD DEIN SEIN ...

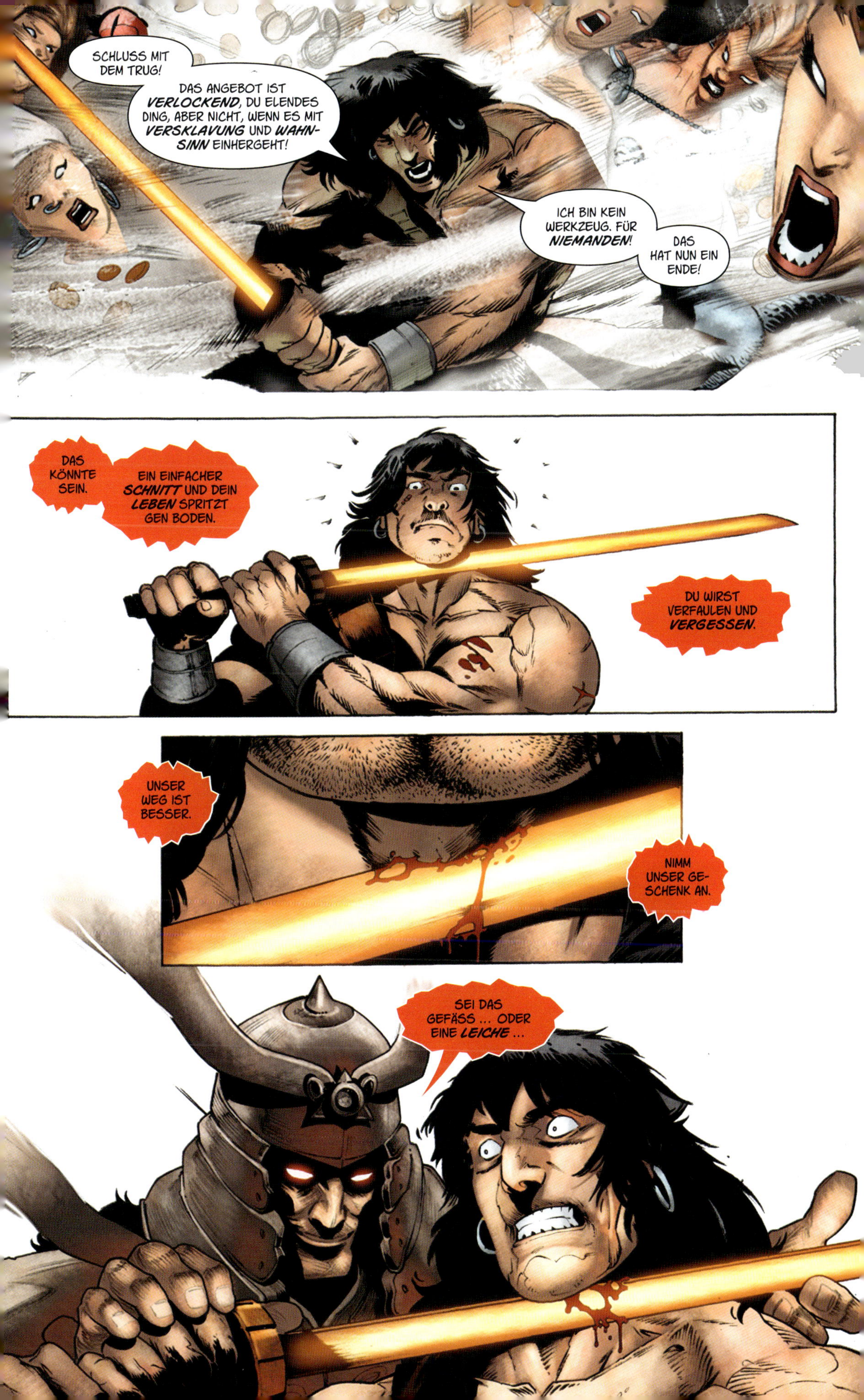

SCHLUSS MIT DEM TRUG!
DAS ANGEBOT IST **VERLOCKEND**, DU ELENDES DING, ABER NICHT, WENN ES MIT **VERSKLAVUNG** UND **WAHNSINN** EINHERGEHT!
ICH BIN KEIN WERKZEUG. FÜR **NIEMANDEN**!
DAS HAT NUN EIN ENDE!

DAS KÖNNTE SEIN.
EIN EINFACHER **SCHNITT** UND DEIN **LEBEN** SPRITZT GEN BODEN.
DU WIRST VERFAULEN UND **VERGESSEN**.

UNSER WEG IST BESSER.
NIMM UNSER GESCHENK AN.

SEI DAS GEFÄSS ... ODER EINE **LEICHE** ...

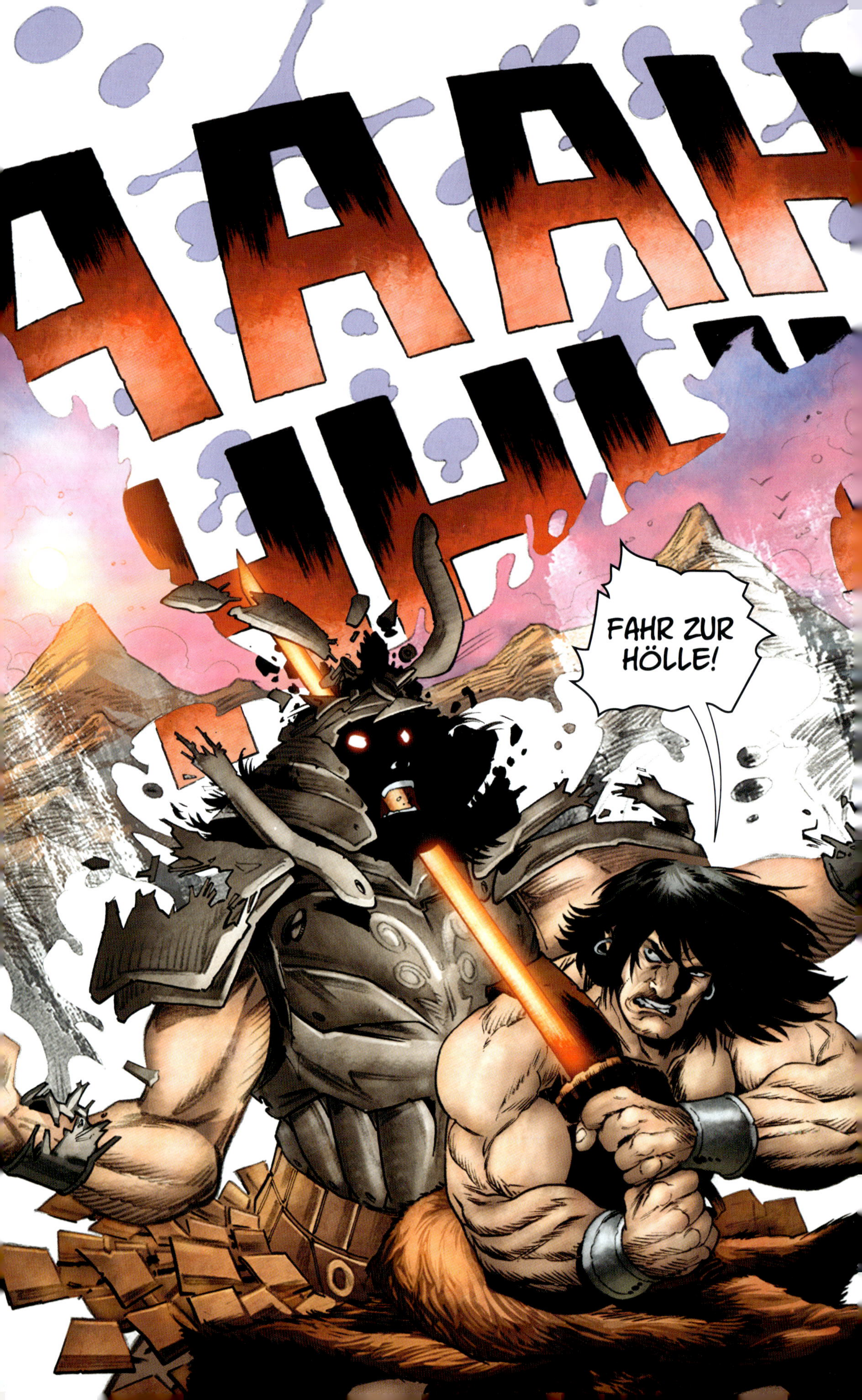
AAAHHH
FAHR ZUR HÖLLE!

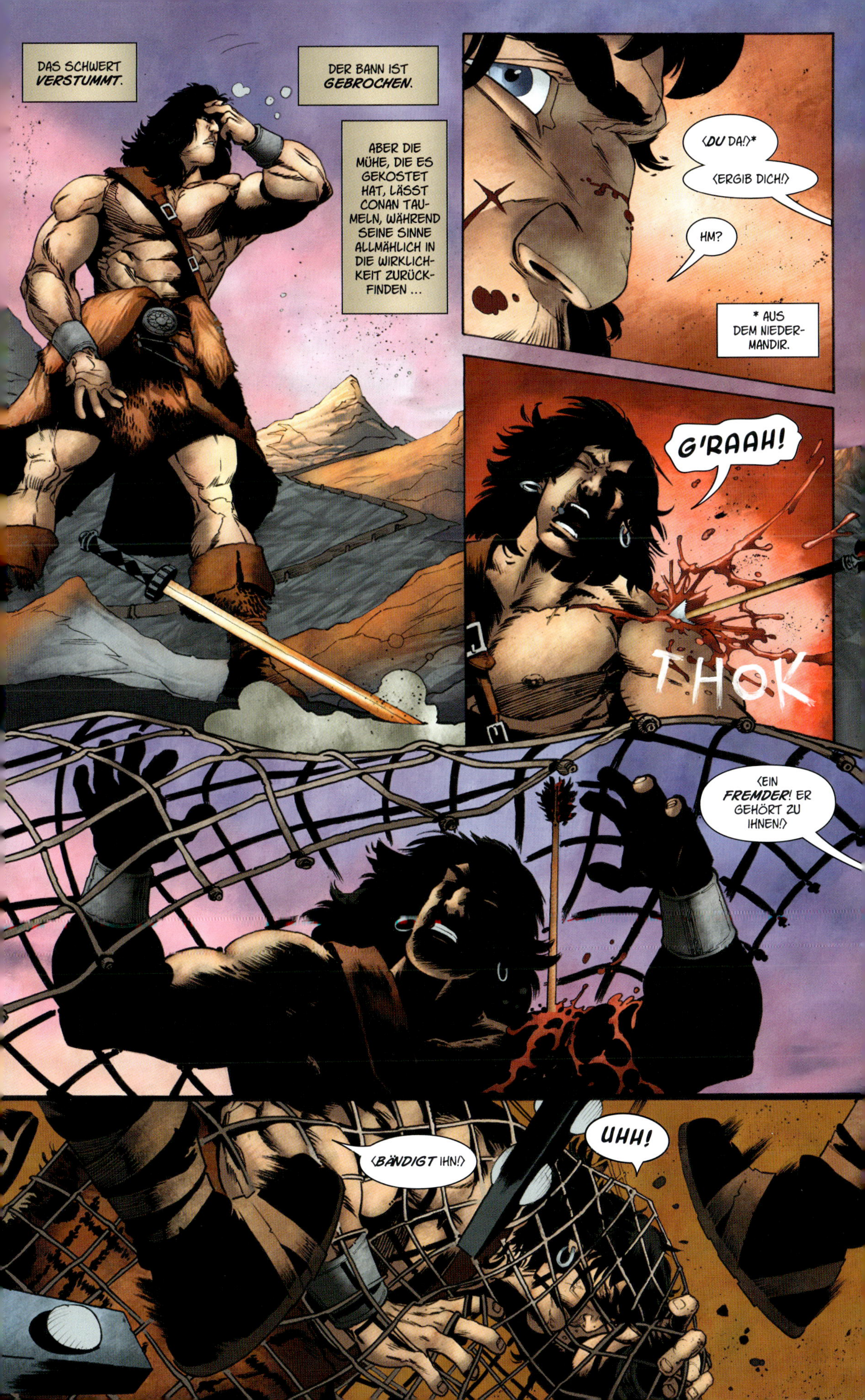
DAS SCHWERT VERSTUMMT.
DER BANN IST GEBROCHEN.
ABER DIE MÜHE, DIE ES GEKOSTET HAT, LÄSST CONAN TAUMELN, WÄHREND SEINE SINNE ALLMÄHLICH IN DIE WIRKLICHKEIT ZURÜCKFINDEN …
‹DU DA!›*
‹ERGIB DICH!›
HM?
* AUS DEM NIEDERMANDIR.
G'RAAH!
THOK
‹EIN FREMDER! ER GEHÖRT ZU IHNEN!›
‹BÄNDIGT IHN!›
UHH!

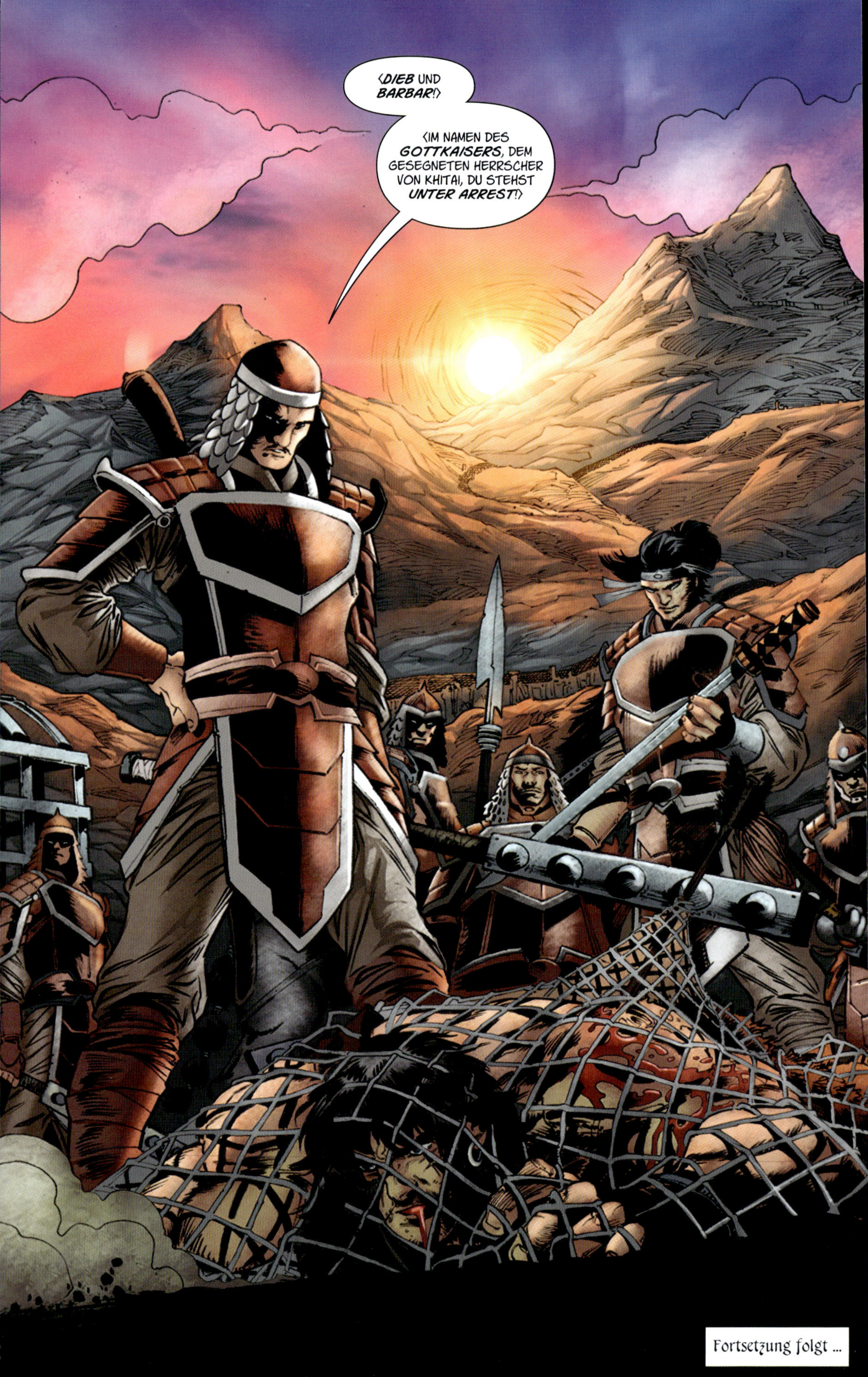

Fortsetzung folgt ...